선택 2012의 분석

– 정치 · 행정개혁의 비전과 과제 –

유 현 종 저

법 문 사

머 리 말

한국 정치는 아프다. 우리 정치는 국민들로부터 혐오와 불신의 대상이 되었고, 새로운 꿈과 희망을 주지 못하고 있다. 그 고통과 한숨을 느끼는 사람은 무엇보다 국민이다. 대한민국의 주인은 국민이지만 프랑스 철학자 루소(J. J. Rousseau)의 말처럼 유권자는 투표일에만 잠시 주인 노릇을 할 수밖에 없었다. 주인인 유권자와 멀어진 정치권에서는 자신의 이익과 특권을 유지하기에 급급하고 유권자들은 이들을 냉소적으로 바라보고, 분노를 키워오고 있었다.

2012년 한 해는 국회의원 선거와 대통령 선거가 모두 실시되는 선거의 해였고, 이를 통하여 그동안 억눌려 왔던 유권자들의 목소리가 분출되었다. 실직으로 생계를 잃은 가장들, 전셋값 폭등으로 부채에 시달리는 서민들, 대학을 졸업하고도 취업을 못하는 청년들, 아파도 병원비 때문에 참고 사는 노인들이 오랜만에 다가온 선거철에 맞추어 정당이나 후보자가 무엇을 하는지를 눈과 귀를 열고 지켜보았다. 폭력과 극한 대립으로 만신창이가 된 기존 정치권에 대하여 시민사회로부터 새로운 변화의 요구도 증대되었다. 선거를 결코 가볍게 볼 일이 아니라 나의 생활과 직결되는 문제라는 것을 학습한 국민들은 제18대 대통령 선거에서 75.8%라는 비교적 높은 투표율로 자신들의 의지를 표현하였다. 유권자들은 저마다 후보들의 말과 행동에 박수를 보내기도 하고 눈물을 흘리기도 하였다. 새로운 정치를 향한 국민들의 열망은 어느 때보다 크다. 필자도 대한민국 국민의 한 사람으로서 벅찬 감동을 느꼈고, 이러한 새로운 정치의 불씨를 꺼지게 하고 싶지 않았다. 국민적 에너지를 정치개혁으로 이어지게 하고 싶었다. 이러한 절박한 마음에서 수고스럽게도 이 책을 쓰게 된 것이다. 그래서 우리나라의 정치가 새롭게 되기를 바라는 국민의 뜻을 확인하고, 국민이 실제로 나라의 주인이 되는 정치와 행정개혁의 비전을 제시하고자 하였다.

지금 우리 사회는 위기에 처해 있다. 외부적으로 북한이 핵실험을 통하여 위협하고 있고, 세계적인 경제위기로 인하여 경제성장도 순탄하지 못하다. 1997년 IMF 외환위기 이후 신자유주의 개혁이 이루어졌지만 서민들의 삶은 별로 나아진 것이 없었다. 인구는 빠른 속도로 고령화되어 가는데 출산율은 지속적으로 줄어들고 한국 사회는 성장 동력과 활력을 잃어가고 있다. 이런 상황에서 국민들의 국가에 대한 복지수요는 증가하여 인간다운 생활을 할 수 있는 복지서비스의 확대가 필요하지만 한정된 재정상황에서 포퓰리즘적인 복지지출을 하게 되면 나라가 파탄에 빠질 우려도 있다. 또한 지식정보 기술의 발달과 유권자의 교육수준이 향상됨에 따라 정부조직 이외에 사회의 공론장에서 다양한 담론이 형성되고, 유권자들이 빠르게 반응하고 있다. 정부가 감추려고 해도 더 이상 감출 수 없다. 새로운 정치는 기존에 정부가 비밀로 해왔던 부분들이 이제는 국민들에게 모두 알려지고, 국민이 깨어 있게 되면서 시작된다. 이러한 환경변화에 적절하게 대응하지 못하면 우리나라의 미래는 어둡다. 인터넷과 매스미디어, 교통수단의 발달을 통해 전지구적으로 얽혀 있는 포스트 모던 사회에 살고 있는 우리는 기존의 형식적 정부조직만으로는 사회의 문제를 해결할 수 없고, 그 답은 바로 국민들 속에 있다. 민심을 크게 두려워하는 것, 이것이 바로 근본을 안다고 하는 것이다(大畏民志 此謂知本). 민심을 얻으면 나라를 얻게 되고, 민심을 잃으면 나라를 잃게 된다(道得衆則得國 失衆則失國, 『대학(大學)』)고 하였다. 국민의 뜻을 제대로 확인하고 이를 실천하는 것이 바로 정치개혁의 출발점이다.

새로운 정치·행정개혁의 다른 이름은 바로 '정치와 행정의 제자리 찾기'이다. 정치와 행정이 본래의 모습을 되찾는 것을 통해 우리 사회가 풍요로우면서도 행복한 사회로 도약할 수 있다. 정치와 행정의 본래 기능은 세상의 빛과 소금이 되는 것이다.

"너희는 세상의 소금이다. 그러나 소금이 제맛을 잃으면 무엇으로 다시 짜게 할 수 있겠느냐? 아무 쓸모가 없으니 밖에 버려져 사람들에게 짓밟힐 따름이다. 너희는 세상의 빛이다. 산 위에 자리잡은 고을은 감출 수 없다. 등불은 켜서 함지 속이 아니라 등경 위에 놓는다. 그렇게 하여 집 안에 있는 모든 사람을 비춘다(마태, 5:13-16)."

이 책에서는 양대 선거과정에서 나타난 민심의 뜻을 확인하고, 환경변화에 따른 시대정신(Zeitgeist)을 반영하여 정치와 행정개혁의 비전과 과제를 제시하였다. 새로운 정치의 비전(Vision)으로는 "신뢰, 참여, 소통을 통하여 유권자가 나라의 주인이 되는 새로운 정치 · 행정"을 제시하였다. 이러한 비전에는 국민이 주인이라는 것, 진정성, 소통과 참여, 사회적 약자에 대한 배려와 공정성, 통합과 협의의 정치문화와 같은 시대적 가치를 담고 있다. 다음으로 정치 · 행정개혁의 4대 목표(Goal)로는 ① 유권자가 주인으로 참여하는 선거와 정치, ② 국민과 소통하며 약속을 실천하는 통합의 대통령, ③ 국민에게 봉사하는 국회와 책임 있는 정당, ④ 국민을 섬기는 깨끗하고 능력 있는 관료제를 제시하였다. 이러한 목표는 정치 · 행정개혁의 주체로서 유권자, 대통령, 국회 · 정당, 관료제에 각각 해당되는 것이다. 각각의 목표를 달성하기 위한 8대 추진과제(Agenda)로서는 ① 유권자 참여형 정치관계 법제개선, ② 대통령의 소통과 업무방식 개선, ③ 대통령 참모기구의 혁신, ④ 숙의의 장으로서 국회운영의 혁신, ⑤ 당내민주주의 확립과 정당역량의 강화, ⑥ 행정의 현대화와 스마트 거버넌스, ⑦ 청지기 행정과 공직부패 방지, ⑧ 정책중심의 선거문화와 시민의식 개선 등을 제시하였다. 그러나 아무리 좋은 말이라도 실천하지 않으면 아무 소용이 없다. 이러한 비전과 과제를 실행할 방법으로 이 책에서는 제도개혁과 교육을 통한 시민의 의식변화를 강조하였다. 또한 기존의 정치권에서 기득권 보호를 위하여 개혁이 부진해지는 것을 방지하기 위하여 제도권 내에서의 개혁과 숙의와 참여를 통하여 시민 스스로에 의한 개혁을 병행하는 투 트랙(two-track)의 전략을 제안하였다. 이러한 비전-목표-과제-실행방법은 필자가 행정자치부, 국회, 산업자원부, 법제처, 선관위 등에서 한 공직경험과 행정학을 공부하면서 배운 지식들을 현재의 시대적 상황에

접목시켜 성찰적으로 판단하여 제시한 것이다.

'정치와 행정의 제자리 찾기'를 통하여 우리가 꿈꾸는 세상을 구현할 수 있다. 그것은 시대의 변화를 통하여 진정한 선진 대한민국을 이룩하는 것이다. 1948년 대한민국 정부가 수립된 이후 우리는 국가건설-산업화-민주화를 순차적으로 이루어 왔는데, 그 과정에서 많은 갈등이 발생하였다. 이러한 갈등을 넘어 그 다음의 세상은 바로 경제의 활력과 따뜻한 복지가 함께 발전하는 활력 있는 복지국가라 할 수 있다. 과거에 가난한 나라에서 압축적인 성장을 위하여 권위적이고 억압적인 국가체제가 형성되었지만 이제는 국민과 함께 소통하며 협치(協治)하는 방식으로 전환되어야 한다. 사회문제의 해결은 시민사회의 다양한 소통과 네트워크를 국가가 얼마나 효과적으로 수용하는지에 따라 달라진다. 이는 국민 한 사람이 저마다 분야에서 소질을 발휘할 수 있고 다른 사람들에게 존중을 받을 수 있는 자유로우면서도 공생하는 사회를 말한다. 어느 시인이 노래하듯이 「아, 우리도 하늘이 되고 싶다. 짓누르는 먹구름 하늘이 아닌 서로를 받쳐주는 우리 모두 서로가 서로에게 푸른 하늘이 되는 그런 세상이고 싶다.」(박노해, 하늘 중에서).

이러한 사회로 나가기 위해서는 우선 정치·행정 지도자들의 자기반성, 특권 내려놓기와 솔선수범이 필요하다. 이번 양대 선거를 통하여 정당과 후보자들이 제시한 약속들을 국민들은 잊지 않을 것이다. 그리고 국민의 손으로 가장 높은 자리에 오른 정치인들이 스스로 낮아지려 할 때 국민은 그 진정성을 확인할 것이다. 정치지도자는 국민의 마음과 자신의 마음을 일치시켜야 한다. 또한 여민동락(與民同樂)의 정신으로 국민과 함께 즐겨야 한다.

"정치지도자가 백성들이 즐거워하는 것을 즐거워한다면 백성들 또한 자신의 정치지도자가 즐거워하는 것을 즐거워할 것이다. 정치지도자가 백성들이 근심하는 것을 근심하면 백성들 또한 자신의 지도자가 근심하는 것을 근심할 것이다. 세상의 사람들과 함께 즐거워하고 세상의 사람들과 함께 근심하면서도 세상에 왕 노릇하지 못하는 사람은 없을 것이다(樂民

之樂者 民亦樂其樂 憂民之憂者 民亦憂其憂 樂以天下 憂以天下 然而不王者 未之有也, 孟子 梁惠王下 편).”

백성이 좋아하는 것을 좋아하고, 백성이 싫어하는 것을 싫어하는 어질고 의로운 인재들에게 중책을 맡겨 나라를 다스리게 한다면 국민이 꿈꾸는 새로운 세상이 실현될 것이다. 훌륭한 사람을 찾아서 중하게 쓰면 1년이면 될 것이고, 3년이면 크게 이룰 것이다. 우리 사회의 현안과제인 경제민주화와 활력 있는 복지국가 건설은 이러한 새로운 정치와 행정개혁을 통해서 이룰 수 있을 것이다.

끝으로 불혹(不惑)의 나이에 이르기까지 저를 낳으시고 길러주신 부모님께 감사드린다. 지금은 두 분 모두 작고하셨지만 항상 그 은덕에 감사드리고, 그분들의 뜻을 기리며 우리 사회를 위하여 내가 할 수 있는 작은 일을 실천하고자 한다.

2013. 3.

희망찬 새 봄을 맞이하며
저자 유현종

차 례

CHAPTER 01 새로운 정치

CHAPTER 02 국민의 뜻은 무엇인가?: 2012년 양대 선거의 분석

CHAPTER 03 정치·행정의 제자리 찾기: 비전과 목표

CHAPTER 04 8대 개혁과제(Agenda)

CHAPTER 05 제도개혁

CHAPTER 06 참여, 숙의, 시민교육을 통한 정치문화 발전

표 차례

그림 차례

CHAPTER

01 새로운 정치

1. 선거의 해 2012년

뜨거웠던 대통령선거도 이제 끝이 났다. 보수와 진보가 총 결집하여 서로 창과 방패의 대결을 벌이며 치열한 승부를 겨루었다. 15,773,128표 vs. 14,692,632표. 새누리당 박근혜 후보는 민주화 이후 최초로 과반이 넘는 51.6%의 득표율을 기록하며 48.0%를 얻는 민주통합당 문재인 후보를 가까스로 따돌리고 승리하였다. 지난 대선에 비하여 이번 제18대 대통령 선거는 높은 관심 속에 세대간의 대결 양상을 나타내었다. 연초부터 시민사회의 안철수 교수가 청년세대를 대상으로 청춘콘서트라는 새로운 형식의 대담을 진행하면서 현실 정치에 대하여 비판을 제기하였고, 기존 정치에 염증을 느끼던 2030 세대의 호응을 얻었다.

안개 속 행보 속에 안철수라는 개인이 정치에 들어와 뭔가 새로운 것을 보여주기를 원하였고 이는 야권 후보들간의 단일화로 이어졌다.

그러나 결국 단일화 룰과 관련하여 아름다운 타협을 하지 못하고 일방적인 사퇴로 마무리되어 아쉬움을 남기기도 하였다. 후보 단일화 이후 칩거하던 안철수 후보가 다시 문재인 후보의 선거운동을 도와주면서 선거양상은 바뀌는 듯하였으나 안정적 변화를 갈망하는 50대 이상 유권자가 대거 투표에 참여해서 박근혜 후보를 지지함으로써 결국 선거는 보수의 승리로 끝나게 된 것이다.

75.8%라는 높은 투표율이 보여주듯이 이번 대통령선거는 유권자의 정치에 대한 관심과 새로운 정치에 대한 열망이 어느 때보다도 높았다고 할 수 있다. 안철수 신드롬이 나타나게 된 것도 어떻게 보면 기존 정치권이 유권자의 불신을 사고 제대로 역할을 못하기 때문에 등장한 것이다. 그렇기 때문에 안철수 현상에 대하여 호응을 보내는 유권자에 대하여 보수와 진보 양 진영에서 환골탈퇴의 자기 변신을 통하여 대응하지 않고서는 선거에서의 승리를 장담할 수 없었다. 새누리당의 경우는 한나라당이라는 기존의 당명을 바꾸고 비상대책위원회를 설치하여 외부 인사를 영입하고 경제민주화나 생애주기별 복지확대와 같은 진보적 정책을 수용하였으며, 민주통합당은 변화와 기득권 내려놓기 라는 안철수식 새 정치의 가치를 받아들이지 않을 수 없었던 것이다.

그렇다면 안철수 현상은 무엇이고 왜 발생하였을까? 그리고 이것이 현재의 우리 정치에 던지는 의미는 무엇일까? 민생정부를 내세우는 박근혜 정부가 성공하기 위해서는 정쟁과 대결이 아닌 통합과 상생의 정치리더십이 필요하고 그러기 위해서는 정치개혁이 반드시 필요한 과제가 아닐 수 없다. 이러한 의미에서 2012년 대한민국을 소용돌이치게 한 새로운 정치의 바람에 대하여 규명해보고 앞으로의 정치개혁의 비전과 과제는 무엇인지에 대하여 살펴보는 것은 우리나라가 따뜻하고 행복한 선진국가로 발전하는데 있어 반드시 필요한 일이라고 생각한다.

2. 새로운 정치의 열망

새로운 정치로서 안철수 현상은 이미 서울시 무상급식과 관련된 주민투표 과정에서 오세훈 전 시장이 무상급식 반대에 직을 걸게 되고 투표 결과 오 전 시장이 사퇴하게 됨으로써 나타났다. 서울시장 보궐선거에서 컴퓨터 바이러스 전문가이자 CEO 경력과 대학교수를 맡고 있는 안철수씨가 출마를 준비하다가 시민운동가인 박원순 씨에게 양보를 하고 지지 선언을 하면서 국민들은 무언가 신선한 감정을 느끼게 되었다. 안철수 현상은 잠재되어 있다가 2012년 양대 선거를 앞두고 다시 분출되기 시작하였다. 18대 총선 과정에서는 미국에서 흑인차별에 항거한 로자 파크스의 예를 들며 투표참여를 호소하였으며, 2012년 9월 19일 대선을 불과 90여일 남겨두고 대선출마를 선언하였다. 안철수 씨가 출마여부를 결정하는 사이에 후보자의 자질과 공약에 대한 검증도 모두 늦추어지기는 하였으나 안철수 대선후보가 제시한 정치개혁의 공약은 기존의 정치권에서 모두 변화를 수용하지 않을 수 없는 방아쇠 역할을 하였다고 할 수 있다.

안철수 씨가 내세운 정치개혁 공약으로는 우선 기득권 포기 차원에서 국회의원 정수를 현행 300명에서 200명으로 축소하는 것이 제시되었다. 정당개혁 방안으로 계파정치를 없애고 원내정당화를 위하여 중앙당 폐지 및 국고보조금을 축소하며, 기초단체장 선거에서 정당공천제를 폐지하고, 정당의 공직후보자 추천과정에서 국민참여경선제를 도입하며, 정치부패에 대하여 고위공직자 비리 수사처를 설치하는 것이 제시되었다. 이러한 공약에 대하여 인기에 영합하고 구름 위를 걷는 것 같은 이상론에 불과하다는 비판의 목소리도 있었으나 국민들은 이런 주장에 대하여 공감하는 의견들이 많았다. 최루탄을 터뜨리고 멱살 잡이로 싸움하는 국회를 보고는 당연히 세비가 아까워서 국회의원 수를 줄이려고 하는 것이다. 문제는 기존의 정당질서로는 우리 정치의 문제점을 제대로 해결하고 있지 못하기 때문에 국민들은 정치에 대한 불신이 증가하고 있고 시민사회의 영향을 통한 정치개혁을 열망하고 있는 것이다.

중요한 것은 이러한 주장의 행간을 읽는 것이다. 안철수 대선후보의 공약에 대하여 비판하면서 새누리당과 민주통합당 모두 그의 정치개혁 공약의 정신은 수용하고 있다. 새누리당 박근혜 당선자도 안대희 전 대법관을 정치쇄신위원장으로 영입하여 정치개혁 공약으로 국회의원 정수를 270명 정도로 축소하고, 국회의원 후보는 선거일 전 2개월까지 대통령 후보는 4개월 전까지 선출 의무화, 중앙당의 권한을 시도당에 이양, 기초자치단체 선거에서 정당공천 폐지, 여야가 동일 날짜에 국민참여경선으로 공직후보자를 추천하는 방식의 법제화, 재보궐선거 원인 제공자에 대한 비용부담, 공천비리자에 대한 공무담임권 제한과 정치자금 자료 공개기간 연장 등을 제시하였고, 문재인 후보도 안철수 후보의 정치개혁 공약을 전적으로 수용하면서 권역별 비례대표제의 도입, 정당 정책연구소의 독립화 등의 추가적인 정치개혁안을 제시하고 있는 것이다. 안철수 대선후보의 정치개혁 공약이 어느 정도 현실과 괴리된 측면이 있더라도 그러한 주장이 담고 있는 취지는 받아들이고 있는 것으로 보인다.

그렇다면 새로운 정치를 하자는 주장에 국민이 호응을 보낸 이유는 무엇인가? 그것은 첫째, 진정성과 기득권 포기이다. 정치를 더 이상 권력이나 사적 이익의 수단으로 삼지 말고 진심을 다하여 올바르게 해보자는 것이다. 진정성(truthfulness)의 사전적 의미는 진실을 말하는 것이다. 달리 말하면 자신의 양심에 따라 말하고 행동하는 것을 말한다. 소크라테스는 진정성을 "너 자신을 알라."로 표현하였고, 공자는 논어(論語) 위정(爲政)편에서 "아는 것을 안다고 하고, 모르는 것을 모른다고 하는 것, 이것이 아는 것이다."("知之爲知之 不知之爲不知 是知也")라고 하였다. 정치에서 진정성이란 국민의 대리인으로서 사심을 버리고 국민을 위하여 자신의 양심에 따라 말하고 행동하는 것이다. 진정성 있는 정치는 바로 자신의 사리사욕을 내려놓고 공익을 추구하는 것으로 요약된다. 특권을 가지고 국민 위에서 군림하는 것이 아니라 국민들의 어려움을 함께 하는 것이다.

둘째, 새로운 정치의 키워드는 소통과 참여이다. 인터넷과 SNS(Social Network Service)와 같은 IT 기술의 눈부신 발전으로 정보의 유통이 더욱 빨라지고 있다. 싸이의 강남스타일이 발표된지 불과 몇 달만에 유튜브 조회 1위를 기록하며 세계적인 스타로 발돋움하게 된 것도 이러한 미디어의 역할이 크다. 청년실업의 장기화와 탈물질적인 가치의 추구 등 기존 정치권에 대해 환멸을 느끼는 청년 세대들은 자신들의 아픔에 공감하고 소통하는 새로운 스타일의 정치지도자에게 매력을 느끼고 있다. 특히, 인터넷과 SNS를 통하여 상시적으로 소통할 수 있게 됨으로써 대규모적인 동원이 아니더라도 가치와 생각을 공유하며 지지층을 결집할 수 있게 되었다. 트위터나 페이스북을 통하여 서로 의견을 교환하면서 연대의식을 가지게 되고, 오프라인으로 열리는 집회에도 참여하게 되는 것이다.

이처럼 소통은 참여민주주의와 불가분의 관계에 있다. 과거처럼 권위적으로 지시하는 관계가 아니라 모든 사람이 수평적인 관계로서 연결되어 있고, 관심 영역에 따라 참여하고 탈퇴하는 현상이 나타나고 있다. 자신의 관심에 따라 정치현실에 적극적으로 참여하는 깨어있는 시민이야 말로 민주주의의 소중한 자산임에 틀림이 없다. 서구 민주주의 국가에서는 지방자치단체의 예산사업을 수행하는 과정에서 주민들이 참여하여 의견을 반영할 뿐만 아니라 시민들로 구성된 정책기획단에서 전문가의 협조를 받아 직접 정책안을 제시하고 공무원들이 이를 현실성있게 집행하는 새로운 실험도 나타나고 있다.

셋째, 사회적 약자에 대한 배려와 공정한 경쟁에 대한 요구이다. 정의(justice)로서 법이란 '정직하게 살고, 남을 해치지 않으며, 각자에게 각자의 몫을 주는 것(honeste vivere, alterum non laedere, suum cuique tribuere)'이다(유스티니안 법전(Justinian's Institutiones: 1,1,3-4)). 정의에 대하여 고대 철학자부터 현재에 이르기 까지 다양한 시도들이 있어 왔다. 소크라테스, 플라톤, 아리스토텔레스 모두 정의의 요소로 자기 자신의 정당한 몫을 가지고 타인의 몫을 침범하지 않는 것을 강조했다. 최근에 와서 롤즈(John Rawls)는 정의에 대하여 두 가지 원칙을 제시하고 있는데, 첫째는 모든 시민들에게 양심과 사상의 자유를 포함한 평등한 기본권을 인정하면서 자유롭게 사회적 계약이 이루어지는 것이고, 둘째는 차별성의 원칙으로서 사회적 또는 경제적 불평등은 그 사회에서 가장 불이익을 보는 사람들에게 이익이 되도록 할 때 허용된다는 것이다(Rawls, 1971). 한편, 샌더스(M. J. Sanders)는 정의에 대하여 ① 최대 다수의 최대 행복이라는 공리주의적인 관점(utilitarian view), ② 자유시장에서 사람들의 선택의 자유를 보장하는 자유주의적 관점(liberitarian view), ③ 원천적으로 평등한 지위에서 자유롭게 선택을 할 수 있게 하는 자유 평등주의적 관점(liberal egalitarian view)을 제시하고, 공정한 사회를 이룩하기 위해서는 이 중에서 어느 하나 만으로 이룩될 수 없으며 공공선의 의미에 대하여 함께 추론해야 하며, 이러한 논의과정에서 발생하는 의견대립을 해소할 수 있는 공적인 문화가 필요하다고 주장한다. 즉, 정의란 어떤 것을 분배하는 올바른 방식 뿐만 아니라 사물을 평가하는 올바른 방식이기도 하다(Sanders, 2009: 260-1). 반칙과 특권이 아니라 규칙을 지키며 함께 사는 공동체를 이룩하는 것이다. 2008년에 미국에서 시작된 세계적 금융위기로 인하여 시장경쟁에서 소외된 사회적 약자들이 월가(Wall Street)의 자본가들의 탐욕을 비난하며 시위를 일으켰다. 20세기 말부터 시작된 시장과 경쟁 중심의 신자유주의적 세계질서에 대한 저항이자 경쟁에서 소외된 사회적 약자에 대하여 국가가 보호해 줄 것을 요구하고 있다. 우리나라도 IMF 외환위기 이후 대기업은 부채수준이 개선되었는데 비하여 가계의 부채는 급속히 증가하였고, 중소기업은 대기업의 하청업체로 전락하였다. 청년들은 대학을 졸업한 후 일자리를 구하지 못하여 이십대 태반이 백수생활을 하고 있고 자살율도 급증하고 있다. 이런 문제점을 해결하기 위하여 등장한 것이 바로 경제민주화라는 담론이다.

넷째, 통합과 협의의 정치문화이다. 몸싸움 국회, 해머와 최루탄 국회 장면들이 언론에 보도되면서 국민들의 정치에 대한 혐오와 불신은 가중되고 있다. 통합과 협의의 정치는 상대에 대한 존중과 배려로부터 시작되며 선거과정에서는 공정한 정책경쟁과 비방 및 흑색선전의 배격으로 나타난다. 근거 없는 허위사실로 상대방을 깎아 내리는 것이 아니라 사실을 중심으로 검증하고, 사회적 논의를 더 중요한 정책의 문제로 천착시키는 것이 바로 통합과 상생의 정치문화이다.

잉바르 칼론 스웨덴 전 총리도 "스웨덴이 복지국가로 갈 수 있었던 것은 정당이 건강하고, 상생의 정치, 타협의 정치가 있어 가능했으며, 정책개발을 위해 애쓰는 의원들의 노력이 있어 가능했다." 고 이야기를 하면서 그는 무엇보다 '신뢰의 정부와 신뢰의 정치'가 가장 중요하다고 조언하기도 하였다. 한정된 복지재원 속에서 우리 사회가 함께 행복을 누리기 위해서는 정치의 통합과 조정력의 복원이 선행되어야 한다.

새로운 정치의 실체는 바로 진정성과 기득권의 포기, 소통과 참여, 사회적 약자에 대한 배려와 공정성, 통합과 상생의 정치문화로 요약될 수 있으며, 우리 정치가 이러한 모습으로 변화되기를 국민들이 갈망하고 있는 것이다. 아쉽게도 현재의 우리 정치는 이것과는 거리가 멀고 병들어 있는 모습을 보이고 있다. 절망적인 상황에서도 우리 경제가 이렇게 발전했듯이 우리 정치도 변화될 수 있고 변화되어야 한다.

표 1-1 주요 대선 후보의 정치개혁 공약

구분	박근혜 후보	문재인 후보	안철수 후보
국회의원 정수	국회의원 정원 축소에 긍정적 (273인)	국회의원 정수 조정, 비례대표의원 증원, 권역별 비례대표제	기득권 포기 차원에서 국회의원 정수를 200명으로 축소
정당개혁	국회의원 후보는 2개월 전까지 대통령후보는 4개월 전까지 공천의무화, 중앙당 권한의 시도당 위임	중앙당 축소 및 국고보조금 축소에 반대하였으나 안철수 전후보의 새정치 개혁안에 합의, 정당 정책연구소 독립화	계파정치 없애고, 원내정당화를 위해 중앙당 폐지 및 국고보조금 축소
기초단체장 및 기초의원 정당공천제	정당공천 폐지	정당공천 폐지	정당공천 폐지
공직후보자 공천과정 개혁	여야 동시 국민참여경선 법제화	국민참여경선	국민참여경선
정치부패 방지	재보궐선거 원인 제공자에게 비용부담, 금품수수에 대한 30배 과태료, 20년간 공무담임권 제한, 정치자금 자료 공개기간 4년 연장	고위 공직자 비리수사처 설치	고위 공직자 비리수사처 설치

3. 정치의 건강성의 진단

우리가 건강하다고 할 때 몸과 정신이 전체적으로 제대로 작동하고 있다는 것을 말한다. 잘 먹고 잘 자고 잘 싸고 움직이는데 아무 문제가 없으며 정신상태도 명랑한 사람을 건강하다고 말한다. 그러면 선거 및 정치가 건강한지는 무엇을 통하여 알 수 있는가? 정치를 구성하는 유권자, 대통령과 행정부, 정당과 국회, 언론 등이 각자의 역할을 제대로 수행하고 있는지를 보고 판단할 수 있다. 바람직한 민주정치의 이상형을 가정하고 현실 정치가 그것에 얼마나 괴리되어 있는 지를 판단해 보는 것도 하나의 방법이다. 이상적인 정치모델에 대하여 인류 역사상 수많은 철학자와 사상가들이 논쟁을 벌여 왔으나 결국은 백성의 뜻을 받들고 그들을 편안하게 하는 것이 정치의 기본이라 할 수 있다.

가혹한 정치는 호랑이보다 무섭다고 하지 않았던가? 민주정치의 이상은 국민이 나라의 주인이 되고 그 뜻에 따라 국민 전체의 이익을 위하여 통치가 실현되는 것이다. 링컨이 말한 국민의(of the people), 국민에 의한(by the people), 국민을 위한(for the people) 정치는 역사가 바뀌더라도 변치 않을 숭고한 가치인 것이다. 우리 헌법 제1조에서도 「① 대한민국은 민주공화국이다. ② 대한민국의 주권은 국민에게 있고, 모든 권력은 국민으로부터 나온다.」고 천명하고 있다. 우리 정치개혁의 목표는 주권자인 국민이 실질적으로 주권을 행사할 수 있는 상태를 만드는 것이며, 모든 국가기관이 국민을 중심에 두도록 하는 이상을 실현하는 것이다.

따라서, 입법, 사법, 행정을 포함한 모든 통치기구 위에는 국민이 존재하도록 통치조직도를 그려야 하며, 이러한 의미에서 국민이 주권을 행사하는 선거는 민주주의의 출발점이자 꽃이라 할 수 있다.

우리나라의 민주정치는 국민주권주의를 이념으로 하며, 민주주의(democracy)와 공화주의(republicanism)로 구성되어 있다. 민주주의는 국민이 나라의 주인이기 때문에 모든 국가권력은 국민으로부터 나와야 한다는 원리이다. 다른 한편으로 우리 헌법은 공화주의 원칙도 선

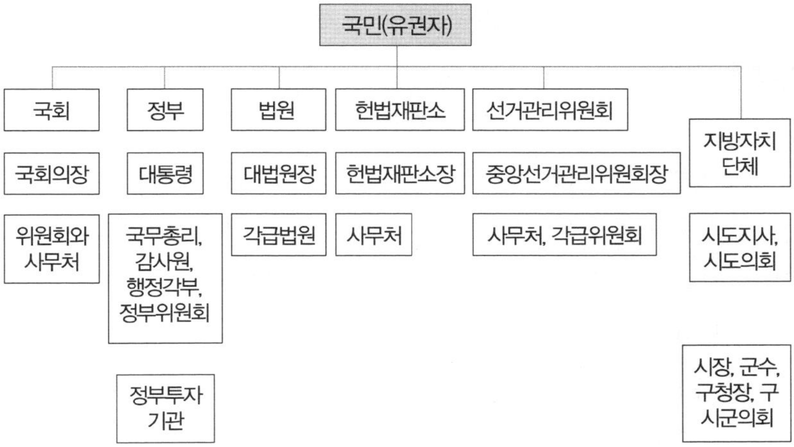

언하고 있다. 민주공화국이라는 국체 속에 포함되어 있는 '공화'는 바로 공화주의(republicanism)를 의미하는 것이다. 민주주의에 비하여 다소 생소할지 모르지만 공화주의란 나라의 주인인 국민이 사심 없이 공적인 나랏일에 적극적으로 참여한다는 뜻이다.

작은 도시 국가인 로마가 거대한 제국으로 성장할 수 있었던 것은 나라를 위하여 전쟁에 나가 병역의무를 다하고 평상시에는 시민공회에 참여하여 토론하고 공직을 맡아 봉사하였던 적극적인 시민이 있었기에 가능하였다.

또 하나의 사례로 미국 흑인인권운동가 로자 파크스(Rosa Parks)를 들 수 있다. 1955년 12월 1일, 앨라배마 주 몽고메리에서 흑백분리정책에 따라 백인 승객에게 자리를 양보하라는 버스 운전사의 지시를 거부하다가 경찰에 체포되었다. 이 사건은 몽고메리 버스 보이콧으로 이어졌고 마틴 루서 킹 목사가 참여하여 전국적인 시민운동으로 번지게 되어 결국 아프리카계 미국인의 인권과 권익을 개선하는 민권 운동의 시초가 되었다. 깨어있는 유권자가 참여하는 선거 및 정치야말로 역동적이고 살아있는 건강한 민주주의라 할 수 있다.

이상적인 민주주의 모델에 대하여 미국의 정치학자 로버트 달(Robert Dahl)이 제시한 자유민주주의에 대한 규범적 모델을 참고할 만하다. 그는 고대 그리스 이후 민주주의의 발달을 역사적으로 고찰하면서 적어도 자유민주주의라 하기 위하여 갖추어야 할 5가지 기준을 제시한 바 있다(R. Dahl, 1998). 유권자의 효과적인 참여(effective participation), 투표의 평등성(voting equality), 유권자의 계몽된 이해(enlightened understanding), 유권자에 의한 의제통제(control of agenda), 성인들의 시민적 권리보장 등이 그것이다.

첫째, 유권자의 효과적인 참여는 선거나 주민투표 또는 국민투표 등의 과정에 유권자의 참여에 제약이 존재하지 않고 자유롭게 참여할 수 있음을 의미한다. 일정한 연령 이상의 국민에게 보통 선거권과 피선거권을 부여하여야 하고, 참여에 장애가 되는 요인들을 제거하여야 한다. 단순히 유권자로 선거권을 행사하는 것뿐만 아니라 후보자로서 공직에서 선출되기 위하여 참여하는 과정에서도 기회균등이 보장되도록 선거공영제를 확충함으로써 참여의 기회를 확대하여야 한다. 정치과정에서 참여가 일상화된다면 선거나 주민투표와 같은 공식적인 절차 뿐만 아니라 국가정책의 과정에서도 이해당사자로 참여하여 의견을 개진하거나 참여예산제나 공론조사 등에서 유권자의 일원으로서 개별적인 선호를 행정당국에 제시함으로써 정책에 반영될 수 있게 할 수 있다.

둘째, 투표의 평등성은 선거나 투표에 참여하는 사람들의 1표가 동등한 가치를 지니는 것을 말한다. 재산이 많다고 해서 학력이 높다고 해서, 가문이 좋다고 해서 더 많은 투표권을 행사해서는 안된다는 것이다.

셋째, 계몽된 이해란 유권자들이 선거나 투표과정에서 다루어질 의제와 쟁점의 내용에 대하여 충분히 이해하고 판단할 수 있는 기회를 가질 수 있어야 한다는 것이다. 예를 들어 후보자나 정당이 제시하는 정책의 장·단점에 대하여 정보가 제공되고 그것을 실천할 역량이 있는지에 대해서도 합리적으로 판단할 수 있을 정도의 정보가 제공되어야 한다. 유권자가 비록 전문가는 아니지만 후보자 또는 전문가들이 제공하는 정보를 바탕으로 합리적인 판단을 할 수 있어야 제대로 민주주의가 구현될 수 있다.

넷째, 의제의 통제 가능성은 소수자에 의하여 선거나 투표과정에서 논의될 의제가 제한되지 않고 유권자이면 누구나 공론의 장에 문제를 제기할 수 있는 기회를 가지는 것을 말한다. 비록 개인적 견해이지만 언론을 통하여 이슈를 제기할 수 있고 그것이 다른 유권자의 공감을 얻는 다면 사회적 논의과정을 통하여 유권자 전체의 판단을 받을 수 있다. 한 개인이 가진 어려움과 생각들이 사회적 공론화 과정을 통하여 다른 사람들의 공감을 얻고 선거나 주민투표 뿐만 아니라 국회와 정부 내의 정책결정과정을 통하여 채택이 될 수 있어야 하는 것이다.

다섯째, 선거나 주민투표 과정에서 모든 유권자들이 효과적으로 참여하여 의제를 제기하고 충분한 정보를 가지고 제기된 의제들을 판단하여 동등한 가치의 투표권을 행사할 수 있도록 시민적인 권리가 보장되어야 한다. 가장 기본적으로 사상과 양심의 자유, 신체의 자유, 언론·출판·집회·결사의 자유, 참정권 등이 보장되어야 하고 생활고에 시달려 참여를 포기하지 않도록 기본적인 생존권과 사회보장적 권리도 보장될 수 있어야 한다.

물론 이러한 민주정치의 이상형은 하루아침에 이루어지는 것이 아니다. 서구에서도 수백년의 세월을 피와 눈물과 땀에 의하여 쟁취해온 희생의 역사이다. 초기에는 여러 가지 시행착오를 거듭하면서 제도개혁과 시민들의 의식변화를 통하여 현재의 정치문화를 이룩한 것이다. 자유민주주의가 성숙된 국가에서는 모두 안정적이고 합의적인 정치문화를 발전시켜 왔다. 무엇이 바람직한 것인지에 대하여 통일된 정치문화의 기준은 없지만 그 나라의 역사적 문화적 배경에 따라 독특한 문화를 발전시켜 온 것이다.

Tip

여기서 잠깐! 선진국의 정치문화는 어떤 유형이 있을까요?

시민문화(Civic Culture)

일찍이 정치학자 알몬드(Almond)와 버바(Verba)는 자유민주주의가 지속가능하기 위하여 필요한 정치문화를 찾아내기 위하여 미국, 영국, 서독, 이태리, 멕시코 등의 5개 국가의 시민의식에 대하여 연구하였다(Almond and Verba, 1963). 정치문화의 순수형으로 중앙정부의 존재에 대하여 인식하지 못하거나 통제를 받지 않는 부족형(parochial) 정치문화, 시민들이 정치과정에 직접 참여하기 보다는 수동적으로 지배를 받는 대상으로 인식하는 신민형(subject) 정치문화, 시민들이 정치과정에 적극적으로 참여하기도 하고 그것에 의하여 영향을 받기도 하는 참여형(participant) 정치문화가 있는데 안정된 민주주의 국가에서는 본질적으로 참여형 정치문화가 위주로 되면서도 부족형 및 신민형의 정치문화가 뒷받침이 되는 형태를 나타낸다고 하였다. 그리고 이러한 이상적인 정치문화가 영국에서 주로 관찰되는데 이를 시민문화(civic culture)로 칭하였다. 시민문화에서 유권자는 정치과정에 참여하여 충분하게 자기 의견을 표시하지만 그들이 원하지 않는 국가정책에 대하여 거부할 정도로 관여하지는 않는다. 그러나 이러한 시민문화는 1970년대 이후 베트남 전쟁에 대한 청년들의 저항, 국가와 정치에 대한 신뢰의 감소 등으로 영미국가에서 점차 쇠퇴하고 있다.

사회적 자본(Social Capital)

로버트 퍼트남(Robert Putnam)은 이태리의 사례를 보다 심도있게 연구하여 참여하고 지원하는 정치문화가 정치체제의 안정성뿐만 아니라 경제적 성과도 향상시킬 수 있음을 증명하였다(Putnam, 1993). 알몬드와 버바는 이태리의 정치문화를 소외적이고 배타적인 정치문화로 분류하였으나 퍼트남은 이태리 북부지방의 정부들은 보다 적극적인 정치문화와 신뢰와 협력의 정치적 전통을 지니고 있어 정부의 성과가 높이 나타나는데 반하여 남부지방의 정부들은 협력과 평등의 전통을 찾아 볼 수 없어서 정부의 성과도 높지 않다고 주장하였다. 정부의 성과를 좌우하는 신뢰, 협력, 적극적인 시민참여와 같이 역사적으로 형성된 정치문화적 전통을 사회적 자본(social capital)으로 칭하고 있는 것이다. 사회적 자본은 '나'라는 개인을 '우리'로 발전시키는 공동체의 능력을 의미한다.

협의적 민주주의(Consociational democracy)

네덜란드나 벨기에와 같이 언어적이나 문화적으로 분열된 사회에서 통합을 이루기 위하여 협의적 민주주의가 제안되었다(Lijphart, 2000). 협의적 민주주의는 대통합(grand coalition), 분절적 자율성(segmental autonomy), 비례성(proportionality), 소수자의 거부권(minority veto)을 주요 내용으로 한다. 사회의 각 부문의 지도자들은 서로 협의 하에 국가를 운영하는데 합의를 하고 각각의 분절적인 영역마다 고유한 문화와 전통의 학교, 교회, 기업 및 노조, 사회단체 등을 운영하는 자율성을 인정받는다. 국회와 정부는 정당의 연합에 의하여 구성하되 정치인과 관료는 사회의 인구구성비에 따라 비례적으로 대표된다. 네덜란드는 카톨릭, 개신교, 무종교 집단으로 나누어져 있고, 스위스는 독일어, 프랑스어, 이탈리어를 사용하는 집단으로 나누어져 있음에도 협의적 민주주의에 의하여 국가적 통합을 이루어 내고 있다.

미국의 견제와 균형의 정치

미국은 국가를 운영함에 있어 대통령과 의회의 협조가 필수적이다. 대통령이 중요한 직위를 임명권을 행사함에도 대통령이 상원의 인준을 받아야 하고, 직접적인 법률안 제출권이 없기 때문에 매년 연두교서를 통하여 의회에 입법에 대하여 협조를 요구할 뿐이다. 오히려 예산의 편성과 확정에서는 하원이 전속적인 권한을 보유하고 있다. 선거의 결과 대통령과 의회의 다수당이 일치하기 보다는 대통령과 의회의 다수당이 다른 분점정부(divided government)가 자주 나타나며 대통령은 자신의 공약을 실현하기 위하여 의원들을 직접 설득하지 않으면 안된다. 미국 헌법의 설계자들이 권력은 권력에 의하여 통제될 수밖에 없다는 견제와 균형(check and balance)의 원리에 따라 통치구조를 마련했기 때문에 대통령이 일방적으로 법안이나 예산을 밀어붙이기 하거나 정부 여당이 날치기로 처리하는 것은 있을 수 없다.

독일의 대연정(Grand Coalition)

독일은 혼합식 비례대표제를 채택하고 있기 때문에 과반이상의 다수당이 나타나기 힘들고 다당제가 보편적인 현상이다. 특히 현직 수상을 해임하기 전에 차기 수상을 선출해야 하는 건설적 불신임제(the constructive vote of no confidence)를 도입하고 있어서 대연정을 통한 정부수립이 나타나고 있다. 선거에서 과반으로 승리하지 못한 다수당은 과반을 형성할 파트너 정당을 찾아 협상을 하고 최소승리연합을 구성하게 되며 이 과정에서 소수당도 영향력을 행사할 수 있다. 연정을 구성하는 정당간에 이데올로기적으로 유사점이 많고 공동 정부의 성과가 나타날수록 대연정이 지속될 수 있다. 2005년 연방선거에서 전통적인 연립방식으로는 다수당 정부를 출범시킬 수 없게 되자 사회민주당(SPD), 녹색당(Greens), 좌파당(the Left Party)은 이념적으로 더 가까움에도 불구하고 좌파당을 정부에서 축출하기 위하여 기독민주/기독사회주의연합(CDU/CSU)과 대연정을 형성하고 안겔라 메르켈(Angela Merkel)을 총리로 하고 동수의 각료들로 내각을 구성하게 되었다.

프랑스의 동거(cohabitation)정부

국민으로부터 직접 선출된 대통령이 국방과 외교를 담당하고 의회해산권과 같은 비상대권을 지니고 있고 역시 국민으로부터 선출된 국회의 다수당이 총리를 맡아 내치를 담당하는 프랑스의 이원집정부도 타협에 의한 정치가 중요하다. 동거정부는 대통령의 소속 정당과 다른 정당이 원내 다수당이 되어 반대당의 총리가 임명될 때 나타난다. 동거정부가 아닐 때는 대통령의 권한이 강력하게 발휘될 수 있지만 동거정부일 경우에는 총리가 내치에 대하여 책임을 지고 국정을 운영하도록 대통령의 권한 행사가 축소된다. 실제로 프랑스에서는 동거정부가 자주 나타나고 있지만 대통령과 총리 간의 권한 조정을 통하여 상대적으로 안정된 국정운영을 수행하였다.

앞에서 살펴본 대로 이상적인 민주주의는 유권자가 실질적으로 나라의 주인이 되는 것이다. 이는 보편적이고 평등한 선거제도 하에서 유권자의 효과적인 참여가 이루어지고 충분한 정보 속에서 계몽화된 판단을 하며, 선거나 투표과정에서 자유롭게 의제를 제기할 수 있고 이것이 언론을 통하여 다른 유권자의 관심을 얻게 된다면 판단의 대상이 되어 국가 정책결정에 영향을 미칠 수 있어야 한다. 이렇게 선출된 정치권력은 반대파를 존중하고 민주적인 룰에 따라 정부를 구성하고 서로 대화하고 타협하며 상생의 정치를 통하여 안정적으로 국정을 운영할 수 있어야 한다.

4. 우리 정치의 병든 자화상

민주주의 이상적 모델에 비추어 볼 때 현재 우리나라의 민주주의는 어느 정도 괴리되어 있는 지 짚고 넘어갈 필요가 있다. 그래야만 우리 정치가 어느 정도 아픈지를 진단할 수 있기 때문이다. 우리 몸에서 나타나는 비정상적인 증상을 통하여 병증을 진단할 수 있듯이 우리 정치현실에 나타나는 비정상적인 현상을 살펴보면 우리 정치의 아픈 정도를 알 수 있다.[1)]

로버트 달(R. Dahl)의 민주주의의 이상적 모델에 비추어 볼 때 우리의 정치현실은 어떠한가?

Q1: 유권자가 효과적으로 정치에 참여하는가?

A1: 정치참여 기회는 보장되지만 투표율이 저하되고 있다. 일상생활에서 시민들의 정책결정 과정에 참여하는 수준은 낮은 편이다.

Q2: 투표의 기회와 가치의 평등성이 보장되는가?

A2: 재외선거 도입과 선거연령을 낮추어 투표기회는 확대되고 있으나 선거구 획정과정에서 투표가치의 평등측면에서 3:1의 기준은 개선의 여지가 있고 선거구획정이 지연되어 문제가 발생하고 있다.

Q3: 유권자들이 선거정보에 대하여 깨우치고 이해할 수 있는 효과적인 기회가 있는가?

A3: 매니페스트 공약실천 운동이 민관협력으로 이루어지고 있지만 정책의 충분한 검증이 이루어지지 못하고 있고, 선거과정

---

1) 일반적인 민주주의의 흠결 현상으로 정치적 무관심, 소수의 엘리트에 의한 정책결정의 지배, 유권자가 아닌 자본에 의한 정책결정에 영향, 지역구와 재선을 목적으로 하는 입법자에 의한 무책임한 입법, 사적 이익을 추구하는 관료제, 유권자와 입법자의 선호의 집약의 불안정성, 사회적 이익의 반영의 배타성, 네트워크 거버넌스의 무책임성, 대안을 제시하지 못하는 정당, 선거제도의 왜곡, 천문학적인 선거운동 자금의 모금, 투표율의 감소, 정당의 당원의 감소, 네거티브식 선거운동, 국가 내에서 소수자의 차별, 국가 내에서 소수 그룹간의 정체성의 갈등, 국가안보를 가정한 기본권의 위축 등이 제시되고 있다(Dunleavy and Dryzek, 2009).

에서 비방과 흑색선전이 되풀이 되고 있다. 정책중심의 선거 문화와 시민의식 수준을 높이기 위한 시민교육 관련 예산도 부족한 실정이다.

Q4: 선거과정에서 소수에 의한 의제조작이나 통제의 가능성을 차단하고 있는가?

A4: 언론의 자유를 보장함으로써 사상의 자유시장을 형성하고, 불공정 보도에 대하여 공직선거법 상 심의기구를 두고 있다. 그러나 일반 시민들의 요구가 사회적 의제로 되는데 언론 내부에 문지기(Gate Keeper)가 존재하기 때문에 어려움이 있고, 다양한 의견 표출에 대하여 상호 토론하고 합의를 모색하는 숙의(deliberation)절차가 충분하지 못하다. 최근 SNS를 통하여 표현의 자유가 확대되었지만 주장의 사실여부와 타당성에 대한 효율적인 검증은 이루어지지 못하고 있다.

Q5: 시민들의 기본권이 충분히 보장되는가?

A5: 헌법상 자유민주적 기본질서에 의한 기본권이 보장되고 있지만 선거운동과 관련된 표현의 자유는 보다 확대되어야 한다.

1) 정치 불신과 대의민주주의의 위기

가장 대표적인 것이 투표율의 저하와 정치불신 현상이다. 국민들에게 정치에 대하여 물어보면 부정적인 대답이 많다. 몸싸움 국회, 해머와 최루탄 국회 장면들이 언론에 보도되면서 국민들의 정치에 대한 혐오와 불신은 가중되고 있다. 자유기업원이 2009년 여론조사기관 리서치앤리서치(R&R)에 의뢰해 전국 성인 남녀 800명을 대상으로 조사한 결과 응답자의 약 절반(49.6%)이 '신뢰도가 가장 낮은 기관'으로 국

표 1-2 선거별 투표율 변화

국회의원선거		대통령선거		지방선거	
년도	투표율	년도	투표율	년도	투표율
13대(1988)	75.8%	13대(1987)	89.2%	1991	(기초)55.0% (광역)58.9%
14대(1992)	71.9%	14대(1992)	81.9%		
15대(1996)	63.9%	15대(1997)	80.7%	1회(1995)	68.4%
16대(2000)	57.2%	16대(2002)	70.8%	2회(1998)	52.7%
17대(2004)	60.6%	17대(2007)	63.0%	3회(2002)	48.9%
18대(2008)	46.1%	18대(2012)	75.8%	4회(2006)	51.3%
19대(2012)	54.3%	-	-	5회(2010)	54.5%

회를 꼽았다. 2~5위인 행정부(7.7%), 언론(7.4%), 사법부(7.2%), 시민단체(3.9%)는 모두 10% 미만인 점을 감안하면 18대 국회가 얼마나 큰 불신을 받고 있는지를 짐작할 수 있다. 또한 현대경제연구원의 '부패와 경제성장 연구보고서'는 한국의 청렴도가 OECD 국가 평균 수준만큼 개선되면 2010년 기준으로 1인당 명목 GDP는 연평균 138.5달러 증가하고, 경제성장률도 명목 기준으로 연평균 0.65%포인트 올라 4%에 이를 것으로 예측됐다. 이러한 정치불신은 투표율의 감소로 이어지고 있다.

1987년 민주화 이후 지속적인 투표율 감소로 정치인의 대표성 자체에 의문이 제기되고 선거를 통한 사회적 통합에 장애가 발생하고 있다. 제헌 국회의원을 선출하는 1948년 5월 10일 총선거에서는 투표율이 95.5%에 이르렀으나 제18대 국회의원선거에서는 절반이하인 46.1%까지 떨어져 대의민주주의의 위기로 까지 이어지게 되었다. 그러나 제19대 총선에서 겨우 회복하여 54.3%의 투표율을 기록하였다.

그림 1-1 투표 참여 의향이 없는 이유(제19대 국선 유권자 의식조사)

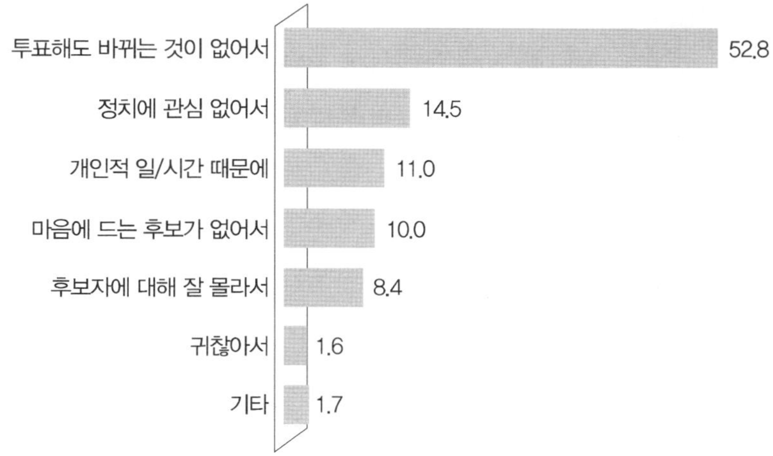

한편, 민주화 이후 역대 대통령선거에서도 투표율이 하락하는 추세가 나타나고 있다. 그러나 18대 대통령선거에서는 유권자의 보수 대 진보의 양자대결로 인하여 유권자의 선거에 대한 관심이 높아졌고 자신의 한 표가 결정적 투표(decisive voting)를 할 가능성이 커지게 되자 투표율이 많이 상승하여 75.8%를 기록하였다. 낮은 투표율을 통하여 당선된 후보나 정당은 낮은 정당성으로 인하여 이후의 국정 수행에 추진력을 발휘할 수 없으며, 선거 승리를 위한 극단적 대립으로 인하여 국민들의 정치에 대한 불신이 증가하고 이는 다시 낮은 투표율로 이어져 악순환에 빠지게 된다.

유권자들에게 왜 투표에 참여하지 않는 지를 물어보니 투표에 참여하지 않는 유권자 중 다수는 정치에 관심을 가지고 있지만 투표를 해도 바뀌는 것이 없다는 정치적 무기력증에서 주로 투표에 참여하지 않는 것으로 나타났다(그림 1-1 참조). 정치에 관심을 가지고 있는 유권자들에게는 선거에 참여함으로써 효능감(effectiveness)을 가질 수 있도록 참신한 후보자가 공천되고 후보자와 정당의 정책에 대하여 충분한 정보를 제공하여 선거에 대한 관심을 제고하며, 투표참여에 장애가 되는 다양한 요인들을 제거해 준다면 투표율이 확대될 것으로 기대할 수 있다.

이번 제18대 대선에서도 박근혜 후보가 당선될 수 있었던 것은 5060세대의 선거에 대한 관심과 투표하고자 하는 의지가 2030세대에 비하여 더 강하였고 안정 속에 변화를 바라는 이들 세대의 표심이 더 많이 반영되었기 때문이다. 선거당일 실시된 방송 3사의 출구조사 결과를 보면 20대와 30대의 투표율이 각각 65.2%, 72.5%인데 반하여

그림 1-2 제18대 대통령 선거 투표율 분석

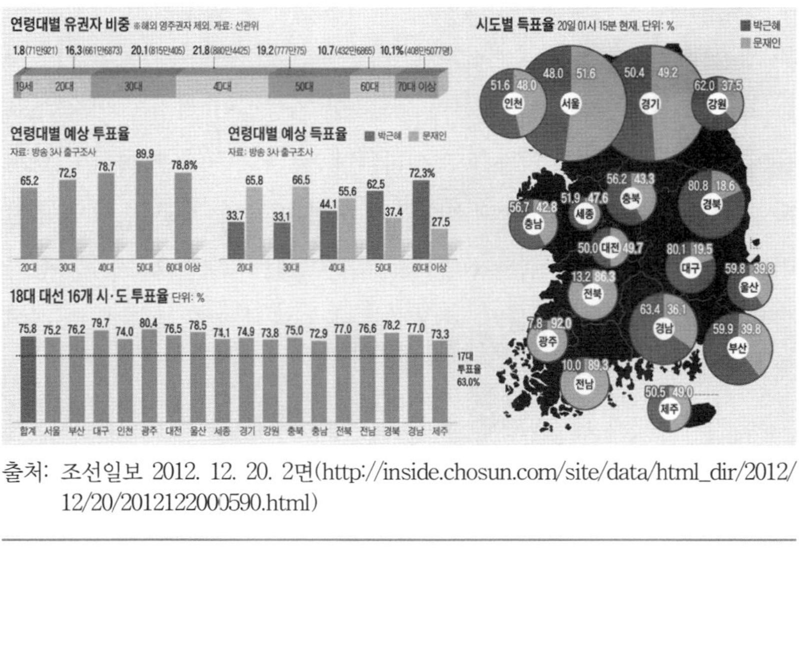

출처: 조선일보 2012. 12. 20. 2면(http://inside.chosun.com/site/data/html_dir/2012/12/20/2012122000590.html)

50대와 60대 이상의 투표율은 89.9%, 78.8%를 나타내었다.[2] 전체 유권자의 비중을 보면 5060이상인 세대가 16,182,017명으로 전체 유권자 중 39.9%를 차지하는데 반하여 2030세대는 14,767,278명으로 전체의 36.4%로서 오히려 더 비중이 적다고 할 수 있다. 40대에서 문재인 후보가 다소 앞선다고 하더라도 5060세대가 박근혜 후보에게 압도적인 지지를 보냄으로써 당선될 수 있었던 것이다(조선일보 2012. 12. 20. 2면).

Tip

여기서 잠깐! 사람들은 왜 투표에 참여할까요?

투표참여에 관하여 일반적으로 타당한 이론은 아직 없지만 시대적으로 다양한 이론들이 개발되고 투표참여를 설명하는데 활용되었다. 도덕적 의무감의 이행으로 인한 효용까지 포함하여 유권자가 합리적인 선택을 내린다는 합리적 선택이론을 바탕으로 사회인구학적 이론, 투표 효능감에 관한 인지이론, 정보인지이론 등을 종합적으로 활용하는 것이 바람직하다. 이번 대선의 투표율 상승은 보수와 진보의 양자대결로 선거에 대한 관심이 증가하였고, 박빙의 상황 하에서 자신의 한 표가 결정적인 영향을 미칠 수 있다는 효능감이 높아졌기 때문에 모든 세대에서 투표율이 높아졌고 특히 나이가 많은 5060세대는 경기가 어려운 상황 하에서 진보진영의 당선으로 인하여 사회와 안보의 불안을 우려하여 더욱 더 적극적으로 투표에 참여한 것으로 볼 수 있다.

---

2) 한편, 중앙선거관리위원회가 2013년 2월에 발표한 투표율분석에서는 연령별 투표율에서 방송출구조사와 다소 차이가 있으나 2030세대에 비하여 5060세대가 더 투표율이 높다는 것에서는 방송출구조사와 유사하다. 중앙선관위 투표율 분석은 전체 유권자 수의 10.3%에 해당하는 4,163,800명을 대상으로 실시되었기 때문에 신뢰도가 더 높다고 할 수 있다. 연령별 투표율을 보면 19세 74%, 20대 68.5%, 30대 70.0%, 40대 75.6%, 50대 82.0%, 60세 이상 80.9%의 투표율을 나타내고 있다(중앙선거관리위원회, 2013. 18대 대통령선거 투표율 분석, p.19).

사회경제적 인구학적 이론

소득, 연령, 성별, 인종 등의 인구학적 요인이 투표참여에 영향을 미친다는 이론이다.

심리적 이론

정치에 대한 관심과 투표로 인한 효능감 등 심리적 요인이 투표 참여를 결정한다는 이론으로서, 정치적 효능감(political effectiveness)이란 내가 한 표를 행사함으로써 정치상황을 변화시킬 수 있다는 인식이 있는지 여부를 말한다.

인지이론

인지이론은 유권자의 인지적 한계 때문에 제시된 정보의 형태에 따라 선택이 달라질 수 있음을 인정한다. 어떤 프레임에 의해 정보가 유권자에게 제시되는지에 따라 유권자의 참여의사나 선택의 결과도 달라질 수 있다고 본다. 후보자나 정당간의 차이를 알 수 있는 정보가 충분할 때 또는 정보부족을 보충할 수 있는 정보 보조수단(informational shortcut)을 이용하여 투표한다는 이론이다.

동원이론

도시와 농촌을 구별하여 농촌이 더 공동체 의식이 강하여 농촌 어른들이 공동체 활동에 참여하도록 더 큰 역할을 담당하여 유권자를 투표참여로 동원할 수 있다는 이론이다.

합리적 선택이론

유권자는 투표에 참여함으로써 얻는 이익과 비용을 비교해서 이익이 더 큰 경우에 투표한다는 이론이며, 합리적 선택이론은 반드시 경제적 이익 뿐만 아니라 투표에 대한 공적의무를 실행함으로써 얻는 주관적 만족도 효용으로 보고 효용이 비용보다 더 큰 경우 투표에 참여하는 것으로 본다.

2) 복잡하고 규제중심적인 정치관계법제

우리나라의 선거법은 너무 복잡하고 규제중심적일 뿐만아니라 엄격한 형벌위주의 규정들로 되어 있어서 정치인들은 선거법 위반에 대하여 매우 민감하게 반응한다. 정치인들은 선거법을 잘 모르기 때문에 선거관리위원회에 일일이 물어보고 어떤 행위를 할 수 있고, 사회생활상 인지상정으로 생각되는 축·부의금이나 인사하는 행위 조차도 선거법에 저촉될 수 있기 때문에 조심하게 된다. 현장에서는 국회의원이 선거관리위원회에서 지도·단속을 담당하는 직원을 가장 무서워하며 선거관리위원회를 권력기관으로 인식하는 경향도 있다. 민주화 이후 과열 혼탁선거의 분위기를 방지하고 돈선거를 차단하기 위하여 엄격한 정치관계법제가 발전되어 왔으나 과유불급(過猶不及)이 되고 오히려 과도한 선거운동 규제로 인하여 유권자가 충분한 정보를 습득하는데 장애가 되고 있다.

공직선거법에 존재하는 다양한 선거운동에 대한 제한금지 규정들은 유권자들의 표현의 자유를 제약하고 있다. 선거에 영향을 미치는 시설물이나 인쇄물을 포괄적으로 제한하기도 할 뿐만 아니라 면대면(face to face) 선거운동으로서 중요한 호별방문이나 인사하는 행위 조차도 돈이 들지 않음에도 불구하고 사전선거운동으로 제한한다. 이렇게 되면 유권자는 언론을 통해서 제공되는 정보에만 의존하여 선택을 하게 되는데 유권자가 선거운동과정에서 주체가 되는 것이 아니라 단순히 후보나 정당간의 경쟁을 수동적으로 관람하는 수준에 머무르고 있다. 최근에 인터넷이나 SNS에 대한 선거운동의 자유가 확대되면서 과도한 선거운동규제로 인한 정보의 불충분성의 문제는 해결되어 지고 있으나 아직도 실질적으로 유권자의 선택에 도움을 주는 정보들이

후보자나 다른 단체들에 의하여 제공되어 질 수 있는 기회는 제약적이다.

유권자가 선택의 기준이 되는 선거정보의 왜곡과 불충분의 문제이다. 앞에서 로버트 달(R. Dahl)은 이상적 민주주의의 조건으로 선거과정에 논의되는 의제나 정책에 대하여 유권자가 이해할 수 있는 정보의 확충과 소수에 의한 의제통제의 방지 및 유권자의 의제변경의 권리를 강조했다. 선거가 민의의 왜곡이 없이 합리적인 의사결정이 되기 위해서는 유권자의 판단의 기준이 되는 정보가 충분해야 하고, 선택의 대상이 되는 의제의 조작이 없어야 한다. 그러나 현실은 그렇지 못하다. 가장 문제되는 것이 근거없는 허위사실을 유포하거나 상대방을 깍아내리는 비방 및 흑색선전이 난무한다는 것이다. 선거법이 엄격하기 때문에 선거법을 위반했다는 보도는 한 쪽에는 치명적인 타격을 입힐 수 있으므로 후보자나 정당들은 상대방의 선거법 위반행위를 캐기 위하여 노력하고 상호 고발함으로써 진흙탕 같은 선거전으로 변질되고 마는 것이다. 심지어는 국가나 시·도의 최고지도자를 선출하는 선거에서 조차 선거법 위반여부가 쟁점이 되어 정책이나 후보자의 자질을 검증하는 이슈를 압도해버리기도 한다. 그렇기 때문에 선거 때마다 정당이나 후보자는 상대방에게 결정적인 한 방을 먹일 기회를 엿보게 되며, 선거기간 동안 이런 것들을 언론을 통하여 터뜨리려고 한다. 그 결과 선거의 공명성에 심각한 피해를 입히게 된다.[3] 선거시기에 맞추어 검증되지 않은 사실이 부각되고 그에 대한 공적인 토론마저 충분

---

3) 제19대 국회의원선거에 관한 유권자 의식조사에서 선거가 공명하지 못한 이유에 대한 응답에서 상호비방과 흑색선전(47.4%), 언론의 불공정한 보도(18.3%)가 큰 비중을 차지하였고 금품수수는 단지 14.8%에 머물렀다.

하지 않은 경우 유권자의 선택은 왜곡될 수밖에 없다. 특히 인터넷 팟캐스트를 통하여 의혹이 제기되고 이를 SNS를 통하여 신속하게 전파됨으로써 언론의 공정성이라는 규제는 받지 않으면서 객관적이지 않은 정보가 유권자에게 제공되는 문제가 발생한 것이다.

또한 TV가 선거에 미치는 영향이 매우 크다는 점을 감안할 때 공영방송의 공정성을 확보하기 위한 내부 인사나 편집의 독립성과 공정성에 대하여 제도적 규율이 미비하고, 낙하산 인사라는 비난과 함께 운영진과 내부 노조간의 갈등으로 정상적인 프로그램 편성이 어렵기까지 하다. 이미지 중심의 선거운동으로 인하여 국정운영에 중요한 영향을 미치는 쟁점에 대한 심층적인 분석보다는 시청율에 민감한 자극적인 내용이나 상호 간의 비방전에 집중하기도 한다. 제17대 대통령선거에서는 이명박 후보와 관련된 BBK의혹이 핵심적인 선거쟁점이 되어서 계속 TV 뉴스에 비중있게 보도되었고, 결국 검찰에 의하여 무혐의로 판명이 났지만 대운하공약이나 복지공약과 같은 향후 국정을 담당하였을 때 중요한 정책문제에 대해서는 논의될 수 있는 공간을 잠식당해 버렸다. 사실 국민들은 BBK라는 의제보다 민생이나 안전문제가 더 논의될 수 있기를 바랬는데 선거전략을 내세우는 소수의 의제설정자에 의하여 의제의 순위가 조작되었고 국민이 이를 변경할 수 있는 통로도 그다지 없었던 것이다. 이번 제18대 대선에서도 막판에 상대 후보를 향한 네거티브와 선거법 위반여부에 대한 공방으로 깜깜이 선거라는 현상이 발생하였다.

정치자금 법제 또한 불완전하다. 지키기 어려운 법을 정치인들이 울며 겨자 먹기로 받아들였기 때문에 광범위한 편법이 존재하고 있으며 정식으로 회계처리를 하면서 편법적인 수단을 이용하는 정치인들은 살아남고 실수로 법을 지키지 못한 정치인들은 정치자금법 위반이라는 낙인을 받고 있다. 정치자금이 제대로 조달되지 않으면 정치활동 자체에 어려움이 발생할 수 있고, 투명성이 확보되지 않으면 정치적 부패의 온상이 될 수 있다. 출판기념회는 정치자금법의 규제대상이 아니므로 거액의 정치자금 기부의 창구가 되고 있고, 국회 위원회의 관련기관에서 로비를 위하여 차명이나 쪼개기식 기부가 활용되고 있으며, 선거비용에서는 축소 허위신고하거나 보전비용을 더 많이 타내기 위해 부풀리기식 청구를 하여 국고를 상대로 사기를 한 혐의를 받고 있다. 또한 정당의 재정 중 국고보조금이 다수를 차지하게 되어 정당의 활동의 기반이 되는 재정이 국민들의 자발적인 기부로부터 괴리되고 있다.

3) 투표가치의 왜곡과 선거제도의 비합리성

유권자의 의사가 왜곡됨이 없이 선거결과에 반영된다는 것은 모든 유권자의 한 표가 동등한 가치를 가져야 한다는 것이다. 이는 득표율을 의석의 수로 전환하는 또는 당선 여부를 결정하는 선거제도(electoral system)의 문제와 관련된 것이다. 지난 제19대 총선에서 정당 득표율에서는 새누리당 42.8%, 민주통합당은 36.45%, 자유선진당은 3.23%, 통합진보당은 10.3%를 차지했음에도 의석배분에서는 새누리당 152석, 민주통합당 127석, 자유선진당 5석, 통합진보당 13석을 차지하여 새누리당의 경우 득표율에서는 과반에 미치지 못함에도 불구하고 의석은 과반을 넘게 차지하고 있다. 민주화 이후 역대 대통령 선거에서도 이번 대선을 제외하면 과반이상의 지지를 받아 대통령에 당선된 경우가 없다. 이는 국민 다수의 절대적 지지를 얻어 대통령이 되지 못함으로 인하여 국정의 안정적 운영과 민주적 정당성에 장애요인이 되기도 한다. 국회의원선거구 획정에서도 헌법재판소의 결정에 따라 최대 및 최소의 편차가 3:1이지만 투표의 등가성 측면에서 볼 때 이것도 역시 문제가 있다.[4] 선거구 획정이 인구 뿐만아니라 지역, 행정구역, 교통 등의 요소를 종합하여 결정해야 할 문제이지만 현재 선거구획정은 국회의원의 지역구 유지라는 밥그릇 싸움 때문에 제때에 결정되지 못하고 선거구획정위원회의 의견마저도 권고적 효력에 지나지 않기 때문에 국회 정치개혁특위에서 이를 수용하지 않고 있다.

4) 제왕적 대통령제의 폐해

흔히들 우리나라는 제왕적 대통령제가 문제라고 한다. 선거 때는 국민들에게 표를 호소하다가 당선되고 나면 구중궁궐 뒤편의 청와대에서 마치 왕처럼 권력을 행사하고 국민 위에 군림하는 대통령이 된다는 것이다. 제왕적 대통령 대신에 서민에게 다가가는 대통령이 되도록 노무현 대통령은 대통령의 권위와 격식을 없애는 것을 시도했고 문재인 후보도 대통령사무실을 정부종합청사로 옮기고 퇴근할 때 시장을 방문해 서민들과 소주라도 한 잔 기울이는 대통령이 되겠다고 하지 않았던가?

원래 제왕적 대통령(imperial presidency)은 1930년대 미국의 루즈벨

---

4) 1995년 헌재결정(헌재 1995. 12. 27. 95헌마224등)에서는 인구편차의 허용기준을 평균인구수 상하 60%(4:1)을 기준으로 하였으나 2001년 헌재결정에서는 상하 50% 편차(이 경우 상한 인구수와 하한 인구수의 비율은 3:1)를 기준으로 결정하였다. 그러나 이 결정 자체에서 "앞으로 상당한 기간이 지난 후에는 인구편차가 상하 33⅓% 또는 그 미만의 기준에 따라 위헌 여부를 판단하여야 할 것이다."고 하고 있어 10여년이 지난 지금에서는 인구 이외의 행정구역 전체의 개편과 맞물려 선거구 획정기준을 상하 33⅓%(2:1) 또는 그 미만의 기준에 따라 결정하여야 할 것이다.

트 대통령 때 대통령의 권한과 조직이 확대되는 것을 보고 대통령이 국민의 통제와 헌법적 제한을 벗어나게 되는 것을 우려하면서 제기된 것이다(Schlesinger, 1973). 제왕적 대통령은 닉슨 정부에 와서 더욱 정도가 심하게 되었는데 대통령의 임명직을 정치화(politicized)하여 자기에 충성하는 사람들로 임명하고, 각 대통령의 정책실행을 위하여 기존의 예산국(BOB: Bureau of Budget)을 부처의 예산, 조직, 법령 등을 심사하고 조정하는 관리예산처(OMB)로 확대개편하였다. 특히, 재선을 목적으로 야당 후보의 선거사무소를 도청하는 워터게이트 사건이 일어남으로써 제왕적 대통령의 폐해에 대해 비판이 제기되었다.

그렇다면 우리나라에서는 제왕적 대통령제가 왜 발생하였으며 무엇이 문제인가? 무엇보다도 대통령에게 막강한 권한이 집중되어 있고, 한국 특유의 중앙집권적이고 권위주의적인 문화가 민주화 이후에도 그대로 이어져 왔기 때문이라 할 수 있다. 이승만 대통령은 고령의 나이에 국부로 추앙되며 대통령직을 수행하여 마치 조선시대의 왕과 같이 직무를 보았다고 하고, 박정희 대통령 때도 경제발전과 자주국방을 위하여 청와대와 경제기획원을 중심으로 계획 및 지시하는 국정관리 방식이 형성되어 이후의 정부에서도 계속 유지되어 온 것이다. 물론 국가발전을 위하여 대통령의 권한이 강화되고 이를 보좌하는 기구가 정비되어야 할 필요성은 있다. 그러나 국민과 고립되어 자기들만의 생각에 도취해 있고, 권한을 남용하거나 부처의 전문성과 자율성에 기반한 행정을 왜곡하게 된다면 국정전반에 미치는 피해는 이만저만이 아니다.

제왕적 대통령이 발생하게 되는 다른 원인으로 청와대의 구조도 들 수 있다. 청와대 본관은 노태우 대통령때 증축되었는데 박정희 정부 초반까지만 해도 비서진들이 대통령과 함께 근무하였다고 한다(김정렴, 1997). 그러나 1968년 대통령비서실에 수석실이 신설되고 조직이 확대되면서 별관이 신축되었고 수석비서관, 비서관, 행정부처에 파견된 행정관들은 신축된 별관에서 근무하는 형태로 바뀌었다. 그러나 대통령과 호흡을 맞추어 비서실 업무를 총괄하고 조정하는 비서실장만큼은 대통령과 같은 건물에서 근무하였다고 한다. 그러나 1989년 노태우 정부에서 청와대 본관을 호화롭게 신축하게 되면서 대통령이 큰 공간을 혼자서 사용하게 되어 적막한 공간이 되었다고 한다. 청와대 내에서 비서관들도 대통령에게 보고하기 위해서는 차를 이용하여 이동하여야 할 정도이니 대통령의 소통은 더욱 부족해질 수밖에 없다.

과거에 대통령집무실이 매우 넓다 보니 대통령에게 보고하러 간 장관이 보고를 마친 후 뒷걸음쳐 나오다가 넘어지는 웃지 못할 사례도 있다. 또한 대통령의 경호를 목적으로 민간인뿐만 아니라 공직자의 출입도 엄격히 통제되기 때문에 일반인들이 대통령을 만나 직접 이야기를 할 수 있는 기회는 대통령이 직접 찾아가서 만나는 것 이외는 발생할 수 없다. 이렇게 혼자서 넓은 공간을 사용하고 주변 측근이나 경호진들에 의하여 인의 장막에 빠지게 되면 대통령의 정세 판단과 민심의 변화를 인식하기 어렵기 때문에 불통의 대통령, 권위적인 대통령으로 차츰 국민과 멀어지게 되는 것이다.

호가호위(狐假虎威)라는 사자성어가 있다. 대통령의 권한이 막중하다 보니 실제로 대통령실에 근무하는 수석비서관들은 차관급임에도 장관보다 더 막강한 권한을 행사할 수도 있다. 호랑이의 위세를 이용하여 여우가 권력을 누리듯이 대통령의 지근거리에서 보고와 결재를 담당하는 참모진들이 국정에 깊숙이 개입하여 혼선을 빚는 사례가 종

그림 1-3 1987년 이후 역대 대통령별 국정지지도의 연차별 변화

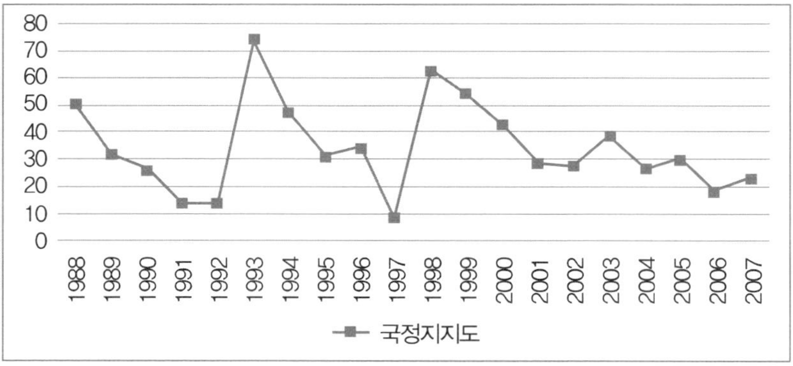

출처: 한국갤럽(2008), 제17대 대통령선거 투표행태 분석, p.214.에서 재정리, 유현종(2011)에서 재인용

종 있었다. 실제로 대통령의 뜻이 아님에도 대통령의 이름으로 행정부처의 공무원들에게 지시하고는 나중에 문제가 발생하면 책임을 지지 않는다.

이렇게 책임이 없이 권한이 강화되다 보니 당연히 자신의 이익을 위하여 권한을 남용하려고 한다. 선거운동 과정에서 대통령을 도와준 보은(保恩) 인사로 청와대에 입성하고 짧은 기간에 한 몫 챙기려는 보상심리가 작용하여 각종 이권에 개입하거나 뇌물을 받아 정권 말에 친인척이나 측근들이 구속되는 사태가 끊임없이 발생하고 있다. 이는 대통령의 조기 레임덕을 불러와 국정운영에 치명타를 입히게 되는 것이다. 이러한 이유로 대통령의 임기말이 되면 모두 국정지지도가 하락하여 국민들로부터 외면을 받아왔다.

끝으로 제왕적 대통령은 의사결정의 합리성을 왜곡하여 국정운영에 치명적인 결과를 낳을 수 있다. 대표적인 예로 IMF 외환위기를 들

수 있다. 김영삼 대통령은 OECD 가입과 세계화 정책에 따라 외환자유화를 표방하였고 금융실명제 등의 개혁 정책을 추진하였지만 정경유착을 우려하여 경제인들과 잘 만나려고 하지 않았다고 한다. 그러면서 1인당 국민소득 1만불을 임기 내에 달성하여 유지하는 것을 목표로 하였다고 한다. 실물경제와 외환시장의 위기 징후에 대하여 민간에서 여러 가지 우려의 목소리가 있었지만 대통령비서실과 경제분야의 핵심관료들은 성장 중심의 방만한 경제를 지키는 데에만 몰두하여 대통령에게 적기에 구조조정과 외환위기를 방지하기 위한 개혁을 건의하는데 주저하였고 그 결과 IMF에 구제금융을 요청하고 심각한 경기침체를 경험하게 된 것이다. 김 대통령이 집단사고에 빠진 경제관료들의 보고만을 들을 것이 아니라 기업가, 금융인, 그리고 국민들의 여론을 보다 충분하게 수렴하였다면 위기대응에서 실기를 하지 않았을 수도 있었다.

결국 임기를 마친 이후에도 성공한 대통령으로 존경받기 위해서는 불통의 대통령 대신에 소통하는 대통령이 되어야 하고, 국민 위에서 군림하는 대신에 국민을 섬기는 낮은 대통령이 되어야 한다. 누구든지 남보다 앞서려고 하는 사람은 가장 아랫 자리를 차지할 것이고 남보다 낮고자 하는 사람은 가장 먼저의 자리를 차지할 것이라는 것을 명심하여야 한다.

5) 허약한 정당과 당내민주주의의 저발전

우리나라의 정당은 매우 허약하며 유권자들로부터 불신을 받고 있다. 그러면서도 선거 때 뿐만아니라 통상적인 운영경비를 국고로부터 지원받으며 선거 때 정권을 획득하는 것에만 관심이 있다. 공직후보자 추천과 관련된 당내민주주의가 저 발전되어 있고, 사회의 이익과 갈등을 국가정책 결정으로 매개하는 본연의 기능을 제대로 수행하지 못하고 있다. 과거 국가주도의 경제발전을 통하여 과대 성장된 국가관료제에 비하여 민주주의의 기초단체인 정당은 상당히 저발전되어 있다(최장집, 2002: 252-562). 최근에 통합진보당에서는 당내 비례대표 투표과정에서 부정이 발견되었고(한국일보, 2012. 10. 24. 8면), 다른 정당에서도 경선과정에서 조직동원이나 금품제공 등의 문제가 발생하였다. 정치적 불신 때문에 당원이 감소하고 있으며, 정치권 주변에서 맴도는 소수의 정치브로커들이 활개를 치고 있는 반면 대다수의 국민들의 정치에 대한 불신은 증가하고 있다. 진보정당에서는 당원의 직접 참여에 의한 투표절차가 진행되지만 투표의 공정성에 시비가 발생하고 있고, 보수정당에서는 유권자의 참여가 없는 상태에서 급조된 공천심사위원회에서 면접이나 여론조사를 통하여 공천이 진행되고 그 과정에서 정치브로커들이 개입할 수 있는 여지가 있는 것이다. 이는 모두 정당의 핵심과정인 공직후보자 추천과정에서 민주성의 원칙이 철저하게 지켜지지 못하고 있음을 나타내는 것이다. 정당의 공천과정이 투명하고 공정하지 못하다면 국민은 선택할래야 선택할 수 있는 대상이 없는 것과 마찮가지이다. 이는 유권자의 정치적 무력감의 원인이 되어 투표불참으로 이어지기도 한다.

6) 특권의식 속에서 정쟁에 휩싸인 국회

정당 뿐만 아니라 국회도 국민의 신뢰를 얻지 못하고 있다. 민주화 이후 국회의 권한이 강화되고 각종 청문회를 통하여 인기 있는 국회의원이 탄생하기도 하였으나 세월이 흘러감에도 성숙된 토론과 정책의 산실로서의 역할을 수행하는 것이 아니라 상대 정당을 흠집내어 선거에 활용하거나 극단적인 몸싸움과 대립으로 치닫고 있다.

FTA 비준안을 놓고 여야 정당 소속의 국회의원과 보좌진들이 뒤엉켜 멱살을 잡고, 국회의원이 해머를 들고 문을 부수며, 국회 본의장에서 최루탄을 터뜨리는 모습들이 언론을 통하여 국민들에게 보도되면서 국회에 대한 국민들의 실망이 이만저만이 아니었다. 민생법안이나 예산이 산적해 있음에도 정치적 논리에 따라 국회를 공전시키기 일쑤이고 서로에 대한 최소한의 예의도 없이 막말을 하는 모습을 보고 언론에서는 '막장 국회'라고 부르기도 하였다.

이러한 정쟁의 원인은 선거를 통한 정권획득에 집착한 나머지 타협과 양보에 의하여 문제를 해결하기 보다는 여당은 수의 논리에 따라 물리적 강제력으로 처리를 하려고 하고 야당은 한치의 양보도 없이 대립각을 세우다가 힘에는 힘의 논리에 따라 대응하기 때문에 결국 파국에 치닫고 만다.

보통 초선의원들은 지도부의 방침에 따라 회의장에서 밤샘점거를 하고 있고 의사진행을 주관하는 의장석을 점거하기 위하여 폭력이 행사된다. 왜냐하면 국회법에 따라 의장이나 위원장이 의사봉을 세 번 두들겨야 표결이 통과되기 때문에 의사봉을 잡기 위한 쟁탈전이 벌어지는 것이다. 의장은 무술 경위들의 호위를 받아 입장해서는 순식간에 법안을 통과시키고 회의장을 나가 버린다. 여당의 대통령이 국회를 방문하여 연설을 하게 되면 야당 의원들은 연설 자체를 아예 들으려고 하지 않고 퇴장해 버리기도 한다. 이런 현상들이 반복됨에 따라 여야간의 반목과 불신의 골이 깊어지고 되고 국회 전체가 국민으로부터 외면받게 된 것이다.

그럼에도 불구하고 국회의원들은 자신들의 특권은 내려놓지 않으려 한다. 우선 세비를 장관급 수준으로 인상하고 차량유지비를 지원받으며 유급 보좌직원을 두고 있다. 의원회관을 호화스럽게 신축하고 최근에는 한 번 국회의원이 되면 65세가 지난 후 생존하는 동안 월 120만원의 연금을 지급하도록 법을 개정하였다. 국가 정책에 대해서는 물리적 대치를 하더라도 자신들에게 이익이 되는 법안에는 여야 구분없이 합심하였다. 스웨덴의 국회의원은 차량도 제공되지 않고 보좌진도 없이 혼자서 일을 해야 하기 때문에 정말로 공익정신이 투철한 사람이 아니면 국회의원이 되려고 나서지 않는다고 한다. 우리나라에서는 서로 국회의원이 되고자 하는 이유는 바로 이러한 특권 때문인지도 모른다.

국회의원은 특권만을 누릴 뿐만 아니라 권위적이기까지 하다. 국정감사장에서 행정부 공무원을 죄인 다루듯이 호통치는가 하면 국회의사당 건물의 중앙에 빨간 카페트로는 국회의원만 통과하도록 하고 일반인의 출입은 엄격히 통제한다. 위원회의를 소집하고도 회의시간도 제대로 지켜지지 않아 행정부 공무원은 본연의 일을 놓고 국회에 와서 대기하는 시간이 많다. 특히, 소관 상임위의 장관들의 출석을 고집하는데 장관들이 국회에 출석해야 국회의 권위가 서는 것으로 보기 때문이다.

국회의원의 권위적인 행태는 국회 소속 공무원과 행정부 소속 공무원의 관계에서도 나타난다. 국회가 갑(甲)이기 때문에 국회의 수석전문위원(1급)들은 행정부의 장차관을 상대하고 전문위원은 실국장들에게 여러 가지 자료를 요구하고 지시를 하기도 한다. 그리고 국회 소속 공무원들은 국회의사당의 본관 건물을 모두 사용함에 비하여 국회의원 소속 보좌진들은 별관에서 근무하고 있다. 국회의원들에게 직접 소속된 보좌진들도 전문성을 충분히 발휘할 수 있는 사람보다는 선거운동과정에서 도움을 준 사람들이 주로 채용되고 있어서 정책적인 보좌역할에 충실하기 어렵다. 국정감사장에서 국회의원들의 질의는 보통 보좌진의 도움을 받아서 미리 작성해준 원고에 따라 진행되는 것이 보통이고 그 대부분도 국회사무처 소속 공무원들이 행정부의 자료를 받아서 가공한 정책보고서를 그대로 인용하는 수준에 머무르고 있는 실정이다.

따라서 행정부 공무원들은 미리 예상질의를 받아서 장차관이 답변할 자료를 만들어주기 때문에 국회에서 정책질의의 대부분은 매우 형식적으로 흐르게 된다. 간혹 국감에서 언론에 노출되기 위하여 터뜨릴 한 건을 준비하기도 하는데 결국 이런 것들은 체계적인 정책검증이라기 보다는 보여주기식 이벤트로 전락될 수 있는 것이다.

마지막으로 국회의 운영에서 소위원회 중심의 비공개회의가 많다는 것이다. 여야 간사가 합의만 하면 얼마든지 소위에서 비공개로 진행할 수 있는데 여기에는 여야에서 대표로 소수의 의원, 수석전문위원, 해당부처의 차관 또는 실국장이 참여하여 실질적으로 중요한 내용을 모두 결정해 버린다. 여러 가지 쟁점을 놓고 숙의(deliberation)를 하는 것이 아니라 행정부로부터 받은 자료를 (수석)전문위원이 정리하고 이를 중심으로 결론을 내는 형식으로 진행된다. 국회에는 다양한 견해에 대하여 공론이 형성되고 그 중에서 가장 합리적인 안이 채택되는 민주주의의 토론과정이어야 하지만 소수에 의하여 모든 결정이 이루어지는 역설적인 현상이 발생하는 것이다. 초선 국회의원들은 아마추어로서 정책학습에 시간이 걸리고 국회 소속의 전문위원들은 국회공무원으로 계속 근무해 왔기 때문에 결국은 국회 관료들에 의하여 소위원회가 주도될 수도 있다. 이것은 민주주의의 역설이라 하지 않을 수 없다. 이처럼 특권과 정쟁에 휩싸인 국회를 개혁하지 않고는 우리 정치의 발전이 정체될 수밖에 없다. 최근에 국회에서 폭력 방지를 위하여 국회운영 선진화 방안에 따라 날치기 방지를 위한 처리시한의 명문화, 필리버스터 등을 도입하였으나 국회의 근본적인 문화가 달라지지 않으면 진정으로 일하는 국회로 변화되기 어렵다고 본다.

7) 공직자의 부패와 무사안일

국민이 뽑아 준 대통령과 국회의원, 지방의원들이 공약을 실천하는데 관료제의 도움이 없이는 불가능하다. 따라서 중립적이고 능력있는 관료제는 민주주의가 성공하는데 필수불가결한 요소라 할 수 있다. 그러나 우리나라의 정부능력은 한심한 수준이다. 국가경쟁력의 평가에서도 기업부문은 앞서는데 반하여 규제와 정부의 역량 때문에 국가경쟁력의 전체 순위가 뒤처지고 있다. 과거 발전국가 시대에 한국의 관료제는 발전의 역군으로서 경제발전을 주도하였다는 평가를 받았으나 민주화 이후 부패와 무사안일한 존재로서 개혁의 대상으로 간주되고 있다. 최근에는 정권이 교체됨에 따라 기존의 말과 행태를 순식간에 바꾸어 버리는 영혼이 없는 존재로 매도당하고 있다. 도대체 한국 관료제의 무슨 문제점이 이러한 상태를 만들었는가? 정치-행정 관계의 역사적 변화과정에서 현재의 한국 관료제는 어떤 상황에 놓여 있는가? 민주화 이후에는 대통령과 국회의 선출된 권력에 의하여 정치적 대응성이 최상의 가치로 강조되고 산업화 시기의 대통령의 집행적 리더십도 여전히 유지되는 상황에서 관료제의 중립적 역량은 심각하게 위협받게 되었다. 그러나 정치적 대응성을 지나치게 강조하게 되면 관료제가 경우에 따라 반대의견도 개진할 수 있는 중립적 역량을 제대로 발휘할 수 없고, 정치인의 눈치를 보거나 형식적 규정에만 충실하여 책임회피에 급급하게 되는 행태가 발생할 수 있다. 관료제의 중립적 역량은 결코 무관심하게 정권의 입장을 옹호하는 것이 아니라 경우에 따라서는 반대 입장도 개진할 수 있는 사심없음을 의미하는 것이다. 국민에 의하여 선출된 정치인에 의하여 정책지도를 겸허히 수용하는 것은 바람직하지만 관료제 자체가 지니고 있는 효율성과 전문성을 침해하게 될 때 국가 전체적으로는 오히려 부작용이 발생할 수 있다.

대표적인 것으로 관료제의 신분에 대한 위협을 통한 줄 세우기이다. 고위 관료에 대하여 정년을 인정하지 않고 정치인에 의하여 낙점을 받은 관료만 승승장구하고 나머지 관료는 쓸쓸히 퇴직하는 분위기가 조성되어 있다. 행정부의 국장급 이상은 55세가 정년이 되었고, 후배들의 눈치를 보며 산하기관의 자리를 찾아 퇴직하려고 한다. 고위공무원들은 관료제의 축적된 전문성을 이용하여 합리적인 정책조언을 하기보다는 정치인의 이해에 맞는 정책을 마련하고 오히려 이를 더 증폭시켜 실행하게 되며 그 책임은 지지 않는 문제점이 발생하게 되는 것이다(임도빈, 2007: 51).

선거철이 되면 관료들은 더 이상 새로운 정책을 수행하려고 하지 않는다. 그 대신 정치권의 움직임에 촉각을 곤두세우고, 정권을 잡는 쪽에 줄을 대어 정무직으로 승진하려고 한다. 기존의 정책과 정반대의 정책을 입안함으로써 영혼이 없는 관료라는 비아냥거리는 소리를 들어면서 국가정책에 대한 국민의 신뢰가 감퇴하고 있다. 미국의 경우에도 관료제의 전문직업화(professionalization)가 이루어졌음에도 정부에 대한 국민의 신뢰는 감소하는 모순이 발생하고 있는데 그 원인으로 분권화된 정치적 구조와 이익집단들에 의한 관료 때리기(bashing bureaucracy)와 관료들의 정치화에 있는 것으로 보고 있다(Cigler, 1990).

급여를 떠나 공직자는 국민에 대한 사명의식으로 근무할 때 오히려 더 큰 역량을 발휘할 수 있다. 그리고 관료제가 사명의식에 충만하여 합리적으로 정책을 수립하고 집행할 수 있는지 여부는 인사권을 지닌 대통령과 장관, 그리고 이를 통제하는 국회의원이 관료제의 역할에 대하여 어느 정도로 인정하는지 여부에 달려 있다(Olsen, 2008). 관료제의 정치화는 선거의 승리와 국민의 인기에 영합하는 단기적 정책을 양산함으로써 장기적인 국가이익을 저해할 수 있고, 정치인의 취향에 따라 정책 기조가 심하게 변동하게 됨으로써 국가의 장기적인 정책역량이 쇠퇴하는 문제가 발생하고 있다(Meier, 1997; Suleiman, 2003). 정치인들은 선거의 승리를 위하여 무상급식 제공과 같이 유권자의 인기에 영합하는 단기적인 이슈를 양산하지만 이는 정치적으로 심각한 갈등을 초래하였고 정책의 타당성에 대한 검증도 없이 정부의 성향에 따라 공무원은 전혀 상반된 정책을 기계적으로 입안하게 하여 관료조직의 내부적인 합리성과 정책역량을 감소시켰다.

향후 정치개혁이 국민들에게 실감될 수 있기 위해서는 발전국가 시대의 관료제의 역량 중에 보존해야 할 것은 발전시키면서 국민의견의 수렴과 갈등해결과 같은 민주주의 시대가 요구하는 새로운 역량을 관료제가 학습함으로써 국가발전을 실현하는 중추적인 역할을 하도록 북돋워주어야 한다.

8) 낮은 시민의식과 지역주의, 비방 및 흑색선전

세계 10위라는 경제적 발전에도 불구하고 우리나라의 정치문화 수준은 낮은 평가를 받고 있다. 영국의 이코노미스트가 발표한 '2011 민주주의 지수'에서 우리나라는 평점 8.06을 받았다. 우리나라는 선거과정과 절차의 민주성 또는 다원성에서는 9.17, 시민적 자유 8.53으로 높은 반면, 정부의 기능 7.86, 정치문화 7.50, 정치적 참여 7.22로 상대적으로 낮게 평가되었다. 따라서 앞으로 성숙되고 통합된 정치문화와 자발적인 시민의 정치참여에 보다 노력을 기울일 필요가 있다.

과거 3김의 영향으로 인하여 지역주의 선거문화가 고착화되었으며 지역간에 표갈림 현상이 선명하게 나타나고 있다. 또한 선거 때마다 정책경쟁보다는 비방과 흑색선전 등의 네거티브 선거운동이 가열되고 있으며 향후 국정을 운영할 정당과 후보자의 정책에 대한 국민의 알 권리를 충족시키지 못하고 있다. 특히, 인터넷 팟캐스트를 통하여 의혹이 제기되고 이를 SNS를 통하여 신속하게 전파됨으로써 언론의 공정성이라는 규제는 받지 않으면서 객관적이지 않은 정보가 유권자에게 제공되는 문제가 발생하고 있다.

경제적 발전에도 불구하고 우리나라의 정치문화 수준이 낮은 이유는 시민들의 관심 부족과 함께 국가의 적극적인 역할과 지원이 부족했기 때문이다. 경제적인 투자나 대학 입시를 위한 사교육에는 천문학적인 숫자의 투자를 함에도 불구하고 민주적 시민의 덕성을 함양하기 위한 시민교육에 지원되는 국가예산은 빈약한 실정이다. 소통의 중요성을 강조함에도 불구하고 숙의민주주의를 위한 정치개혁 프로그램이나 건강하고 깨어있는 시민을 육성하기 위한 참여민주주의 시민교육을 위한 프로그램 개발, 시설투자, 재원마련이 이루어지지 못하고 있다. 시민적인 덕성의 함양은 단순히 정치적 영역 뿐만 아니라 각종 국가정책 결정과정에서 시민이 적극적으로 참여하여 시민의 의사를 제대로 반영할 수 있고, 성실, 타인에 대한 배려 등 공정한 시장경쟁을 위한 토대가 될 수 있는 사회적 자본(social caital)임에도 가시적인 투자에만 예산배정의 중점을 두고 있다.

5. 한국 정치의 치유(Healing)

국민에게 꿈과 희망을 주어야 할 정치가 어느새 불신과 비판을 받은 공분의 대상이 되어 버렸다. 정치가 제 역할을 할 수 있다면 우리나라는 세계가 인정하는 선진국이 될 수 있음에도 정치의 고질병을 그냥 안고 살아가고 있다. 이제는 도려낼 부분은 과감히 도려내고 적절한 처방과 체질변화를 통하여 건강한 정치로 재탄생할 수 있게 하여야 한다. 구체적으로 정치불신과 참여의 저조, 복잡하고 규제중심적인 정치관계법제, 비방 및 흑색선전이 판을 치는 깜깜이 선거, 군림하는 제왕적 대통령제, 정쟁에 휩싸인 식물국회, 공천과정의 비민주성, 부패와 무사안일한 공직제도 등의 질병을 치유하여 우리나라 선거와 민주정치를 건강하게 만들어야 한다. 이런 변화와 발전은 누가 이끌어갈 수 있을까? 그 답은 바로 유권자에게 있다. 깨어 있는 유권자야말로 선거와 정치문화를 치유하는 해답이 된다. 사심이 없고 깨어있는 유권자는 잘못된 선거나 정치문화를 치유할 수 있는 해답이 된다. 젊은 세대의 말로 표현자면 쿨하고 개념있는 유권자가 되어야 한다. 시민교육을 통해 민주적 덕성을 갖춘 시민이 양성되면 그들은 공적인 일에 자연스럽게 참여할 것이며, 선진민주국가에서는 시민의 적극적인 참여와 토론을 강조하는 참여민주주의가 부각되고 있다. 이런 성숙된 유권자들이 지켜보고 있어야 후보자들도 정책으로 정정당당하게 경쟁하고, 선거결과에 승복하는 성숙된 정치문화를 이룩할 수 있다.

한 사람의 유권자의 힘은 미약하지만 한 방울 한 방울의 떨어지는 물이 모여 바위를 뚫을 수 있다. 유권자의 한 표가 세상을 바꿀 수 있는 예는 많이 있다. 선거나 정치과정을 경제학적으로 분석하는 공공선택이론(public choice theory)에서는 투표의 역설(the paradox of voting)을 제기한다. 유권자가 합리적으로 행동한다면 투표로 인한 기대이익이 투표소로 가는데 드는 비용보다 클 때 투표를 할 것이다. 유권자가 결정적 투표를 할 확률을 공식에 따라 계산한 결과 미국의 유권자가 1억명이라고 할 때 유권자의 한 표가 대통령의 당선을 결정할 확률은 겨우 0.00006밖에 되지 않는다는 것이다(Mueller, 2003; 304-5). 이것은 투표소로 가거나 올 때 교통사고를 당할 확률과 비슷하다. 투표함으로써 얻는 이익에 비하여 투표소로 가는데 드는 비용이 더 크다면 아무도 투표를 하지 않을 것인데 실제로는 많은 사람들이 투표를 하고 있는데 이것이 바로 투표의 역설이다.

투표의 역설을 설명하기 위하여 제시되는 가설로는 첫째, 유권자의 효용은 단순히 경제적인 이익에만 있는 것이 아니라 특정한 후보자를 지지한다는 정치적 견해를 표현함으로써 얻는 만족감도 있고, 둘째, 국민으로서 공적의무인 투표에 참여함으로써 얻는 도덕적 또는 윤리적 만족감이 있으며, 그리고 무엇보다도 주권자로서 우리와 후손들의 미래를 결정한다는 희망과 자부심으로 투표에 참여한다고 할 수 있다.

Tip

여기서 잠깐! 공공선택(Public Choice)이란?

공공선택이란 정치적 현상에 대하여 경제학적 수단을 사용하여 설명하는 이론으로서 유권자, 정치인, 관료들이 사익추구적이라고 가정한다. 모든 행위자는 합리적이라고 가정하고 분석을 하는데 여기서 합리적이라는 것은 어떤 행위를 할지 여부에 대하여 비용과 편익을 분석한 후 결정하는 것을 말한다. 공공선택은 민주주의, 관료제, 의회 등의 모든 정치분야에서 실증적인 설명을 제공하고 있다. 민주주의에서는 유권자가 비용과 편익을 분석하는데 시간과 비용이 소요되기 때문에 투표에 참여하지 않는 합리적 무관심(rational ignorance)을 선택하게 되고 이는 낮은 투표율로 이어지게 된다. 그럼에도 투표하는 사람이 있는데 이를 설명하기 위하여 투표의 역설(paradox of voting)이 제시되는 것이다. 관료제가 사적 이익을 추구하기 때문에 예산낭비 현상이 발생하고, 정치인들의 사익추구로 자신이 받아야 할 몫보다 더 많이 차지하는 지대추구(rent-seeking)현상이 발생한다. 이를 해결하기 위해서는 유권자의 선호가 제대로 반영되어 공공재의 수요와 공급이 결정되도록 하는 공공선택이 필요한 것으로 본다.

2008년도 개봉한 미국영화 '스윙보트(Swing Vote)'는 대통령선거에서 시스템 착오로 집계가 잘못되면서 10일 이내에 재투표를 할 수 있는 권한이 부여된다. 그런데 주인공인 케빈 코스트너의 표를 제외한 개표결과 현대통령과 야당후보가 같은 수의 표를 얻었다. 따라서, 주인공의 한 표가 당락을 결정하게 되는 상황이 벌어지면서 언론이 주인공의 일거수 일투족을 주목하고 여야 캠프는 한 사람만을 위한 선거운동을 벌인다는 영화이다. 한 표 때문에 당락이 바뀐 사례로 1839년 미국 메사추세츠 주지사 선거에서 현직 주지사 에드워드 에버렛[5)]

5) 에드워드 에버릿(Edward Everett, 1794. 4. 11. - 1865. 1. 15.) 에드워드 에버렛은 미국 메사추세츠 출신의 정치가이자 교육자로서 휘그당(공화당의 전신) 하원의원, 상원의원, 메사추세츠 주지사, 영국대사, 국무장관 등을 역임하였으며 하

은 자신의 선거운동 때문에 투표를 잊고 있다가, 결국 투표를 하지 못했는데, 참담하게도 경쟁자 마커스 몰튼에게 한 표 차이로 패배했다. 우리나라에서도 2008년 6.4 강원도 고성군수 보궐선거에서 1표차이(4,597표 대 4,596표)로 당선자가 결정되었고, 충주시의회의원선거에서는 동일인이 단 한 표 차이로 2002년에 낙선(소선거구제, 1,108표 대 1,107표)하고, 2006년 당선(중선거구제, 1,459표 대 1,458표)되는 울고 웃는 진기록이 있었다.

6. 정치·행정개혁을 보는 분석틀

정치·행정개혁을 분석하기 위하여 먼저 최근에 일어난 사회적 환경의 변화를 분석한다. 2008년 미국발 금융위기 이후 세계적인 경기불황이 확산되면서 서민들의 삶이 많이 팍팍해졌다. 심해지는 부의 편중, 청년실업과 노후 문제 등으로 우리 사회의 중산층의 기반이 많이 약화되고, 공정한 사회를 요구하는 목소리가 더욱 크지게 되었다. 한반도 주변 국가들도 정치적으로 세대교체의 바람이 불었으며 국가의 미래를 이끌어 갈 새로운 지도자를 선출하고 있었다. 이러한 환경 변화로부터 우리 사회가 나아가야 할 방향에 대한 시대정신(Zeitgeist)을 찾아낼 수 있다.

시대정신이란 역사의 측정 시점에서 문화에 영향을 미치는 지적인 경향 또는 사상을 말한다. 독일의 게오르그 헤겔(Georg Hegel)은 어떤 사람도 자신이 살고 있는 시대를 초월할 수 없으며 그 시대의 정신이

버드대학교의 교수와 총장을 지냈다. 에버렛은 메사츄세츠 주지사를 1836년부터 1838년까지 역임하였는데 1839년 선거에는 불과 1표 차이로 낙선하고 말았다.

바로 자신의 정신이 된다고 하였다. 21세기 초반을 지배하는 시대정신은 바로 신자유주의적 질서가 빚어낸 오류를 수정하는 것이며 그것은 공존과 배려의 공동체 복원, 진정성에 입각한 소통, 함께 잘 사는 공정한 사회라 할 수 있다. 이러한 시대정신은 선거를 통하여 나타난 민심에서도 확인할 수 있다. 민생을 살리기 위한 일자리와 복지, 함께 잘 사는 공동체로서 경제민주화, 권위를 내세우지 않는 소통 등이 공약으로 제시되었고, 이는 시대정신과 일맥상통하는 것이다.

이러한 가치를 담은 새로운 정치는 우리 사회가 함께 추구해 나가야 할 정치개혁의 비전으로 제시될 수 있다. 비전에는 다시 구체적으로 추진해야 할 목표(goal)를 포함하고, 그 목표에는 다시 실현해야 될 과제(agenda)를 담고 있다. 이 책에서는 정치개혁의 비전을 제시하고 이를 실현할 4가지의 구체적인 목표, 그리고 8가지의 추진과제를 제시한다. 정치의 장에서 행위자인 국민, 대통령, 국회 · 정당, 행정 관료제가 본래의 역할을 수행하기 위하여 어떻게 변화되어야 하는지를 살펴볼 필요가 있다. 이러한 정치개혁의 비전과 과제를 실현하기 위하여 단기적으로는 제도개혁과 유권자의 의식변화를 위한 시민교육이 병행되어야 한다. 제도개혁은 상황적 조건과 개혁의 주체간에 상응 정도에 따라 총체적이고 체계적인 개혁이 될 수도 있고, 부분적 점진적 개혁이 될 수도 있다.

정치인이나 공무원 조직의 특권을 내려놓기 위해서는 결국 유권자가 깨어있으면서 정보공개를 통하여 정책결정에 참여하고, 열린 마음으로 숙의를 하는 것이 바람직하다. 이를 위하여 시민교육, 참여, 숙의를 결합한 국민참여형 정치개혁과 기존의 제도권 내에서 개혁 노력을 병행할 필요가 있다. 유권자가 실제로 나라의 주인이 되는 제도개혁과

의식변화를 통하여 궁극적으로 성숙된 정치문화를 이룩하여 우리나라가 경제분야 뿐만 아니라 정치분야에서도 선진국이 될 것을 희망하는 것이다.

그림 1-4 정치·행정개혁의 분석틀

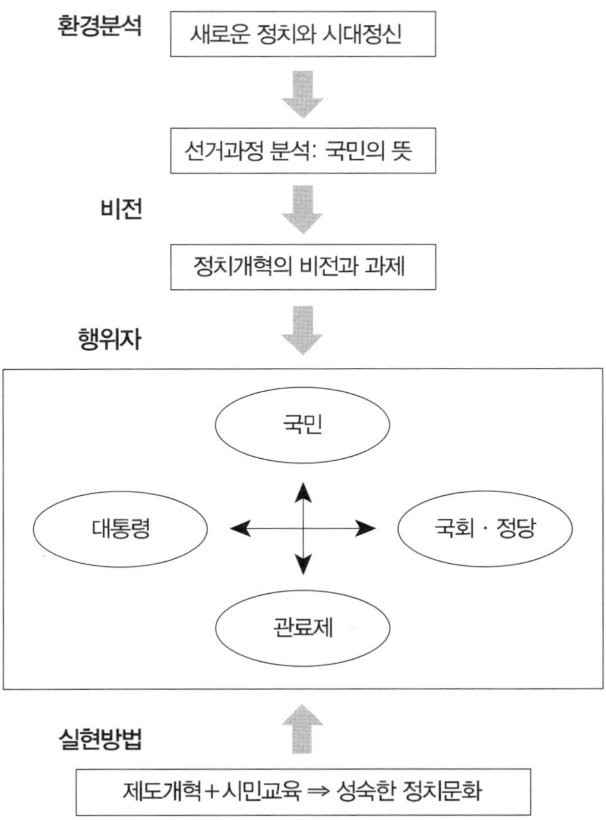

CHAPTER 02

국민의 뜻은 무엇인가? :2012년 양대 선거의 분석

우리 정치의 고질병을 치유할 수 있는 주체도 결국은 국민(유권자)이다. 그렇다면 유권자들이 우리 정치에 바라는 것이 무엇인지를 파악할 필요가 있다. 민심이 곧 천심이라는 말이 있듯이 선거과정에서 나타난 유권자의 뜻을 겸허하고 무겁게 수용하여야 한다. 국민의 뜻을 확인하기 위하여 선거의 해 2012년 제19대 국회의원선거와 제18대 대통령선거를 분석하여 민심이 어떻게 변화되었는지를 확인할 필요가 있다.

1. 제19대 총선

1) 정치 환경과 시대정신

2011년말에서 2012년 초의 거시적 환경으로서 미국 월가에서 시작된 금융위기와 유럽의 재정위기로 인한 국외 경제여건의 악화, 국내적으로 경제 양극화 현상 및 청년실업의 심화, 김정일 사망 이후 남북간의 대치 국면 등 국내외적인 정치경제의 변화를 들 수 있다. 한편 선거관리의 미시적 환경으로는 선거관리에 직접적 영향을 미치는 제도적 맥락과 유권자의 의식의 변화를 들 수 있다. 헌법재판소에서 공직선거법 제93조제1항의 "그 밖에 이와 유사한 것"에 인터넷과 SNS(Social Network Service)를 이용한 선거에 영향을 미치는 행위를 포함하는 것으로 해석하는 것은 헌법에 위반된다는 한정위헌 결정을 하였다.[1] 또한 유권자의 의식에서도 경기침체의 여파로 공정경제와 복지에 대한 요구가 증가하고 있으며 2030세대를 중심으로 SNS를 이용한 소통이 활성화되고 있다. 이에 따라 각 정당에서는 외부 인사를 중심으로 공천심사위원회를 출범시키고 유권자의 눈높이에 맡는 후보자를 추천하기 위하여 사활을 걸고 매진하고 있다. 특히, 300백만 재외국민에 대한 선거가 실시됨에 따라 선거관리가 국경을 넘어 국제적으로 관리되는 상황에 이르렀다.

제19대 총선은 한나라당에게 매우 불리한 상황에서 시작되었다. 서울시 무상급식 주민투표에서 오세훈 서울시장이 투표결과에 자신의 시장직을 연계하였는데 투표결과 개표정족수인 33.3%를 넘지 못함으로써 무상급식 조례 반대안은 채택되지 못하고 오세훈 서울시장도 물러나게 되었다. 그 후 2011년 10월 26일 서울시장 재보궐선거에서 안철수씨가 출마를 선언하였다가 시민운동가인 박원순 후보에게 양보함으로써 한나라당의 나경원 후보에 맞서 당선되었다. 그런데 서울시장 재보궐선거 과정에서 중앙선거관리위원회 홈페이지가 투표 당일 오전에 DDoS 공격을 당하였는데 이를 주도한 사람이 바로 한나라당 소속

---

1) 헌법재판소 2011. 12. 29. 결정 2007헌마1001, 2010헌바88(병합), 2010헌마173(병합), 2010헌마191(병합).

국회의원의 보좌진들이었다는 것이 밝혀져 정국이 소용돌이에 빠지게 되었다. 한나라당으로서는 연일 악재가 겹치게 되었고 2012년 양대 선거를 앞두고 먹구름이 끼는 듯 하였다.

이명박 대통령의 측근과 친인척이 각종 금품수수 혐의로 검찰에 구속되었고, 국회의장 마저도 당대표 경선과 관련된 돈봉투 사건으로 자진사퇴하기도 하였다. 또한 퇴임 후 내곡동 사저 부지에 대한 특혜 매입 의혹이 제기됨에 따라 대통령의 지지율은 곤두박질 치고 있었다.

경기침체로 인하여 서민층이 몰락하고 비싼 등록금을 들여 대학을 나와도 취직이 되지 않자 정부에서도 공정한 사회와 동반성장을 위한 정책들을 추진하였으나 그 효과가 제대로 발생하지는 못했다. 그러는 사이에 청년세대들을 대상으로 진정성에 바탕을 둔 소통과 위로를 보내는 강연과 책들이 속속 등장하게 되었다. 「아프니까 청춘이다」와 같은 청년들의 정신을 위로하는 책들이 베스트 셀러가 되었고, 「월가를 점령하라(Occupy Wallstreet)」와 같은 시민저항 운동에 영향을 받아 인터넷 팟캐스트에서는 「나는 꼼수다」와 같은 정치풍자 프로그램이 선풍적인 인기를 얻었다. 특히 컴퓨터 바이러스의 백신개발자로 유명한 안철수 교수는 청년들을 대상으로 「청춘콘서트」를 개최하면서 신선한 반향을 일으켰고 언론에서도 안철수 교수의 정치참여를 시사하는 기사들이 나오기 시작하였다. 이러한 상황에서 다가올 총선과 대선에서 야당에 유리할 것이라는 여론이 형성되고 있었다.

2) 정당의 전략

이처럼 정치상황이 급변하게 되자 각 당은 2012년 선거에 대비하여 자체적인 전략을 수립하고 있었다. 위기의식을 느끼고 발등에 떨어진 불을 끄기에 급급한 것은 한나라당이었다. 유력한 대권 후보이자 위기 때마다 당을 구한 박근혜 의원의 조기 등판의 목소리가 높아졌고, 한나라당은 비상대책위원회 체제로 전환하면서 비상대책위원장으로 박근혜 의원을 선출하고 전권을 위임하였다. 비대위 체제 하에서 한나라당은 15년만에 새누리당으로 당명을 변경하고 전통적인 파란색 당로고 대신에 빨간색의 당로고로 바꾸었다. 또한 보수와 진보를 가리지 않고 외부인사를 수혈하여 당쇄신에 박차를 가하였다.

그 결과 당의 정강정책에서 보수라는 내용을 삭제하고 일자리, 복지, 경제민주화라는 진보적 내용의 정강정책을 대폭 수용하였다. 이는 진보 측에서 주로 논의할 수 있는 이슈들을 먼저 선점해 버린 것이다. 그러면서 공천개혁을 위하여 기존의 현역의원 이외에 젊은 세대를 포함한 정치신인들을 대거 발굴하기에 이른다. 이준석 비대위원을 비롯해 3,000만원으로 선거운동을 치를 것을 약속한 손수조 후보에 이르기까지 새로운 젊은 피들이 수혈되었다. 한편으로는 정권말기에 스캔들로 얼룩진 이명박 정부와는 거리두기에 나섰다. 행정수도 이전과 관련하여 여당 내의 야당으로서 박근혜 의원의 이미지를 부각하였다.

이에 비하여 민주통합당은 새누리당에 비하여 오히려 느긋하였다고 할 수 있다. 정부여당에 연이어 악재가 발생하였고 이것은 정권심판을 호소할 수 있는 좋은 기회였다. 그러나 정부여당의 실수에도 불구하고 민주당에 대한 지지도는 그다지 오르지 못하고 부동층이 증가하였다. 특히 민주당 이외의 시민사회로부터 나온 후보에 대한 기대는 높아졌다. 이에 따라 민주통합당은 시민사회 출신의 후보를 포함한 범야권 연대전략을 모색하게 되었으며 진보적 성향을 지닌 통합진보당과의 적극적인 연대를 모색하였다. 야권연대를 위하여 민주통합당은 일정한 지역을 통합진보당에게 양보하고 후보간에 접전인 지역은 경선을 통하여 단일후보를 결정하기로 하였다. 또한 야권에서는 가급적 다수의 유권자가 참여하는 경선을 실시함으로써 외연을 확장하고자 하였으며 모바일을 통한 경선을 도입함으로써 유권자의 참여의 편의성을 높이고자 하였다. 그러나 이것은 추후 투표과정의 경선부정이나 조직적인 투표독려 등으로 경선잡음을 일으키는 요인이 되기도 하였다. 야권에서도 청년세대의 정치참여를 위하여 슈퍼스타 K의 선발방식을 비례대표 경선에도 도입하였으나 참여자의 저조로 언론의 관심을 끌기에는 부족하였다.

3) 선거관리방향

선거에서 심판의 역할을 하는 것은 선거관리위원회이다. 선거관리위원회는 선거에서 중립을 지키고자 노력하지만 여야 모두로부터 공격의 대상이 되었다. 무상급식 주민투표와 10월 26일 재・보궐선거를 치르면서 투표소 변경 등으로 야권으로부터 집중적으로 공격을 받았고 DDoS 사건을 두고는 정보보안의 책임을 추구당하는 한편 「나는 꼼수다」와 같은 인터넷 팟캐스트 등에서는 근거없는 내부 공모설까지 제기하며 선관위가 곤혹을 치르고 있었다. 이러는 와중에 2012년 선거의 해를 맞이하여 선거관리위원회에서도 중점 선거관리방향을 정하였다. 가장 우선적인 것으로 엄정중립과 공정관리를 들 수 있다. '선거관리에서는 좌우도 없고 보수와 진보도 없고 여야나 무소속조차도 없으며 오로지 엄정한 중립성과 공정성만이 있을 뿐이다.'라는 명언이 전 선거관리위원회 직원의 지침이 되었다.[2)]

선거관리 행정에서는 유권자 중심이 되도록 운영하였다. 이것은 헌법 제1조의 국민주권원리에 따라 선거관리위원회의 사명을 구현하기 위한 것이다. 특히 투표소 선정과 관련하여 불필요한 의혹이 발생하지 않도록 구 · 시 · 군선거관리위원회가 지방자치단체, 장애인단체, 정당등과 공동으로 예정 장소에 대한 직접 실태조사를 통하여 적정 시설을 확보하되, 특별한 변경사유가 없는 한 종전 투표소를 그대로 사용하도록 하였다. 선관위는 19대 국회의원 선거에 대비하여 2011년 4월 지역구결합 비례대표제, 공직선거 후보자 추천에서 동시 국민경선제, 인터넷 홈페이지를 이용한 선거운동의 기간 제한 폐지 등의 정치관계법 개정의견을 국회에 제출하였으나 선거일을 제외한 인터넷 선거운동의 상시화만 법제화되었다. 또한, 공천헌금, 선거인 매수 등의 금품 선거, 비방 · 흑색선전 행위, 사조직 · 유사기관 등 불법선거운동조직 설치 · 운영을 3대 중점단속 선거범죄로 규정하고 선거의 공정성을 확보하기 위하여 단속역량을 집중하였고, 인터넷과 SNS를 통한 선거운동의 자유가 확대됨에 따라 허위사실 유포나 비방 및 흑색선전이 증가할 것에 대비하여 비방 · 흑색선전 전담조사팀도 신설하였다. 정치자금 조사에서는 내부고발자를 적극적으로 유도하기 위하여 신고포상금을 지급하도록 하고 불법정치자금의 차단을 위하여 선제적으로 예방 · 안내를 하고 선거운동기간 중에도 충분하게 자료를 수집하여 선제적 예방 · 안내를 함과 동시에 선거기간 중에도 충분하게 자료수집을 병행하여 공천헌금 수수 및 당내경선 등에서의 불법자금 지출 등을 중점적으로 조사하고자 하였다. 최초로 도입된 재외선거에서는 유권자 등록 및 투표참여의 어려움과 투표대상이 비례대표에 한정되

2) 김능환 중앙선거관리위원장 취임사 중에서 발췌 인용.

기 때문에 투표율을 높이는데 어려움이 있었고, 재외선거사범의 조사·단속에서 주권의 원칙에 따른 제약 때문에 실효적인 제재수단을 찾기가 어려웠다. 국가예산은 많이 소요되었으나 실제로 투표율은 그다지 높지 않았다고 할 수 있다. 정책선거와 관련해서는 기존에 해오던 매니페스토 정책선거 협약식이나 지역별 이벤트가 주를 이루었고 선거법의 제약 때문에 개별 후보자를 초청하여 단체나 언론사가 개최하는 토론회는 활성화되지 못했다.

4) 선거쟁점과 선거운동의 양상

선거는 주로 정당과 후보자가 선거운동을 통하여 유권자에게 정보를 제공하고, 유권자들이 집합적으로 지지할 후보자나 정당을 결정하는 사회적 의사결정(social decision-making)이다. 여기서 유권자에게 정보를 전달하는 과정으로 선거운동이 중요하며, 어떤 선거쟁점 하에서 어떻게 유권자가 선택하였는지를 살펴볼 필요가 있다. 유권자의 선택에 영향을 미치는 요인 중에 매스미디어의 중요성이 날로 증가하고 있다. 언론은 의제설정을 통하여 유권자가 선택할 수 있는 기준을 제시할 뿐만 아니라 선거에 참여할 예비후보군을 집중 조명함으로써 선거의 장에서 떠오르는 스타를 발굴할 수도 있다. 또한 매스미디어는 선거운동 과정에서 특정 이슈를 부각하여 유권자의 관심을 그 이슈에 집중되게 하고 유권자에게 이슈별로 후보자의 정치적 입장을 정확하게 전달함으로써 유권자의 선택에 지대한 영향을 미칠 수 있다(Gelman and King, 1993; Holbrook, 1996; Denemark, 2002). 실제로 선거관련 언론보도에서 나타난 쟁점은 후보자의 전략에 따라 다양한 형태로 제기될 수 있는데 유권자가 관심이 있는 쟁점을 상대방보다 먼저 선점하거나 상대방이 제기한 이슈에 대하여 재빨리 따라가는 편승전략, 민감한 이슈에 대하여 모호한 입장을 취하여 비난을 회피하는 전략 등을 사용할 수 있다. 따라서 선거과정에서 언론을 통하여 주로 논란이 되었던 쟁점들을 살펴보는 것은 유권자가 어떤 기준에 따라 선택하게 되었는지를 파악할 수 있고, 선거에서 승리한 정당이나 후보자뿐만 아니라 패배한 정당과 후보자에게도 국민의 준엄한 뜻을 확인하는 중요한 의의가 있는 것이다.

Tip

여기서 잠깐! 의제설정이론(agenda setting theory)과 프레임 효과(frame effect)

의제설정이론이란 매스미디어가 공적인 의제 중에서 특정한 쟁점이 주된 논의대상이 되도록 하는데 영향을 미치는 능력을 말한다. 즉, 사회의 다양하고 복잡한 이슈 중에서 특정 시기에 특정 이슈가 부각되는 것을 의제설정이라고 하는 것이다. 만일 특정의 뉴스 기사가 자주 부각된다면 대중들도 그러한 이슈가 중요한 것으로 생각하게 될 것이다. 맥스 맥콤스(Max McCombs)과 도널드 쇼(Donald Shaw)의 연구에 의하면 미국의 대통령선거에서 노스 캐롤라이나 주의 채이펄 힐(Chapel Hill)의 100명의 거주자를 대상으로 선거에서 가장 중요하다고 생각하는 이슈와 그 지역 및 전국 언론사가 가장 중요하게 집중적으로 보도한 신문기사 간에 강한 상관관계를 나타나는 것으로 나타났다(McCombs and Shaw, 1972). 언론사에서 부각되는 뉴스기사와 유권자들의 선거쟁점에 대한 인식을 비교함으로써 매스미디어가 공공여론에 미치는 영향을 측정할 수 있었다.

이에 비하여 프레임 효과란 매스미디어가 뉴스를 어떤 틀로 유권자에게 제시하느냐에 따라 유권자의 선택이 달라질 수 있다는 주장이다. 여기서 프레임(frame)이란 유권자의 입장에서 어떤 쟁점이 어떻게 받아들여지는지에 대한 문제이다. 의제설정이론이 유권자에게 선거쟁점이 얼마나 많이 보여지는 것과 같은 미디어에의 접근가능성의 문제라면 프레임은 언어, 이미지 등을 사용하여 유권자에게 어떻게 정보가 적용되는지에 대한 문제인 것이다(Scheufele and Tewksbury, 2007). 특히 현대 사회에서는 같은 사실을 놓고 기사의 내용을 어떻게 가공하는 지에 따라 유권자가 다르게 이해하게 되고 이는 유권자의 선택에 영향을 미칠 수 있다는 것이다. 예를 들어 다음과 같은 두 가지 대안이 있다고 가정하자. 제1안: A라는 사업이 채택되면 400명이 해고될 것이다. 제2안: 만일 B라는 사업이 채택되면 해고자가 없을 확률이 1/3이고, 600명이 해고될 확률이 2/3이다. 확률적으로 따지면 두 가지 대안의 기댓값은 같음에도 불구하고 사람들에게 두 가지 대안을 제시한 후 선택하도록 한 경우 압도적으로 제2안을 선택하였다고 한다. 실제로 4대강 사업을 두고도 홍수나 가뭄피해 방지와 수자원확보로 접근하는 입장이고 있고, 생태계의 파괴라는 입장으로 접근하는 입장이 있는데 어떤 프레임으로 언론이 보도하는지에 따라 시민들의 정부정책에 대한 의견이 달라질 수 있다.

(1) 인터넷 선거운동의 자유화

2011년 12월 29일. 헌법재판소는 그동안의 태도를 바꾸어 인터넷을 통하여 선거에 영향을 미치는 댓글이나 사진 또는 동영상을 게시하거나 유포하는 것을 금지하는 공직선거법 제93조제1항에 대하여 한정위헌 결정을 하였다. 공직선거법 제93조제1항은 「누구든지 선거일전 180일(보궐선거 등에 있어서는 그 선거의 실시사유가 확정된 때)부터 선거일까지 선거에 영향을 미치게 하기 위하여 이 법의 규정에 의하지 아니하고는 정당(창당준비위원회와 정당의 정강 · 정책을 포함) 또는 후보자(후보자가 되고자 하는 자를 포함)를 지지 · 추천하거나 반대하는 내용이 포함되어 있거나 정당의 명칭 또는 후보자의 성명을 나타내는 광고, 인사장, 벽보, 사진, 문서 · 도화, 인쇄물이나 녹음 · 녹화테이프 그 밖에 이와 유사한 것을 배부 · 첩부 · 살포 · 상영 또는 게시할 수 없다.」고 규정하고 있다.

그동안 헌법재판소는 비록 5:4로 위헌의견이 많았지만[3] 이 규정을 후보자간의 기회균등과 허위사실 유포 등 선거불법을 억제하기 위하여 필요한 수단이라는 이유로 합헌이라는 견해를 유지해 왔고, 선관위는 UCC운용기준을 통해 인터넷을 이용한 댓글이나 동영상 등도 정당이나 후보자의 성명을 포함하여 선거에 영향을 미칠 수만 있다면 그 밖에 이와 유사한 것에 포함시켜 단속해 왔었다. 그러나 헌법재판소는 그동안의 입장을 변경하여 '기타 유사한 것'에 '인터넷 홈페이지 또는 게시판 · 대화방 등에 정보를 게시하거나 전자우편을 전송하는 방법'이 포함되는 것으로 해석하는 한 위헌이라는 한정위헌 결정을 내린 것이다(헌재 2011. 12. 29. 2007헌마1001 등). 인터넷은 누구나 손쉽게 접근할 수 있는 매체이고 이용비용이 거의 발생하지 않아 선거운동비용을 획기적으로 낮출 수 있는 공간이며, 인터넷상 선거운동을 제한하는 것은 후보자 간 경제력 차이에 따른 불균형을 방지한다는 입법목적의 달성을 위한 적절한 수단이라고 할 수 없다고 판단한 것이다. 비방과 허위사실 유포에 대한 규제에 대해서는 이미 이를 금지하고 처벌하는 규정이 존재하며 해당 조항보다 법정형도 높아 충분히 처벌할 수 있기 때문에 인터넷을 통한 표현의 자유를 전면적으로 제한하는 것은 비례원칙에 위반되는 것으로 보았다.

한정위헌 결정에는 보통 입법개선기간을 부과하지만 단순 한정위헌결정을 해버렸기 때문에 결정이 내려진 날부터 트위터, UCC, 블로그, 홈페이지 등을 통한 선거운동이 가능해졌다. 중앙선거관리위원회는 헌재결정이 있은 후 곧 위원회의를 소집하고 헌법재판소의 결정

3) 헌재 2009. 7. 30. 2007헌마718.

취지에 따라 인터넷이나 SNS를 통하여 선거에 영향을 미치는 행위 뿐만아니라 인터넷을 통한 사전선거운동에 대한 제한(제254조)도 사실상 무력화되었다고 판단하고, 인터넷 선거운동을 상시화하되 비용이 소요되는 인터넷 광고 등에 대한 규제만을 두는 운용기준을 정하였다. 그리고 위원회의 결정에 따라 국회에 인터넷 선거운동을 자유화하는 개정의견을 제출하였다. 국회 정개특위에서는 투표 당일의 선거운동을 제외하고 인터넷 선거운동을 상시화하는데 합의하고 공직선거법을 개정하였다.

인터넷 선거운동의 상시화는 선거과정에서 큰 변화를 불러왔다. 선거현장에서 후보자의 말과 행위가 순식간에 전파되어 유권자에게 전달될 뿐만아니라 트위터를 중심으로 뜨거운 논쟁이 일어나기도 하였다. 특히 정치에 무관심한 젊은 세대들이 인터넷을 통하여 정보를 얻고 정치에 관심을 가질 수 있으며 조직동원을 하지 않더라도 지지층을 결집할 수 있는 효과적인 수단이 될 수 있었다. 근거없는 허위사실이 유포되거나 인신모독을 하는 내용의 글들이 많아 부작용이 발생하기도 하였으나 상대방이 있기 때문에 상호 대응과정에서 대부분 사실이 확인되었다. 따라서 인터넷 선거운동의 상시화는 해보다 득이 더 컸다고 할 수 있다. 더욱이 돈이 안드는 인터넷상에서 사전선거운동의 폐지는 오프라인에서도 돈이 안든다면 사전선거운동을 폐지하고 선거운동의 자유를 확대할 수 있는 계기를 만들어 준 점에서 큰 의의가 있는 것이다.

(2) 야권단일후보

2012년 총선을 앞두고 민주통합당은 야권연대를 선거전략으로 채택하였다. 야권의 상대로는 통합진보당을 선택했다. 통합진보당은 민주노동당, 심상정, 노회찬 등의 진보신당, 그리고 민주당에서 탈당한 유시민 등의 과거 개혁국민정당의 세력들이 통합하여 탄생한 진보적인 신당이었다. 야권연대를 추진하게 된 배경은 2002년 대선에서 야권단일화의 성공을 경험하였고 그 이전에 2011년 강원도지사 보궐선거와 서울시장 보궐선거에서 야권연대의 위력을 실감했기 때문이라 할 수 있다. 야권단일화를 위하여 경선을 통하여 단일 후보를 선출하고 선거법이 허용하는 범위 내에서 상대 후보를 적극적으로 지원하기로 합의하였다. 그런데 문제가 되는 것은 야권의 단일후보라는 명칭을 사용할 수 있는지 여부였다. 왜냐하면 야권에는 민주통합당과 통합진보당 이외에 진보정당이 있을 뿐만 아니라 보수적 성향을 지닌 정당도 있었기 때문이다.

2012년 3월 30일. 중앙선거관리위원회는 전체회의를 열고 국민생각이라는 보수정당이 제기한 야권단일후보의 명칭 사용에 대한 질의에 대하여 「'야권'이라는 표현의 사전적 개념이 야권 전체를 아우르는 의미로 보기 어렵고, 주요 야당들만이 단일화에 합의한 경우에도 그러한 표현의 사용이 가능하다는 취지의 법원 판례가 있기 때문에 민주통합당과 통합진보당이 공식 합의에 따라 단일화한 후보자에 대해 '야권 단일후보'라는 표현을 사용하는 것이 공직선거법에 위반되지 않는다.」고 결정하였다. 언론보도와 선거벽보 등을 통해 단일화에 참여하지 않은 다른 야당 후보자의 출마 사실을 알 수 있고, '야권 단일후보'란 표현이 후보자에 대한 정확한 판단을 그르치게 할 수 있는 정도에 이른 것이 아니라는 의견도 함께 제시했다.

이러한 결정에 대하여 진보신당, 청년당, 녹색당은 자당 소속 지역구 출마 후보들이 야권후보가 아닌 것으로 유권자들에게 인식되기 때문에 다른 야당이 출마한 지역에서 '야권단일후보' 명칭을 사용하는 것은 명백한 사실 왜곡이라고 반박했고(경향신문, 2012. 4. 4.), 새누리당에서도 야당 측과 각 언론이 사용하고 있는 '야권단일후보'라는 명칭에 대해 민주통합당과 통합진보당의 경선지역에서 단일후보가 나왔는데 양당이 연대한 차원의 후보이지, 단일후보는 아니라고 지적하기도 하였다. 민주통합당과 통합진보당이 야권단일후보라는 명칭을 공식적으로 사용할 수 있게 됨에 따라 양당의 선거공조는 더욱 강화되었다. 경선을 통하여 통합진보당 후보로 단일화된 지역도 다수 있었고, 결국 통합진보당은 비례대표를 포함하여 13석을 획득해 원내 제3당의 위치를 차지할 수 있게 된 것이다.

(3) 부산에서 문재인-손수조의 대리전

고 노무현 대통령의 비서실장 출신인 문재인 후보는 「운명」이라는 책을 내며 정치참여를 선언하였다. 그리고 대통령 비서실장 이외에 정치적 경험이 부족하기 때문에 우선 부산 사상에서 국회의원에 출마하여 부산・경남을 중심으로 민주당의 바람을 일으키고자 하였다. 이에 맞서 새누리당에서는 참신한 젊은 세대 중에서 3,000만원으로 선거에 도전하겠다던 신예 손수조 후보를 전략 공천하였고, 박근혜 비대위원장도 적극 선거운동을 지원하였다. 그러던 와중에 박근혜 후보가 손수조 후보의 선거사무실을 방문했다가 함께 SUV 차량에 올라 이동하던 중 썬루프를 열고 모인 사람들에게 손을 흔드는 일이 있었다. 인터넷 방송 팟캐스트 '나는 꼼수다(나꼼수)'는 이를 카 퍼레이드를 하기 위하여 미리 기획된 '쌍두노출 프로젝트'라고 하면서 선거법을 위반했다고 주장하며, 인터넷을 통하여 전파시켰다.

공직선거법 제91조 제2항에서는 선거운동기간 중 연설 · 대담용 차량을 이용하여 연설 · 대담 장소에서 선거운동을 하거나 선거벽보를 자동차에 부착하는 것 이외에 자동차를 이용한 선거운동을 금지하고 있기 때문에 박근혜 후보와 손수조 후보가 일반차량을 이용하여 함께 동승하고 차량에서 손을 흔드는 행위가 선거법을 위반한 것이라고 주장하였다.

한편, 선거관리위원회는 차량으로 이동하기 위하여 모인 청중들에게 인사를 하기 위하여 우발적으로 일어난 것으로 선거운동의 목적성이 없기 때문에 선거법 위반이 아니라고 하였다. 이에 대하여 나꼼수 측은 이러한 프로젝트가 사전에 계획된 것이라고 하면서 반박했고 선거법 위반 여부가 트위터에서 논란이 되었다. '나꼼수' 측은 선거운동기간 중에 서울시청 광장에서 행사를 열면서 세사람이 차량 위에 올라가는 '삼두노출' 프로젝트를 열었고 젊은 사람들로부터 재미와 흥미를 유발하고자 하였다. 박근혜 후보의 선거법 위반 논란이 일자 새누리당 쪽에서는 문재인 후보의 양산 자택 중 사랑채의 일부가 시유지를 침범하여 무허가 건물을 지었으며, 공직자 재산신고에도 누락되었다고 공격하였다.

총선과정에서 박근혜와 문재인 후보간의 대리전이 벌어졌으며 지엽적인 선거법 위반 문제로 상대방의 이미지에 타격을 입히려는 전략을 사용하였기 때문에 각 당의 정강정책에 대해서는 충분한 검증이 이루어지지 못했다.

(4) 기획재정부 복지공약 예산 검증논란

2012. 4. 4. 기획재정부는 복지공약 재정소요 및 재원조달 방안에 대한 복지 태스크포스(TF) 회의를 열고 새누리당과 민주통합당이 내놓은 복지공약을 모두 집행하려면 기존 복지 예산 92조 6,000억원 외에도 5년간 최소 268조원이 더 필요하다고 발표하였다. 이에 대하여 중앙선거관리위원회는 다음 날인 4월 5일 전체 회의를 소집해 논의한 결과 기획재정부의 정치권 복지공약 분석결과 발표가 공직선거법 제9조 위반이라는 결론을 내렸다. 선거법 9조는 공무원 및 기타 정치적 중립을 지켜야 하는 자(기관 · 단체를 포함)는 선거에 대한 부당한 영향력의 행사나 기타 선거결과에 영향을 미치는 행위를 해서는 안된다고 규정하고 있다.

기획재정부로서는 국가재정의 건전성을 유지하기 위하여 포퓰리즘적인 공약에 대하여 재정소요를 밝힐 필요가 있었고, 구체적으로 정당별 비교를 하지 않고 발표를 하였음에도 선거개입이라는 결정이 내려지자 당황하는 모습이었다. 노무현 대통령 때도 선거를 앞두고 행한 발언을 두고 제9조의 적용을 받아 대통령의 이미지에 치명상을 입었다. 제9조는 공무원의 선거결과에 영향을 미치는 행위를 전면적으로 금지하고 있기 때문에 정당의 명칭을 언급하지 않았더라도 공약으로 인하여 과다한 정부예산이 소요된다는 발표를 하는 것 자체로 이미 선거결과에 영향을 미치는 행위가 된다는 것이다.

중앙선관위는 기획재정부 장관에게 공직선거법의 준수를 요청하는 공문을 보냈는데, 언론에서는 이를 대서특필하였다. 공직선거법 제9조는 선언적 규정으로서 처벌규정은 없지만 정무직 공무원에 대해서는 정치적 책임을 추구할 수 있으며, 특히 언론에서 관심을 가지고 보도

함으로써 간접적인 강제 효과도 있다. 공무원의 부당한 선거개입을 차단하여야 하지만 국가재정이 견디기 힘든 공약의 남발도 막아야 한다. 호주와 뉴질랜드에선 선거에 앞서 재무부가 여야의 공약 내용과 공약 이행에 필요한 소요 예산을 분석한 보고서(Election Costings)를 공개하도록 법에 명시해 놨다. 네덜란드도 정부출연 연구기관에서 정당별 공약과 재정 · 경제에 미치는 영향을 검토해 발표해왔다(조선일보 2012. 4. 6. 사설). 기획재정부에서 국책연구기관이나 민간 학회를 통하여 간접적으로 공약별 예산 소요를 집계하고, 정부의 이름이 아닌 이들 기관의 이름으로 언론에 발표를 하였다면 공무원의 선거개입으로부터 보다 자유로울 수 있었을 것이다.

중앙선관위의 결정을 두고 참여연대와 같은 진보성향의 시민단체에서는 선거기간 중에 기재부가 공약평가를 하는 것이 선거에 개입하려는 의도가 있는 것이 아닌지 의심이 된다고 하였지만 보수성향의 시민단체에서는 정부가 문제가 아니라 정치권이 포퓰리즘성 복지공약을 남발한 게 문제라며 예산 수립도 안 하고 공약을 남발한 정치권의 무책임함에 대해 기획재정부가 공약검증을 통해 제동을 건 것은 정당하다고 평가하기도 하였다.

선관위 결정 후 기획재정부는 재정당국으로서 정치권이 발표하는 복지공약의 실현가능성을 적극 검토하고, 선거에 영향을 미치지 않는 범위 내에서 복지 TF 업무를 지속적으로 추진하기로 했다. 다만 정치권 복지공약 소요예산 추계액을 발표한 행위를 두고 선관위가 선거법 위반 결정을 내린 만큼, 복지공약 검토 작업은 계속하되 추정예산 등 수치 발표는 신중을 기하기로 했다.

(5) 통합진보당 당내부정경선

야권연대의 한 축으로서 통합진보당은 19대 총선에서 비례대표 6명을 당선시켰다. 그러나 선거가 끝난 후 2012년 4월 18일 어느 지역위원장이 인터넷에 당내경선의 부정 의혹을 제기한 것이 언론에 보도되었고, 당은 진상조사위원회를 구성하여 조사에 들어갔다. 통진당은 3월 9일에서 3월 18일간 비례대표 후보경선을 실시하였는데 그 당시에도 선거인 명부에 대한 조작의혹이 있었으나 선거과정이라서 갈등이 표출되지 못하고 선거가 끝난 후 터져나온 것이다. 자체적인 진상조사결과 다수의 인터넷 동일 IP에서 중복투표가 있었고, 일반 투표에서도 선거인 수와 투표지 수가 일치하지 않거나 투표지가 붙어서 투입된 것, 참관인 없이 이동식 투표함으로 투표를 한 것 등 다수의 경선부정 사례가 있었다고 발표되었다(문화일보 2012. 5. 2). 그리고 이에 대한 책임으로 비례대표로 당선된 후보자의 사퇴를 요구하였다. 그러나 민주노동당 출신의 당권파 의원들은 사퇴를 거부하고 당의 진상조사위원회의 조사가 잘못되었다고 반박하면서 극단적인 대치 상태에 놓이게 된다. 결국 당의 진상조사위원회가 검찰에 고발장을 접수하면서 당은 분당의 길로 가게 된다. 당권파들은 민족해방(NL)계열의 운동권 출신으로 북한에 대하여 우호적인 성향을 지닌 종북논란에 휩싸였고, 보다 온건한 민중민주(PD)계열의 진보신당파와 개혁국민정당 출신들은 분당을 통하여 진보정의당으로 당명을 바꾸었다. 이러한 분당과정에서 조직동원에 의한 폭력사태가 발생하였고 관계자가 구속되기도 하였다. 고발장을 접수한 검찰의 대검찰청이 전국 14개 지방검찰청과 공조하여 석 달 동안 수사한 결과, 공직선거법 위반과 업무방해 혐의로 당원 20명을 구속 기소하고 442명을 불구속 기소했다(조선일보

2012. 11. 16). 기소된 사람들을 보면 구당권파와 신당권파를 가리지 않고 부정을 저질렀다는 점에서 사태의 심각성을 더하였다.

선거과정에서 이런 일들이 일어났다면 국민적 저항에 직면했을 수 있는 사건이지만 당의 내부 문제이기 때문에 검찰수사로 종결되고 말았다. 이러한 부정경선은 헌법과 민주주의의 기본질서를 허물어 뜨리는 중대한 사안임에도 공직선거법 상 부정경선으로 당선된 후보의 자격에 대하여 아무런 규정을 두고 있지 않았다. 선거과정에서 야권연대를 통하여 국민의 주목을 받았지만 정작 후보자를 추천하는 과정이 공정하지 못하다면 국민은 선택할 수 있는 대상을 박탈당하는 것과 마찬가지인 것이다. 민주주의의 실질적인 정착을 위해서는 정당의 당내민주주의가 확립되어야 할 이유가 바로 여기에 있는 것이다.

(6) 미봉인 종이투표함 논란

2012년 4월 11일, 제19대 총선 당일 강남구 개표소에서 봉인 처리가 되지 않은 투표함이 무더기로 발견돼 개표가 중단되는 사태가 벌어졌다. 민주통합당 정동영 후보 측은 투표함의 봉쇄 · 봉인 상태를 확인하던 중 미봉인된 투표함을 발견하고 개표중단을 요구하며 새벽까지 시위를 벌였다. 강남구 선관위 측에서 업무상의 실수일 뿐이고 투표부정은 아니라고 설득하였으나 정동영 후보측은 개표중단을 요구하고 개표참관도 거부하며 시위를 벌이자 경찰력을 동원하여 이들을 개표소에서 퇴거하게 한 후 다른 정당의 개표참관 하에 개표를 마쳤다.

공직선거법 제168조에 의하면 투표함은 투표참관인의 참관 하에 투입구와 그 자물쇠를 봉쇄 · 봉인하도록 되어 있다. 정동영 후보 측이 문제제기한 18개의 투표함 중 5개의 투표함이 봉인 · 봉함 과정에 문제가 있었던 것이 선관위 자체 조사 결과 밝혀졌다. 나머지 13개의 투표함에 대해선 투표함 상자 밑에 내부 매뉴얼대로 테이프를 잘 붙이지 않았다. 5개 투표함 중 4개 투표함은 겉에 자물쇠가 봉쇄·봉인되어 있으나 투입구가 봉쇄·봉인되지 않았고 나머지 1개의 투표함은 투입구는 봉쇄·봉인되어 있었으나 자물쇠가 풀린 채로 이송되었다.

공직선거법에 의하면 투표함의 투입구와 자물쇠가 모두 봉쇄·봉인되어야 하므로 어느 하나라도 봉쇄·봉인되어 있지 않다면 법 위반의 문제가 발생한 것이다. 여기에 대해서 한겨레 신문은 선관위가 선거법 위반을 하였기 때문에 석고대죄하여야 한다는 기사를 게재하였고(한겨레신문, 2012. 4. 17.), 이런 내용들이 트위터를 타고 전파되었다.

원래 종이투표함으로 바뀌기 전에는 철제, 알루미늄, 골판지로 된 투표함 등이 사용되었으나 2006년 선거관리의 경비절감과 혁신 차원에서 일회용 종이투표함이 도입된 것이다. 그러면서 투표함 아래 쪽 부분까지 테이프로 봉인하도록 매뉴얼을 만들었는데 이는 법 위반은 아니다. 그러나 투입구와 자물쇠를 모두 봉쇄·봉인하지 않은 투표함은 법 위반의 문제가 제기될 수 있다. 그렇더라도 이것이 선거결과에 영향을 미치는 투표부정이라는 증거는 나타나지 않았다. 투입구와 자물쇠를 모두 봉쇄·봉인하도록 하는 것은 투표부정을 방지하기 위한 이중 장치로서의 의미가 있지만 이 중에 어느 하나가 미비하였다고 해서 그 안에 든 표가 모두 부정한 표로 무효로 볼 수는 없다. 그 이후 해당 선관위와 구청의 소속 공무원들은 징계를 받게 되었고 논란이 되었던 종이투표함도 강화 플라스틱 투표함으로 변경되었다.

이런 사건은 후보자간에 경쟁이 치열할 때 선거과정에서 사소한 실수가 선거관리 전체의 신뢰성에 얼마나 큰 영향을 미치는 지를 보여주는 사례이다. 한편으로는 후보자가 선관위에 대한 신뢰가 없고 정당과 후보자간에 화합과 승복의 선거문화가 없는 경우 선거가 끝나더라도 이를 수습하는데 홍역을 치러야 하는 현실을 극명하게 보여주는 것이다.

5) 선거자금

선거에는 자금이 필요하지만 투명하게 공개되어야 한다. 또한 후보자간 기회균등을 위하여 선거비용 제한액을 사전에 공고하고(공직선거법 제121조), 후보자와 정당이 공고된 선거비용제한액의 200분의 1이상을 초과하여 지출하고 선거사무장이나 선거사무소의 회계책임자가 징역형 또는 300만원 이상의 벌금형을 선고받으면 후보자의 당선을 무효로 하고 있다. 선거에 출마하는 후보자가 자금을 마련하는 방법은 주로 개인적인 자산이나 후원금을 모금하는 것이지만 이외에도 다른 사람에게 차입하거나 정당에서 지원금을 받는 경우도 있다. 2011년 12월 1일, 중앙선거관리위원회는 제19대 국회의원선거에서의 선거비용제한액을 공고하였는데 지역구 후보자의 평균 선거비용제한액을 1억 9천 2백만원, 비례대표국회의원선거의 선거비용제한액은 51억 4천 1백만원이었다. 선거비용제한액은 공직선거법 제121조의 산정기준에 따라 지역구국회의원선거는 각 선거구의 인구수에 200원을 곱한 금액과 해당 선거구의 읍 · 면 · 동수에 200만원을 곱한 금액을 합한 후 다시 1억원을 더한 금액을, 비례대표국회의원선거는 전국의 인구수에 90원을 곱한 금액을 산출하고, 여기에 전국소비자물가변동률(12.5%, 기간: '08. 4. 30 ~ '11. 10. 31)을 각각 적용한 것이다. 이런 기준을 적용하면 전국적으로 선거비용 제한액이 각각 다를 수 있는데 선거비용제한액이 가장 많은 지역구국회의원 선거구는 원주시로 2억 4천 1백만원이고, 가장 적은 선거구는 안산시단원구을로 1억 5천 8백만원이었다. 예비 후보자 또는 후보자로 등록하게 되면 회계책임자와 정치자금 수입·지출을 위한 예금계좌를 신고하여야 하며, 정치자금의 수입과 지출은 반드시 선관위에 신고한 예금계좌를 통해서만 해야 한다.

정당도 비례대표 후보를 추천하기 때문에 선거자금이 필요하다. 정당은 경상경비로 국고보조를 받을 뿐만아니라 선거가 있을 경우 선거보조금도 받을 수 있다. 이 밖에 자체적인 재원으로 당비를 모금하거나 타인으로부터 차입을 할 수도 있고, 국고보조금 이외에 선관위로부터 기탁받은 후원금을 전달받을 수도 있다. 중앙선거관리위원회는 2012년 2월 15일 분기당 보조금으로 85억 9천 8백여만원을 6개 정당에 지급하였는데, 새누리당이 39억원, 민주통합당이 31억을 각각 지급받았다. 한편, 선거보조금으로는 2012년 3월 26일 7개 정당에 343억 9천여만원을, 여성추천보조금으로 2개 정당에 11억 3천여만원을 각각 지급했다. 선거보조금은 임기만료에 의한 선거가 있는 연도마다 후보자를 추천한 정당에 지급하며, 최근 실시한 국회의원선거의 선거권자 총수에 보조금 계상단가(제19대 국선의 경우 910원)를 곱한 금액을 지급한다. 새누리당은 157억여원, 민주통합당은 123억여원, 자유선진당은 24억여원, 통합진보당은 21억여원, 창조한국당은 8억여원, 국민생각은 2천 3백여만원, 진보신당은 6억여원의 선거보조금을 각각 지급받았다.

선거자금을 마련하여 후보자와 정당이 선거를 치르고 나면 득표율에 따라 선거비용을 보전하게 된다. 전체 지역구 후보자 총 928명 중 보전 대상 후보자는 574명으로, 이 중 지출한 선거비용의 전액을 보전받은 사람(당선인 또는 유효투표총수의 100분의 15 이상을 득표한 후보자)

표 2-1 정당별 선거보조금 지급 현황(제19대 총선)

(단위: 원)

구 분	계	선거보조금	여성추천보조금
계	35,528,273,000	34,394,391,850	1,133,881,150
새누리당	16,520,092,230	15,775,493,210	744,599,020
민주통합당	12,740,997,610	12,351,715,480	389,282,130
자유선진당	2,482,440,910	2,482,440,910	-
통합진보당	2,196,055,710	2,196,055,710	-
창조한국당	877,524,300	877,524,300	-
국민생각	23,274,400	23,274,400	-
진보신당	687,887,840	687,887,840	-

출처: 중앙선거관리위원회

은 537명, 선거비용의 50%를 보전 받은 사람(유표투표총수의 100분의 10 이상 100분의 15 미만을 득표한 후보자)은 37명이다. 정당의 경우 4개 정당이 비례대표선거에서 당선인을 배출하여 보전을 받았다. 선거가 끝난 다음 득표율이 10% 이상인 후보자와 비례대표 당선인을 배출한 정당은 선관위에 선거비용 보전을 청구할 수 있고, 선관위는 실지조사를 벌여 감액할 부분은 감액하고, 정해진 보전단가에 따라 선거비용을 보전하게 된다. 조사결과 선관위는 정당과 후보자가 보전비용으로 청구한 1,025억여원 중 133억여원을 감액하고 892억여원을 보전하였다.

6) 유권자의 선택

제19대 총선에서 민심은 어떤 변화를 거치면서 선택을 했을까? 2012년 초반만 해도 새누리당은 고전을 면치 못했다. 선관위 DDoS 사건으로 한나라당에 광풍이 몰아친 후에도 당대표 경선에서 돈 봉투를 돌렸다는 내부고발이 있었고 이명박 대통령의 측근들이 비리혐의로 사법심사에 처하게 되면서 분위기는 야권에 유리하게 전개되었다. 여론조사기관인 리얼미터의 정당지지율 조사결과에 따르면 1월 16일부터 20일 사이에 민주통합당의 지지율은 39.7%인데 반하여 새누리당의 지지율은 29.1%로 10%정도 차이가 났었다. 그러나 이러한 격차는 2월 중반 이후 새누리당이 당로고를 빨간색으로 확정하고 정강정책에 경제민주화를 명시적으로 도입하며, 다양한 경력의 새로운 인재를 공천하겠다는 공천혁신의 의지를 천명하게 됨에 따라 다소 줄어들기 시작하였다. 민주당에 대해서는 한미 FTA에 대한 말바꾸기로 공세를 취하고, 진보적인 이슈인 경제민주화와 재벌개혁에 대하여 적극적으로 반응함으로써 국민들에게 새누리당이 변화되고 있다는 이미지를 나타내 주었다. 반면 민주당은 야권 공조에 중점을 두면서 시민사회와 청년세대로부터 새로운 인재를 영입하는 전략을 택했다. 양당에서 공천이 마무리된 이후에는 새누리당과 민주당의 지지율이 뒤바뀌기도 하였다.

선거운동기간에 돌입하게 되자 민주당은 총리실의 민간인에 대한 불법사찰 문건을 공개하며 여당을 압박하였고 정당 지지율은 다시 한번 요동을 쳤다. 이것은 현 정부가 민간인을 사찰했다는 것에 대하여 여당도 책임을 져야 한다는 공동책임의 프레임이 사용된 것이다. 그러나 불법사찰의 피해자가 여당 내에도 있고 박근혜 후보도 사찰의 대상이 되었다는 것이 밝혀지자 이 이슈의 파급력은 그다지 크지 못했다. 새누리당은 대통령과는 거리를 두면서 여당 내부에서도 사찰 피해를 입었다는 공동피해의 프레임을 사용한 것이다. 그러나 그 이후에 민주당에서 공천한 후보가 과거 인터넷 팟캐스트에서 한 막말이 공개

그림 2-1 제19대 총선 정당 지지율의 변화

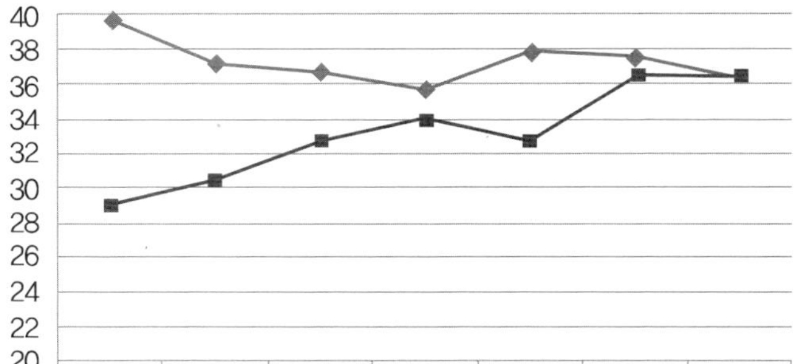

	1월16–20일	1월25–27일	1월30–2월3일	2월6–10일	2월13–17일	2월20–24일	2월27–29일, 3월2일
민주통합당	39.7	37.1	36.9	35.8	37.8	37.5	36.5
새누리당	29.1	30.3	32.9	33.9	32.6	36.5	36.5

출처: 리얼미터, 표본 전국 19세이상 성인남녀 3,000명. 신뢰도 95%, 표본오차 ±1.8%포인트

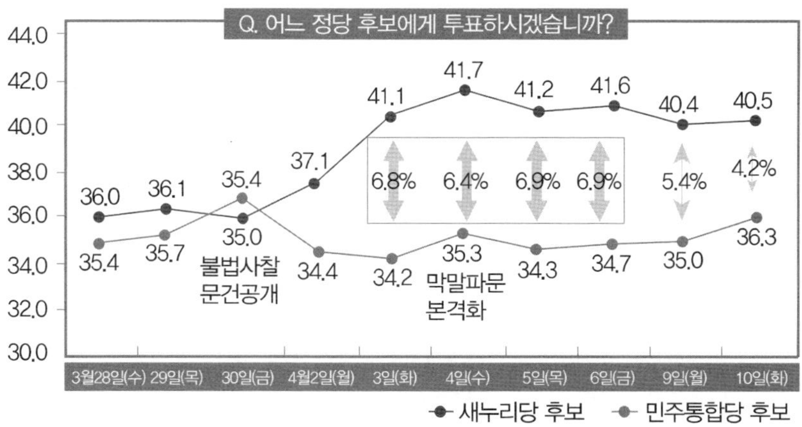

출처: 리얼미터, 여론조사 공표금지 기간 전후, 총선 다큐멘터리 10일

되고 이것의 파문이 확산되자 지지율이 새누리당에 유리하게 변화되었다. 선거운동규제가 엄격하여 표현의 자유가 제약되는 상황 하에서 자극적인 이슈가 제기되고 그것에 의하여 유권자의 표심이 출렁이는 상황이 발생한 것이다.

선거당일 방송 3사의 출구조사는 방송사마다 각각 다르게 혼전으로 나타났다. 문제는 투표율이 관건이었는데 제18대 총선에 비하여 상승하기는 하였으나 54.3%로 그다지 높은 편은 아니었다. 개표가 진행됨에 따라 새누리당은 152석이라는 과반의석을 차지하였다. 민주통합당은 127석을, 통합진보당은 13석을, 자유선진당은 5석을 차지하였으며 새누리당과 자유선진당을 합하는 경우 보수적인 정당이 과반이상을 차지하게 되었다. 새누리당은 서울지역에서도 다소 선방하였고, 호남 지역을 제외한 전국에서 의석을 얻었으나 민주당은 서울, 경기, 호남지역에서 대부분의 의석을 얻었고, 부산과 경남에서 소수의 의석을

그림 2-2 제19대 국회의원 선거결과

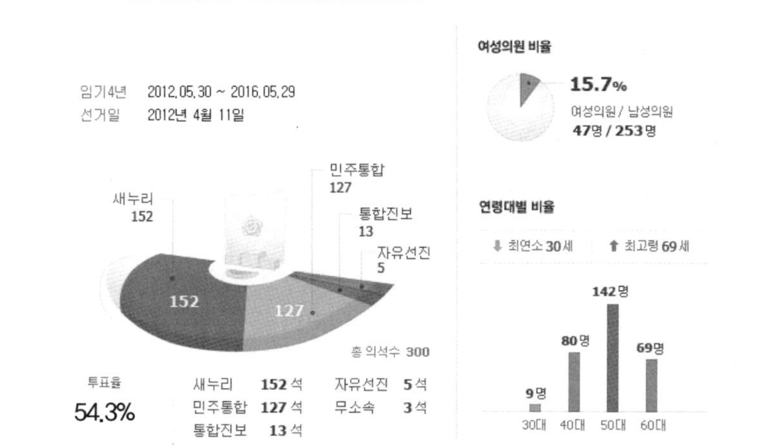

얻는데 그쳤다. 비례대표투표에서는 새누리당이 42.8%, 민주통합당이 36.5%, 통합진보당이 10.3%, 자유선진당이 3.2%를 얻었다. 이러한 민심의 결과는 대통령에서 민심의 향배를 판단할 수 있는 예비 자료가 될 수 있었다. 여당에서는 비례대표 득표율에서 야당이 앞서기 때문에 대통령 선거라면 패배하였다는 위기론이 제기되기도 하였다. 여당인 새누리당도 선거결과에 안도하면서도 여기에 안주할 수 없는 분위기였다. 결국 국회의원 선거를 통하여 나타난 민심은 변화를 선택하면서도 사회적인 혼란을 피하는 의도가 반영되었다고 할 수 있다. 이러한 경향은 곧이어 있을 대통령 선거를 통해서도 나타나게 된다.

전체적인 민심의 변화를 확인하는 것과 함께 유권자 개인들의 미시적 선택의 구조도 분석할 필요가 있다. 개별 유권자들은 어떤 기준에 따라 지지할 후보자를 선택하였으며 언제 지지할 후보자를 정하였는지를 확인함으로써 부동층의 변화와 선거운동의 효과를 확인할 수 있다. 합리적 선택이론에 의하면 유권자는 투표를 통하여 얻을 수 있는 기대수익이 크지 않기 때문에 자신의 비용으로 후보자와 정당에 관한 구체적인 정보를 수집하거나 학습할 동기가 부족하기 때문에 손쉽게 정보를 획득할 수 있는 정보의 보조수단(informational shortcut)을 이용한다(Popkin, 1991: 44-71). 이 중에서 다른 사람과의 대화는 전통적인 방법으로서 여론주도층이 자신의 가족이나 친구들에게 후보자와 정당에 대한 의견을 말함으로써 선택에 영향을 미치는 경우이다. 소속정당은 상품에서 상표와 같이 유권자가 개별 후보자의 공약이나 자질을 모두 분석하지 않더라도 지지할 후보를 선택할 수 있는 중요한 정보적 보조수단이다. 공약은 매스미디어를 중심으로 선거가 치루어짐에 따라 선거쟁점으로 제시되는 공약을 비교 분석함으로써 지지할 후보자를 선택하는 것인데, 유권자의 선택을 위하여 보다 많은 정보가 필요하다. 공약 또는 선거쟁점 중심의 투표가 되기 위해서는 후보자가 제시한 공약의 차별성을 파악할 수 있어야 하고, 자신의 선호에 따라 우선순위를 매길 수 있어야 하지만 실제로 이러한 조건을 충족하기는 매우 어렵다(Price and Zaller, 19993; Shepsle, 1972).

제19대 총선에서도 중앙선거관리위원회가 코리아리서치센터에 의뢰하여 3차에 걸쳐 유권자 의식조사가 실시되었다. 유권자들에게 지지하는 후보를 결정하는 경우 고려하는 요인을 물어 본 결과 선거일 전의 제1차(2012. 3. 19.-20.)와 제2차 조사(2012. 4. 1.-3.)에서는 '공약 > 인물 > 소속 정당 > 주위의 평가' 순으로 나타났으나 선거 이후의 제3차 조사(2012. 4. 12.-2012. 5. 11.)에서는 '소속 정당 > 인물 > 공약 > 주위의 평가' 순으로 나타났다. 이는 선거 초기에는 유권자가 후보자와 정당의 공약 및 정책에 관심을 가지고 투표하려는 마음을 가지고 있으나 선거운동과정에서 중앙당을 중심으로 매스미디어를 이용한 선거운동과 전국적으로 당대표 및 중앙당의 지원활동이 본격화됨으로써 정당이 중요한 정보적 보조수단이 됨을 의미한다. 즉, 공약의 차이를 비교하여 선택하려는 마음은 있으나 실제 선거운동 과정에서 중앙당을 중심으로 매스미디어를 통한 전국적 선거운동이 이루어지다 보니 유권자가 지역구 후보들의 공약에 관심을 두고 비교하기 보다는 그 후보자가 달고 있는 정당의 꼬리표를 보고 투표하게 되는 것을 의미한다. 매니페스토 정책선거가 정착되기 위해서는 중앙당의 선거운동도 정책적 쟁점을 중심으로 이루어지도록 하는 것이 바람직하고 언론에서도 당대표를 중심으로 한 주요 정당간부들의 활동을 부각시키기 보다는 정당간의 공약의 차이를 부각하여 유권자에게 정보를 제공할 필요가 있다.

그림 2-3 제19대 대통령 선거 지지 후보 결정시 고려요인

(단위: %)

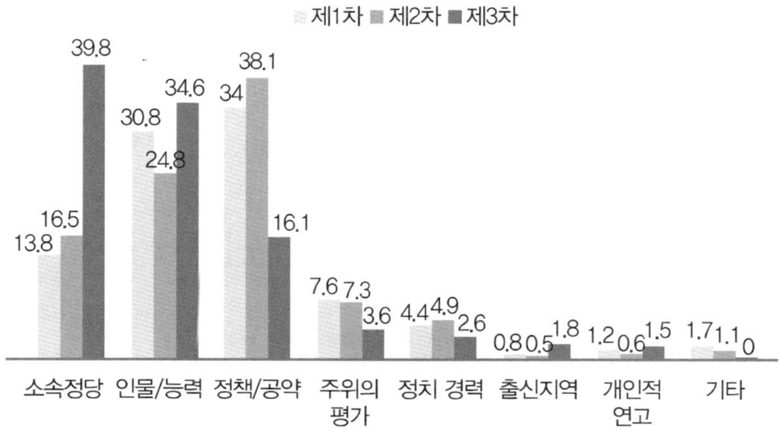

출처: 중앙선거관리위원회(2012), 제19대 총선 유권자 의식조사; N=1,500, 95% 신뢰수준에서 ±2.5%

다음으로 유권자가 언제 지지할 후보를 결정하였는지를 살펴볼 필요가 있다. 이는 유권자 중에서 부동층이 얼마나 변화하였는지와 선거운동기간을 통하여 유권자의 선호가 변화하였는지를 확인할 수 있는 자료가 된다. 선거운동이 효과적이라면 유권자는 자신의 선호를 변경하여 가장 합리적인 대안으로서 후보자를 선택하게 될 것이고 그 경우 후보자의 선택을 최대한 미루어 투표일 가까이에서 지지할 후보를 결정할 것이다. 유권자가 자신이 속한 집단이나 정치적 신념에 따라 이미 지지할 후보자를 정하고 있는 경우 선거운동은 유권자의 정해진 선호를 더욱 강화하는 방향으로 작용하지만 유권자의 정당에 대한 소속감이 약하고 다양한 정보가 제공되는 상황에서는 유권자는 선거운동에 따라 지지할 후보를 변경하거나 결정할 수 있다. 전자의 경우 선거운동이 유권자의 선호를 변화시키는 것이 아니라 사전적으로 형성된 선호를 강화하거나 후보자의 결정에 거의 영향을 미치지 못하는 경우로서 선거운동이 최소효과(minimal effect)만을 나타낸다고 본다(Berelson, Lazardfeld, and McPhee, 1954; Campbell et. al. 1960; Bartels, 1993). 후자의 경우는 유권자에게 유익한 정보를 제공하는 선거운동을 통하여 유권자가 계몽적인 학습을 하고 합리적 선택을 할 수 있다는 입장으로서 선거운동이 유권자에게 계몽적 효과(Enlightening effect)를 나타낸다고 본다(Popkin, 1991; Gelman and King, 1993; Lupia, 1994).

제19대 총선에서 유권자의 지지 후보자 선택 시기를 살펴보면 선거운동기간인 13일 전에 지지할 후보를 결정한 비율은 약 48.8% 정도이고 나머지 유권자들은 선거운동기간에 지지 후보를 결정한 것이 되므로 약 50% 정도의 유권자들이 선거운동에 영향을 받아 후보를 결정하였다고 할 수 있다. 이는 선거운동이 시작되기 전에 50% 정도의 부동층에 존재하는 것으로 해석할 수도 있다. 선거운동기간 전에 이미 지지할 후보를 결정한 48.8%의 유권자들은 선거운동이 이미 결정된 자신의 선호를 강화하는 방향으로 작용하였을 것이다. 투표일 3주 이상 전에 지지할 후보자를 결정한 유권자는 '연령이 높을수록, 대구/경북(54.2%), 교육수준이 낮을수록(중졸이하 53.8%), 소득이 낮을수록(월소득 199만원 이하 49.6%)' 상대적으로 높게 나타났다. 이들은 모두 선거운동에 영향을 받지 않는 고정적 유권자로 분류될 수 있다. 선거운동이 진행됨에 따라 부동층의 비율은 점차 줄어드는데 선거운동을 통하여 유권자들은 정보를 얻고 자신의 선호를 변화시키거나 확정하게 되는 것이다. 투표일 1주일 전에 결정했다는 비율은 광주/전남/전북(34.1%) 거주자와 화이트칼라(23.5%) 종사자에서 높게 나타났으며, 이

그림 2-4 제19대 대통령 선거 지지 후보 결정시기

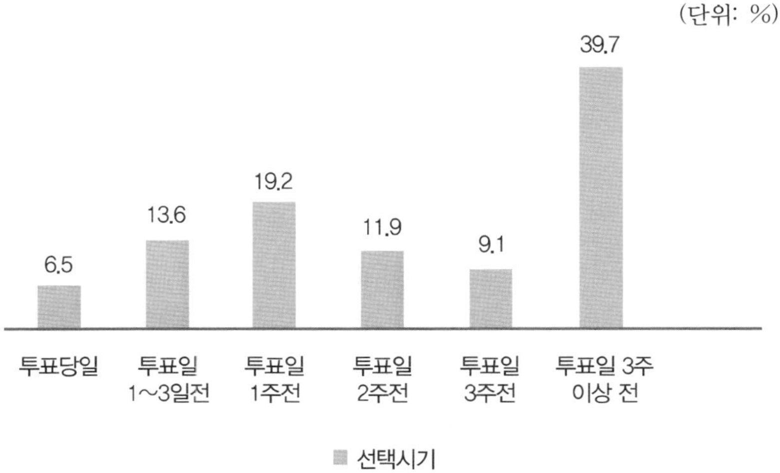

출처: 중앙선거관리위원회(2012), 제19대 총선 유권자 의식조사; N=1,500, 95% 신뢰수준에서 ±2.5%

들은 선거운동에 따라 지지 후보를 바꿀 수 있는 부동층의 유권자로 분류할 수 있다. 투표일 3일 전까지 지지할 후보를 결정하지 못한 부동층은 20.1%에 이르며 투표 당일에도 지지할 후보를 결정하지 못한 부동층이 6.5%에 이른다. 선거일 전 3일까지도 부동층이 20% 정도에 이르기 때문에 후보자의 당락에 영향을 미칠 수 있고 후보자는 끝까지 사력을 다하여 선거운동에 임하게 되는 것이다.

우리나라 선거에서 특수한 현상으로서 선거법 위반여부가 선거쟁점이 되는 경우가 많다. 그렇다면 선거법 위반에 대한 논란이 유권자의 선택에는 어떤 영향을 미치는가? 유권자 의식조사 결과를 보면 선거법 위반 여부가 유권자의 선택에 중요한 영향을 미침을 알 수 있다. 4·11 총선에서 투표시 후보자들의 선거법 준수 여부를 반영하겠다는 응답은 제1차 조사의 경우 83.8%(크게 반영 45.6%, 어느 정도 반영 37.6%)로 매우 높게 나타났다. 이러한 응답은 모든 계층에서 높게 나타났는데, 30대(91.3%), 화이트칼라(89.2%), 선거에 관심이 있는 유권자(86.9%)일수록 높게 나타났다. 제2차 조사에서도 선거법 준수 여부를 반영하겠다는 응답이 82.5%(크게 반영 40.1%, 어느 정도 반영 42.4%)로 역시 매우 높게 나타났다. 유권자들이 선거법 준수 여부를 선택의 기준으로 삼겠다는 것은 나쁘다고 할 수 없으나 특히 복잡한 선거규제 하에서 유권자가 후보자나 정당의 정보를 알 수 있는 기회가 제한되는 상황에서 후보자의 선거법 위반 내용이 언론을 통하여 보도되는 경우 후보자나 정당에게 당락을 위협하는 중대한 결과를 초래할 수도 있다. 물론 금품이나 향응의 제공, 관권개입, 허위사실 유포와 같이 유권자의 의사를 왜곡하는 중요한 선거범죄에 대해서는 초기에 단속할 필요가 있다. 그러나 선거법의 규제가 복잡하기 때문에 선거운동 과정에서 신고의무를 이행하지 않거나 단순히 선거운동 방식에 대한 무지로 인하여 발생한 선거법 위반행위의 경우에도 언론에서 집중적으로 보도되는 것은 유권자의 합리적 선택이라는 측면에서 문제가 있다. 또한 헌법상 무죄추정의 원칙이 적용되기 때문에 선거운동 기간 중에 후보자와 정당에 대한 선거법 위반행위를 보도하는 경우에는 선거에 미칠 영향을 고려하여 사실여부가 명확하여야 하고 반론할 수 있는 기회를 보장하여야 할 것이다.

그림 2-5 투표 시 후보자들의 선거법 준수 반영여부

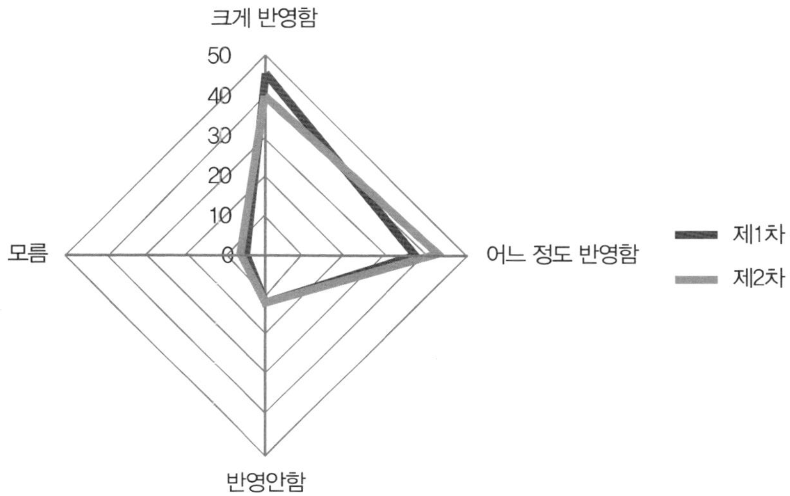

출처: 중앙선거관리위원회(2012), 제19대 총선 유권자 의식조사; N=1,500, 95% 신뢰수준에서 ±2.5%

2. 제18대 대선

1) 정치 환경과 시대정신

제19대 총선이 새누리당의 승리로 끝난 다음 여야 모두 민심의 뜻을 겸허하고 무겁게 수용한다고 하였다. 민주당은 이겨야 될 선거를 졌다는 자책을 하였고, 새누리당은 더욱 자세를 낮추며 민생에 매진하겠다고 하였다. 총선이 끝난 후 정국은 곧바로 대통령 후보를 선출하기 위한 당내경선으로 이행되었다.

세계적인 경기침체로 인하여 하반기에도 경제사정이 그리 녹녹하지 못했다. 가계부채가 계속 증가하였고, 집값은 하락하는데 전세값은 지속적으로 상승하는 하우스 푸어의 문제가 심각해졌다. 청년세대들의 실업률도 나아지는 것이 별로 없었고, 높은 대학등록금을 낮추라는 요구도 높아졌다. 경기불황이 깊어져 성장률이 거의 정체 상태에 머물게 되었고 친인척 비리와 내곡동 사저에 대한 국가예산 지원 문제로 이명박 정부의 인기도는 계속 떨어지고 있었다. 19대 총선에서 야권의 정당득표율의 합이 새누리당을 앞서기 때문에 대선은 야권에 불리하지 않을 것이라는 예측도 있었다.

이러한 상황에서 안철수 교수가 본격적으로 대권행보에 나서기 시작했다. 토크 콘서트 형식으로 대학교에서 학생들을 모아 놓고 강연을 하고 공정하지 못한 우리 사회의 현실을 개혁하기 위한 정치의 자기반성을 요구했다. 대기업의 중소기업에 대한 횡포, 빈부격차의 확대와 부의 대물림, 시장경쟁에서 낙오된 사람들에 대한 구제 등 신자유주의의 부작용을 치유하기 위한 경제민주화의 요구가 뜨거운 이슈가 되었다. 그리고 이러한 일들을 누가 진정성있게 실천할 수 있는지가 제18대 대통령선거의 화두(話頭)가 되었다.

2) 정당과 후보자의 전략

이러한 환경 변화에 대하여 새누리당은 민주당보다 한발 먼저 대통령 후보 경선을 시작하며 8월까지 후보자를 선출하고자 하였다. 그러면서 정치에 대한 변화의 요구를 먼저 적극적으로 수용하고자 하였다. 당내 경선에서 박근혜 후보의 독주체제가 형성되었고, 과거 새누리당을 비판하였거나 야당에 소속되었던 인사까지 영입하여 당의 색깔을 바꾸어 갔다. 새누리당의 대선 슬로건은 「내 꿈이 이루어지는 나라, 국민행복시대」로 정했고, 소박하지만 국민 한 사람 한 사람이 노력하면 행복하게 살 수 있는 나라를 만들겠다고 약속했다. 또한 대선의 시대정신에 화답하기 위하여 경제민주화라는 주제를 먼저 제기했다. 헌법 제119조 제2항의 경제의 민주화 조항의 입안자로 불리는 김종인 전 대통령경제수석을 국민행복위원장으로 영입하여 경제민주화에 관한 문제를 총괄하게 하였다. 김종인 위원장의 경제민주화는 시장의 불공정 거래를 개선하는 것뿐만 아니라 재벌의 출자구조까지도 개혁하는 안이어서 당내의 보수적인 의원들로부터 반대의견이 개진되기도 하였다. 오히려 당내에서 다양한 의견이 개진되는 것이 건강성을 반영하는 것이기 때문에 토론을 부추기기도 하였다. 새누리당은 대권후보를 일찍 정하고 국민에게 민생과 정책으로 승부한다는 전략을 내세웠다.

한편 민주당은 야권연대에도 불구하고 총선에서 패배함에 따라 지도부 정비에 나섰다. 친노계열의 인사가 당대표로 선출되었고, 재야 시민사회 세력들과 연계하여 안철수 씨를 영입하여 단일화를 함으로써 대선을 승리할 수 있다는 생각을 가지고 있었다. 안철수 교수와의 단일화를 염두에 두고 대선일정을 잡았는데 안철수 교수가 다소 모호한 태도를 보임에 따라 당의 경선일정도 늦추어지게 되었다. 민주당은 안철수 교수를 민주당의 경선으로 끌어들일려고 했으나 안철수 교수의 태도가 분명하지 않자 민주당 단독의 경선을 실시한 후 안철수 교수와의 단일화를 모색하는 전략으로 수정하였다. 그러는 사이에 민주당의 주된 관심사는 안철수 후보와의 단일화에 집중되었다. 단일화만 되면 선거에서 승리할 수 있다는 집단사고에 빠지게 된 것이다. 민주당의 당내경선에서도 친노의 지원을 받는 문재인 후보의 우세가 점쳐

지자 다른 후보들은 결선투표제를 요구하였고, 이를 문재인 후보 측이 수용하여 경선을 실시한 결과 결선투표 없이 문재인 후보가 과반을 득표하여 9월 16일 민주당의 대통령 후보로 확정되었다. 문재인 후보의 대선 슬로건은 「사람이 먼저다」로서 경제성장이나 물질적 가치보다는 서민들의 일자리와 복지 등에 치중하겠다는 의지를 표현한 것으로 볼 수 있다. 그렇게 볼 때 새누리당의 슬로건과 취지 면에서는 비슷한 점이 많다. 민주당은 야권단일화의 전략에 맞추어 대선후보의 확정도 늦추었으며, 상대 후보에 대항하는 독자적인 정책 제시보다는 야권연대와 단일화에 집착을 한 것으로 볼 수 있다.

3) 선거관리방향

총선이후 선거관리위원회도 선거과정에서의 문제점을 반영하여 선거관리방향을 정하였다. 그러나 총선 때의 선거관리 방향인 엄정중립과 공정관리, 유권자 중심의 선거관리, 자유와 공정이 조화를 이루는 선거운동, 매니페스토 정책선거의 정착 등 기본적인 방향에는 달라진 점이 없었다. 다만, 강남구 투표함 미봉인 사건을 계기로 투표함을 강화플라스틱으로 변경하고 선거의 공정성에 대하여 유권자가 의혹을 가지지 않도록 사전예방과 점검을 강화하였다. 비방과 흑색선전에 대하여 조기 대응할 수 있도록 대응팀을 구성하였으며, 이번 대선에야 말로 관리 분야에서 사건·사고가 발생하지 않도록 엄청난 노력을 기울였다. 투표소 마다 위치를 안내할 수 있는 현수막 설치를 의무화하고, 개표소로 이송하는 과정에서 참관인이 반드시 탑승하도록 하며 이동상황을 파악할 수 있는 전자칩을 투표함마다 부착하기도 하였다.

4) 선거쟁점과 선거운동의 양상

(1) 대권후보 당내경선

새누리당의 대권후보 당내경선은 기존의 당헌 · 당규대로 당원, 대의원의 투표와 유권자 여론조사를 통하여 이루어졌는데 반하여 민주당은 일반 유권자의 참여를 통한 경선의 형태로 이루어졌다. 새누리당의 당내경선에서도 완전 국민참여경선으로 하자는 입장이 개진되었으나 당 지도부가 이를 수용하지 않았고, 유력 후보들이 경선에 불참하여 다소 김 빠진 경선이 되었다. 그 결과 박근혜 후보가 83.97%를 획득하여 압도적인 표차로 당선되었다. 민주당은 1차 예비경선(cut off)과 결선투표를 포함한 2차 경선을 실시하여 문재인 후보가 56.52%의 득표율로 민주당의 대통령 후보로 확정되었다. 새누리당은 민주당에 비하여 한 달 먼저 유력 후보를 중심으로 당내경선을 치러서 정책행보에 집중할 수 있었는데 비하여 문재인 후보는 이 보다 늦게 경선 후보를 확정했고, 그 후에도 안철수 후보와의 단일화를 위하여 노력을 하였기 때문에 자신의 정책에 보다 집중할 수 없었다. 또한 민주당의 경선과정에서는 친노 주류와 비노 비주류간에 대립이 격화되는 듯한 모습이 비추어지기도 하였다.

(2) 유신 및 인혁당 관련 과거사 논쟁

새누리당은 박근혜 후보를 일찍 대통령 후보로 확정하고 경제민주화와 같은 새로운 정책을 발표함에 따라 경선 행사효과(convention effect)를 보고 있었다. 그러나 야권에서 박근혜 후보의 아버지인 박정희 대통령의 유신선포로 민주주의가 후퇴하고 유신체제 하에서 학생들을 인민혁명당 재건으로 몰아 사형을 집행한 것을 놓고 공격을 제기하였다. 특히 박근혜 후보가 손석희의 시선집중 프로그램에 출연하여 유신시절의 인혁당 사건에 대하여 "두 개의 판결"이라고 언급하고 역사의 판단에 맡긴다고 하자, 야당과 피해자 가족들은 박근혜 후보의 역사인식을 문제삼고 나왔다. 이로 인하여 박근혜 후보의 지지율은 하락하기 시작했는데 결국 박근혜 후보가 유신과 인혁당과 관련된 과거사에 대하여 공개적으로 사과를 하게 된다. 당 내부에서는 유신이 민주주의를 후퇴시킨 것에 대하여 반성이 필요하다는 의견이었으나 박근혜 후보가 개인적으로 아버지를 비난하는 것이 과연 우리나라의 전통적인 효(孝)의 관점에서 쉽지 만은 않았다. 야당에서는 이러한 사과에도 불구하고 진정성이 없다고 하면서 공세를 강화하였으나 일단 박근혜 후보의 직접적인 사과표명으로 국면은 일단락되어 갔다.

(3) 경제민주화 논쟁

경제민주화는 총선에서도 새누리당과 민주당의 공약으로 제시되었지만 구체적인 실행방법에서는 차이가 있었다. 새누리당은 대기업의 불법 하도급, 중소기업 업종 침해, 담합행위, 비정규직에 대한 차별 등 주로 공정한 시장경쟁을 해치는 행위를 규제하는 것을 중심으로 하고 재벌구조 개혁을 위한 출자총액제 부활, 순환출자 규제 등에서는 당내에서 이견이 있었다. 민주당은 공정한 시장경쟁을 해치는 행위 이외에 재벌 지배구조를 개혁하지 않고서는 경제민주화가 달성될 수 없다고 보고 출총제를 부활하고 문어발식 순환출자를 억제함으로써 소수의 지분으로 재벌기업을 상속하는 것을 규제하고자 하였다. 통합진보당에서는 더 나아가 삼성을 쪼개어 천 개의 중소기업으로 나누겠다고 공약하기도 했다.

이 논쟁이 나타나게 된 배경은 IMF 외환위기 이후 신자유주의적 경제개혁으로 재벌의 부채는 축소되는데 반하여 가계의 부채는 증가되어 부의 편중이 심화되고 재벌 2세들이 동네 빵집이나 유통업과 같이 서민들이 주로 운영하는 골목상권까지도 침범함에 따라 가진 자들의 탐욕에 대한 비난의 목소리가 점차 높아져 갔다. 그러나 구체적으로 경제민주화가 무엇인지에 대하여 논란이 있었다. 이는 헌법 제119조 제1항과 제2항을 어떻게 이해하는 지와도 관련되는 것이다. 제1항은 대한민국의 경제질서가 개인과 기업의 경제상의 자유와 창의를 존중함을 기본으로 한다는 규정이고, 제2항은 국가가 균형있는 국민경제의 성장 및 안정과 적정한 소득의 분배를 유지하고, 시장의 지배와 경제력의 남용을 방지하며, 경제주체간의 조화를 통한 경제의 민주화를 위하여 경제에 관한 규제와 조정을 할 수 있다는 것이다. 제1항을 강조하는 입장에서는 대기업의 경영에 개입하는 것은 경제상의 자유와 창의라는 기본을 해치는 것으로서 경제민주화라는 것을 보조적 한정적으로 이해해야 한다는 입장이다. 새누리당 내에서도 보수적 경제학자들은 이러한 견해를 취하고 있다.

그러나, 새누리당에서 총선과정의 경제민주화특위 비대위원을 담당한 김종인 위원이 대선캠프에 다시 합류하여 국민행복특위 위원장을 맡게 됨에 따라 경제민주화에 대한 논쟁이 다시 재점화되었다. 그는 경제민주화를 균형있는 국민경제의 성장, 소득분배의 개선, 경제력 남용의 방지를 위하여 국가가 규제와 조정을 할 수 있으므로 일감 몰아주기, 비정규직 문제, 중소기업 업종 침범 등 공정한 시장경쟁을 저해하는 행위에 대한 규제 뿐만 아니라 그것의 근원이 되는 재벌의 순환출자 문제에 대해서도 국가가 규제와 조정을 할 수 있다고 보았다.

즉, 경제민주화라는 것은 개인의 자유와 창의에 따라 경제가 운영되지 않기 때문에 국가가 규제와 조정을 하는 것이고 재벌의 세습과 같은 것은 자유와 창의에 따른 경제운용과는 무관하다는 것이다.

이러한 논란은 결국 기존 순환출자에 대해서는 막대한 전환비용이 소요되고 어려운 경기상황 등을 고려할 때 신규투자를 줄이는 과정에서 외국자본의 투기에 노출될 수 있으므로 그대로 유지하되 신규출자만 금지하는 것으로 정리되었다. 한편, 민주당은 새누리당의 경제민주화는 무늬만 경제민주화라고 비판하고 재벌구조 개혁을 강력히 주장하였고, 결국 통합진보당의 재벌개혁과 더 가깝게 되고 말았다.

새누리당은 불공정한 경쟁으로 피해를 입은 약자를 보호한다는 소극적 프레임을 사용하였다면, 민주통합당은 불공정한 경쟁의 원천으로서 재벌구조를 개혁하겠다는 적극적 프레임을 사용하였다.

(4) 복지 및 일자리 논쟁

복지와 일자리는 새누리당과 민주통합당 모두 중점을 두고 추진한 공약이었다. 새누리당은 생애주기별 맞춤형 복지정책을 내놓으면서도 복지재원은 정부지출의 비효율적 부분을 줄여 60% 재원을 마련하고 세수확대로 40% 충당해 매년 27조원씩 135조원을 마련하기로 했다. 문재인 후보는 부자증세를 통하여 재원을 마련하고 우리나라 복지 예산을 경제협력개발기구(OECD) 평균 수준까지 높여야 한다고 주장했다. 또한 복지를 통한 성장에 방점을 두고 간병, 교육, 보육 등 복지서비스에서 일자리 40만개를 창출할 수 있다고 주장했다. 의료보험 분야에서는 새누리당이 건강보험 보장률을 최대한 높이되 우선 암, 심장병, 중풍, 난치병 등의 4대 중증질환에 대해서는 국가가 100% 책임을 지는데 반하여 민주당은 4대 질환만 보장하는 것이 합리적이지 못하다고 비판하고 모든 질환에 대하여 간병비를 포함하여 환자들의 의료비 부담액을 100만원 상한제를 하겠다고 제시하여 보편적 의료복지를 주장하였다. 의료복지에 대하여 새누리당은 필요가 있는 곳에 서비스가 제공되는 선별적 복지의 프레임을 사용하였다면, 민주통합당은 모두가 공평하게 서비스를 제공받는 보편적 복지의 프레임을 사용하였다. 그러나 재원마련에서는 양자 모두 구체적이지 못하다는 비판을 받았다.

일자리 정책에서는 새누리당이 기존의 전통산업과 IT기술의 융합을 통한 창조경제를 구축하고 임금피크제와 근로시간 단축을 통하여 일자리를 나누며 60세 정년을 의무화하고 해외취업을 활성화함으로써 일자리를 창출하겠다고 했으며, 민주당은 대통령 직속의 일자리위원회를 설치하고 의료, 복지 등의 사회적 일자리와 소방, 경찰 등의 공공부문의 일자리를 확충하며 대기업과 공공기업에서 3% 청년고용을 의무화하고 정년을 60세로 보장하겠다고 공약을 제시하였다.

복지 및 일자리 논쟁은 공약의 재원마련과 실현가능성에 대하여 보다 심도있는 검증이 이루어졌어야 함에도 단일화나 다른 정치적 이슈에 밀려 충분한 검증의 기회가 없었다. 60세까지 정년을 의무화하거나 복지재원 마련을 위한 증세에 대하여 사회적 합의를 마련하는 것은 굉장히 어렵고도 중요한 문제임에도 충분한 논의가 없었다는 것은 향후 정부에서 공약을 실천하는 과정에서 많은 어려움이 있을 것으로 예상된다.

(5) 북방한계선(NNL) 논쟁

안보분야에서의 핵심쟁점은 북방한계선(NNL)의 인정과 관련된 진실 공방이었다. 북방한계선은 한국전쟁 후 휴전선 이외에 미군이 설정한 해상경계선으로 노무현 대통령이 2007년 10월 4일 김정일과의 정상회담에서 NNL을 포기하는 듯한 발언이 포함된 속기록이 있다는 주장이 제기되었다. 새누리당은 당시 고 노무현 대통령의 비서실장이 민주당의 문재인 후보이기 때문에 NNL을 실제로 포기하려고 했다면 이 부분에 대하여 정치적으로 책임이 있다고 주장했다. 이에 대하여 민주당 측에서는 당시 남북정상 회담 속기록에는 NNL 포기 발언이 없었으며 남북평화와 협력을 위하여 서해 공동어로수역을 설치하자는 것이 주요 내용이었다고 반박하고, 민주당은 NNL을 사수할 것임을 천명하였다.

결국 NNL은 안보정책과 관련하여 후보자의 진실성 여부에 관한 논쟁으로 변화하였으며 새누리당은 국정원장을 상대로 NNL 속기록을 공개할 것을 요구하였고, 민주당은 새누리당의 관련 인사를 허위사실 유포로 검찰에 고발하기까지 하였다. 국정원의 남북정상회담 속기록은 국가기밀에 해당하기 때문에 공개에 어려움이 있었다. 국민들은 누구의 말이 진실인지에 대하여 분명한 사실 증거를 제시받지 못하였지만, 결국 북방한계선은 유지되어야 한다는 것에 대하여 사회적 공감대를 확인하는 의미가 있었다.

(6) 새정치 실천과 정치쇄신 논쟁

안철수 교수가 정치판에 불려 나오게 된 이유도 새로운 정치에 대한 국민적 열망 때문이었다. 기성 정당들은 여야를 막론하고 새로운 정치에 대하여 화답하지 않을 수 없었다. 정치쇄신에 대하여 먼저 공약을 내건 것은 새누리당이었다. 2012년 11월 6일 박근혜 후보가 직접 국민들에게 정치쇄신 공약을 발표하였다. 이는 야권의 후보단일화 과정에서 새로운 정치에 대한 공동 합의에 대한 사전 대응으로 볼 수 있다. 박근혜 후보가 발표한 새누리당의 정치쇄신안은 다음과 같다.

〈새누리당 정치쇄신안〉

◇ 정당 개혁

정당 정치는 대의민주주의의 요체이자 책임정치의 근간입니다. 우리 정당은 보다 투명하고 민주적인 운영으로 국민의 신뢰를 회복해야 합니다. 무엇보다 공천부터 개혁해야 합니다. 그동안 각 정당이 상향식 공천을 도입했지만 제대로 실천되지 않은 경우가 많았습니다. 국회의원 후보 선출은 여야가 동시에 국민참여 경선으로 선출하는 것을 법제화하겠습니다. 비례대표 공천에 있어서도 밀실공천을 없애겠습니다. 그동안 각 정당이 각급 선거에서 후보 선출을 늦게 해서 정책선거가 원천적으로 어려워지고 후보를 알고 선택할 국민의 권리가 침해되어 왔습니다. 정당의 국회의원 후보는 선거일 2개월 전까지 대통령 후보는 선거일 4개월 전까지는 확정할 것을 법으로 정하겠습니다. 또한 기초자치단체의 장과 의원의 정당공천을 폐지하겠습니다.

그동안 각종 비리와 부패 때문에 재보궐 선거가 많이 발생해 국고가 낭비되고 행정이 마비되었습니다. 앞으로는 부정부패 사유로 재보궐 선거 발생시 그 원인 제공자가 재보궐 선거 비용을 부담하도록 하겠습니다. 그리고 공천과 관련해 금품을 제공하거나 받은 사람 모두에게 책임을 묻고 수수한 금품의 30배 이상을 과태료로 물게 하며 공무 담임권 제한 기간을 20년으로 연장해서 실질적인 근절이 이루어지도록 하겠습니다. 나아가 정치자금의 투명성을 높이기 위해 자료 공개 기간을 4년으로 늘리겠습니다.

◇ 국회 개혁

이제 국회와 국회의원은 성숙한 국민의 눈높이와 기대에 부응해야 합니다. 국회 윤리위원회를 전원 외부인사로 구성하고 실질적인 권한을 줘서 건강한 시민들이 직접 나서서 국회의 윤리규범을 바로 잡도록 하겠습니다. 또한 선거구 획정의 자의성을 방지하기 위해서 출마 당사자가 아닌 100% 외부 인사에게 맡겨 '게리멘더링'과 같은 후진적 정치행태가 나오지 않도록 할 것입니다. 국회의원의 면책특권을 엄격히 제한하고 불체포 특권 폐지를 추진하겠습니다. 또한 예결위를 상설화해서 전문적이고 상시적인 예결산 심사가 이루어지도록 하겠습니다.

◇ 민주적 국정 운영

보다 효율적이고 민주적인 국정운영을 위해 국무총리와 장관에게 헌법과 법률에 따른 실질적 권한을 부여하겠습니다. 현재 사문화되어 있는 국무총리의 국무위원 제청권을 보장하고 장관에게도 부처 및 산하기관장에 대한 인사권을 보장하겠습니다. 국민대통합의 탕평인사로 '회전문 인사, 편중인사'란 소리가 나오지 않도록 할 것입니다. 덕망과 능력이 있으면 여야를 떠나 발탁할 것입니다. 또 기회균등위원회를 설치해 공직임용의 기회 균등과 인권 평등의 공평한 대우를 촉진시키는 종합적인 정책을 추진하겠습니다. 부실인사가 아무런 원칙 없이 전문분야와 상관없는 곳에 낙하산으로 임명되는 관행은 더 이상 없을 것입니다. 대통령은 국회를 존중하고 여당은 물론 야당들과 소통해야 합니다. 국민의 대표기관인 국회를 존중해 매년 정기국회에서 행정부 수반으로서의 연설을 정례화하겠습니다.

◇ 깨끗한 정부

국민들이 새 정부에 바라는 가장 강력한 요청 중 하나가 바로 깨끗한 정부입니다. 되풀이되는 부패의 고리를 이번에는 끊어야 합니다. 특별감찰관제를 도입해서 대통령 친인척 및 측근들의 비리와 부패를 원천적으로 근절하겠습니다. 독립성 보장을 위해 국회가 추천하도록 하고 조사권도 부여하겠습니다. 고위공직자의 비리 수사를 위해 상설특별검사제를 도입하겠습니다. 현행처럼 사안별로 특별검사를 정하는 과정에서 정치공방이 벌어지지 않도록 할 것입니다. 그리고 공무원의 직무수행과 관련된 사익추구는 철저히 금지할 것입니다. 이렇게 해서 깨끗한 정부에 대한 국민 여러분의 갈망에 확실하게 부응하겠습니다.

◇ 국민의 공감대를 얻는 개헌 추진

저는 개헌과 관련해서는 대통령 선거용의 정략적 접근이나 내용과 결론을 미리 정해놓은 시한부 추진은 바람직하지 않다고 생각합니다. 지금 세계적으로 경제 위기가 닥쳐오고 있고 국민들의 생존도 위협받는 실정입니다. 저는 국정의 최우선 과제로 경지 위기를 극복하고 국민들의 삶을 편안하게 하는데 중점을 둘 것입니다. 저는 집권 후 4년 중임제와 국민의 생존권적 기본권 강화 등을 포함한 여러 과제에 대해 충분히 논의하고 국민적 공감대를 확보해서 국민의 삶에 도움이 되는 개헌을 추진해 나가겠습니다.

한편 야권에서는 문재인 안철수 후보의 단일화 과정에서 권력을 획득하기 위한 것이 아니라 가치와 철학의 통합임을 강조하고 2012년 11월 18일 새정치 공동선언문에 합의하였다. 새정치 공동선언의 주요 내용은 다음과 같다.

〈문재인-안철수 후보의 새 정치 공동선언문〉

1. 새로운 리더십과 새로운 국정운영 방식으로 소통과 협치(協治)의 시대를 열겠습니다.

첫째, 진정한 국민주권의 시대를 열겠습니다. 국민을 제일 위로 모시고 제일 낮은 곳에 대통령과 정부가 있겠습니다. 특권과 반칙에 맞서고 불의와 격차를 바로잡겠습니다. 정치, 경제, 사회의 모든 분야에서 인간의 존엄성과 인권을 고양하고, 완전한 시민권의 시대를 열겠습니다.

둘째, 청와대가 여당을 거수기로 만들고 일방적으로 밀어붙이는 국정운영 방식은 혁신되어야 합니다. 몸싸움과 날치기의 낡은 관행을 타파하고, 대화와 타협의 정치, 상생과 협력의 정치를 추진하겠습니다. 필요할 때마다 대통령이 국회에 직접 나가서 국정 현안을 설명하고, 또한 청와대로 국회와 정당의 지도자들을 정례적으로 초청하여 머리를 맞대고 협의하는 새로운 대통령 상을 실천하겠습니다.

특히 여야간 정치적 협의가 중요한 경제민주화, 일자리 및 비정규직 문제 해결, 복지의 확대, 남북 평화와 협력, 정치개혁 등 5대 국정 현안에 대해서는 여야정 국정협의회 상설화라는 새로운 국정운영 방식을 도입하겠습니다.

셋째, 시민과 함께 나라를 운영하겠습니다. 좋은 일자리를 위한 노사정협약, 대기업과 중소기업의 상생협약, 사회적 약자를 위한 시민연대협약, 이주자들을 위한 다문화 사회 협약, 수도권과 지역의 균형발전 협약 등 다양한 사회적 협의 구조를 발전시키겠습니다.

2. 철저한 정치혁신으로 기득권을 내려놓고 생산적 정치, 깨끗한 정부를 만들겠습니다.

우리는 철저한 정치혁신을 통해 대통령과 국회, 권력기관과 공직자가 기득권을 포기하고 권한을 자의적으로 남용하지 않으며 헌법과 법률이 정한 본연의 역할에 충실하도록 하겠습니다.

첫째, 대통령은 헌법과 법률이 규정한 권한을 넘어서는 자의적인 권한 남용의 관행을 끊고 기득권을 내려놓겠습니다.

1) 헌법이 규정하고 있는 대로 국무총리의 국무위원 인사제청권과 해임건의권을 확고하게 보장하겠습니다.

2) 대통령의 인사권을 남용하거나 부당한 권력형 인사개입을 용인하지 않으며, 선거를 도와주었다는 이유만으로 공직을 나누지 않겠습니다. 지역과 정파를 가리지 않고 인재를 등용하겠습니다.

3) 법률에 의해 각 부처와 기관에 속한 인사권의 자율성을 존중하고 보장하겠습니다.

4) 부정부패와 비리 전력이 있는 인사의 고위직 임용을 하지 않겠습니다.

5) 인준대상이 아닐지라도 국회 인사청문회의 판단을 존중하도록 하겠습니다.

6) 공직자의 유관 기업 취업제한제도를 강화하겠습니다.

7) 대통령의 사면권을 남용하지 않겠습니다.

8) 지방 분권의 실질적 강화와 지역 격차의 해소를 적극 추진하겠습니다.

둘째, 검찰, 경찰, 국가정보원, 국세청, 감사원 등 권력기관의 권력 사유화와 남용, 그리고 정치 개입을 철저히 차단하고 이들 기관이 본연의 역할에 충실하도록 개혁하겠습니다. 대검찰청 중앙수사부를 폐지하고 (가칭)고위공직자비리수사처를 설치하겠습니다.

셋째, 국회의원의 기득권을 내려놓고, 국회의원의 이해관계와 직결된 사안의 결정에는 국민의 참여와 통제를 의무화하겠습니다.

1) 국회의원의 영리목적 겸직은 모두 금지하며, 헌정회의 국회의원 연금 제도는 폐지하겠습니다.

2) 국회윤리특별위원회 산하에 시민제소위원회를 설치하고, 윤리특위의 징계안 결정은 일정한 시한 내에 반드시 본회의에 상정, 처리하도록 하겠습니다.

3) 국회의원선거구획정위원회는 전원 이해관계가 없는 민간 전문가로 구성하며, 본회의는 위원회의 결정을 수정 없이 수용하도록 하겠습니다.

4) 국회의원 세비는 민간 전문가들이 참여하는 (가칭)국회의원세비심의회를 거쳐 결정하도록 하겠습니다.

5) 비례대표 의석을 확대하고 지역구를 줄이는 과정에서 의원정수를 조정하겠습니다.

넷째, 행정부 견제 기능을 강화하여 일하는 국회를 만들겠습니다.

1) 상시 국정감사제도를 빠른 시일 내에 정착시키겠습니다.

2) 국회 상임위원회 의결만으로 국정조사와 감사원 감사청구가 가능하도록 하겠습니다.

3) 국회 예산결산위원회를 상시적으로 운영하고, 정부는 예산안을 조기에 제출하도록 하며, 정부와 지방자치단체, 공공기관과 각종 기금의 회계를 철저하게 점검하기 위해 (가칭)회계감사처를 국회에 설치하겠습니다.

4) 입법청원제도를 강화하여 국민의 청원권이 실질적으로 보장될 수 있도록 일정 규모 이상의 청원에는 심사 의무와 답변 의무를 강화하겠습니다.

3. 과감한 정당 혁신으로 정치에 대한 국민의 신뢰를 회복하겠습니다.

1) 비대한 중앙당 권한과 기구를 축소하고 당의 분권화, 정책정당화를 추진하며, 국회가 생산적 정치의 중심이 되도록 하겠습니다.

2) 정당의 의사결정이 민주적으로 이루어지도록 하며, 강제적 당론을 지양하겠습니다.

3) 정당에 대한 국고보조금 제도를 합리적으로 정비하며, 현행 정당국고보조금은 축소하되, 정당의 정책연구소를 독립기구화하여 지원을 더욱 강화하도록 하겠습니다.

4) 공천권은 국민에게 완전히 돌려드리겠습니다.

5) 기초의회 의원의 정당 공천제도는 폐지하되, 여성의 기초의회 진출을 확대하기 위한 비례대표제 등 제도 개선을 추진하겠습니다.

6) 기존의 정당 구조에 인터넷과 SNS를 활용하는 참여 플랫폼을 탑재하여 온라인과 오프라인이 결합된 네트워크 정당을 실현하겠습니다.

새 정치선언의 핵심내용은 진정한 국민주권주의, 협치, 대통령과 국회의 기득권 내려놓기, 협력과 상생의 정치문화, 일하는 국회, 정책정당, 부패 없는 깨끗한 정부라 할 수 있다. 이상적인 내용도 포함되어 있으나 제대로 실천될 수 있다면 우리 나라의 정치수준을 높일 수 있는 다양한 정책들이 포함되어 있다.

새누리당의 정치쇄신안에 비하여 시민들의 참여와 협치를 강조하고 국민과의 소통을 위하여 여야정 국정협의회를 설치한 점이 특징이다. 야권의 새정치 선언에 대하여 새누리당도 적극적인 수용의사를 나타냈으며 안대희 정치쇄신위원장은 2102년 12월 6일 정치쇄신에 대한 가시적 성과를 위해 여야가 정치쇄신 실무협상팀을 구성해 즉시 논의에 착수해야 한다고 주장했다. 또한 야권의 여야정 국정협의회 설치에 대응하여 2012년 12월 9일 국정쇄신정책회의를 제안하였고, 야당이 제안한 새정치 선언의 내용도 검토한 후 수용할 부분은 적극적으로 수용하여 실행해 나가기로 했다. 이처럼 여야가 정치개혁안을 경쟁적으로 발표하면서 서로의 정책을 학습하는 계기가 마련되었다.

(7) 눈치보기와 깜깜이 선거

第18대 대통령선거에서 후보간에 공약집이 완성된 것이 12월 6일이다. 선거를 불과 14일 앞두고 공약집이 완성된 것이다. 그 전에는 정당과 후보자가 단일화 때문에 상대 후보의 눈치보기에 몰입하였고 선거의 대진표나 공약도 확정되지 않은 채 유권자가 선택할 대상 조차 없는 상황이 되고 말았다. 이렇게 하여 회자된 말이 '깜깜이 선거'이다. 선거가 합리적인 사회적 의사결정이 되기 위해서는 유권자에게 충분하고도 정확한 정보가 전달되어야 한다. 그럼에도 불구하고 선거일 전 60일까지도 후보가 확정되지 않고 공약집이 선거를 불과 2주일 앞두고 확정된다는 것은 국가지도자를 결정하는 과정에서 유권자에 대한 예의가 아니다. 언론에서는 깜깜이 선거에 대한 제도적 개선책을 요구하기도 하였다.

공약을 발표하는 것을 주저하는 것은 일찍 발표할 경우 상대 후보가 공약을 베끼거나 공격의 대상이 되기 때문에 될 수 있는 한 늦게 발표하는 것이 유리할 수도 있기 때문이다. 그러나 현명한 유권자라면 그 공약을 누가 주도적으로 제기하였는지 그리고 그 공약의 문제점에 대하여 검증하고 대응하는 과정에서 공약을 제대로 실천할 수 있는지를 판단하게 될 것이다. 특히 선거일 전 6일부터는 여론조사 공표마저 금지되기 때문에 유권자가 얻을 수 있는 정보는 더욱 제한적이 될 수밖에 없다. 다른 사람의 의견을 참고하지 않고 단순히 정당이나 후보자가 제시하는 정보만 보고 선택하는 것은 합리적 의사결정의 측면에서 보면 위험한 일이다. 정보가 부족한 상황에서는 유권자가 비방이나 흑색선전에 휘둘릴 가능성이 더욱 증가하기 때문이다.

(8) 투표시간 연장에 관한 논쟁

대통령선거를 앞두고 투표시간 연장 문제가 뜨거운 쟁점이 되었다. 투표시간을 연장하자는 주장은 야당으로부터 제기되었다. 투표율이 낮아지는 추세 속에서 일반 기업체에 근무하는 근로자는 투표일에도 근무를 하는 경우가 많기 때문에 투표시간을 연장하여 유권자의 참정권을 보장하자는 취지를 내세웠다. 공직선거법 제155조는 “투표소는 선거일 오전 6시에 열고 오후 6시(보궐선거 등에 있어서는 오후 8시)에 닫는다. 다만, 마감할 때에 투표소에서 투표하기 위하여 대기하고 있는 선거인에게는 번호표를 부여하여 투표하게 한 후 닫아야 한다(제1항)"고 규정하고 있다. 전체적인 시간으로는 12시간의 투표시간이 보장되는 것이다. 한편, 부재자 투표소는 부재자투표기간 중 매일 오전 10시에 열고 오후 4시에 닫는다고 규정하고 있었는데(제2항), 이 규정은 헌법재판소로부터 '오전 10시부터' 부분에 대해서는 재판관 전원 일치로 헌법불합치를 결정을 받은 바 있다(헌재 2012. 2. 23. 2010헌마601). 헌법재판소는 투표종료시간을 오후 4시까지로 정한 것은 투표당일 부재자투표의 인계·발송 절차를 밟을 수 있도록 함으로써 부재자투표의 인계·발송절차가 지연되는 것을 막고 투표관리의 효율성을 제고하여 투표함의 관리위험을 경감하기 위한 것이므로 합헌이지만 투표개시시간을 일과시간 이내인 '오전 10시부터'로 정한 것은 부재자투표의 인계·발송절차의 지연위험 등과는 관련이 없고, 일과시간에 학업이나 직장업무를 하여야 하는 부재자투표자는 일과시간 이전에 투표소에 가서 투표할 수 없게 되어 사실상 선거권을 행사할 수 없게 되는 중대한 제한을 받게 되므로 헌법에 위반된다고 판단한 것이다. 부재자 투표의 개시시간은 그 이후에 2012년 10월 2일자로 오전 6시에 시작하는 것으로 개정되었다. 그러나 일반 투표의 경우에 투표시간을 연장할 것인지 여부는 여전히 쟁점으로 남아 있었다.

이와 관련하여 민주당은 2012년 9월 투표시간을 오후 8시까지로 연장하는 법안을 발의하고 국민들의 여론을 조사하여 투표시간 연장 법안을 처리하자고 주장하였다. 여당인 새누리당으로서도 투표율을 높이는 것 자체에는 반대하기 어려웠기 때문에 처음에는 국회 행정안전위원회 법안심사소위에서 여야 합의로 투표시간 연장을 처리하는 듯하였다. 그러나 2012. 9. 18. 법안심사 소위원회 최종 통과를 앞두고 새누리당 간사 의원이 투표시간 연장을 반대하는 방향으로 입장을 선회하였다(경향신문 2012. 11. 25.). 그 후 투표시간 연장에 관한 법안은 계속 행정안전위원회에서 공전되고 있다가 대통령 선거를 한 달여 앞두고 다시 쟁점으로 부각되기 시작했다. 새누리당은 투표율을 높이는 취지에는 공감하지만 대통령선거를 바로 앞두고 선거결과에 영향을 미치는 투표시간에 관한 규정을 개정하는 것은 정략적 발상이라고 공격하며, 대통령선거 전에 투표시간 연장 법안 처리에 반대하였다. 민주당은 투표시간 연장을 위하여 새누리당을 압박하였고, 재야 시민사회의 민주노총과 참여연대, 청년유니온, 한국진보연대, 한국청년연대, 청년노동광장 등의 단체들은 선거일 유급공휴일 지정과 투표시간 연장을 촉구하는 집회를 열었다. 문재인 후보와 안철수 후보도 가세하여 투표시간 연장에 관한 입법을 촉구하였지만 선거기간을 바로 앞둔 시기에 여야 합의로 투표시간 연장법안이 개정되는 것은 어려웠다. 왜냐하면 선거를 앞두고 정당과 후보자는 선거결과에 영향을 미치는 제도적 변화에 더욱 민감해지기 때문이다.

투표시간 연장과 관련된 논쟁에서 근본적인 취지에서는 공감을 하지만 선거를 앞두고 그 이면에는 각 정당들의 전략적 판단이 담겨있었다. 여당인 새누리당에서는 투표시간을 연장하게 되면 상대적으로 야당을 더 지지하는 젊은 세대와 노동자들에게 더 투표할 수 있는 기회를 주는 것이 되어 선거에 불리할 것이고, 야당은 반대로 이를 선호하는 것이다. 투표시간 연장이 투표율 향상에서 다소 도움이 될 수는 있을 것이다. 일본의 경우 1998년 선거법 개정을 통해 투표 종료 시각을 오후 6시에서 8시로 2시간 늦췄는데, 이후 2001~2005년 네 차례의 중의원 선거에서 투표율이 10%가량 높아진 것으로 나타났다. 그러나 이번 대선결과에서 보는 바와 같이 투표율이 높다고 해서 반드시 보수적인 정당에 불리한 것이 아니고 어떤 세대가 더 많이 투표소로 가는 지가 중요한 것이다. 따라서 투표시간 연장 여부를 정략적으로 접근하는 것은 문제가 있는 것이다.

투표시간과 같이 민감한 사안들은 선거를 앞두고 처리하기 보다는 시간적인 여유를 두고 국민의 여론을 수렴하고 체계적인 연구와 검토를 거쳐 여야 합의로 처리하는 것이 바람직하다. 단순히 투표시간 연장 뿐만 아니라 유권자의 선거 참여에 장애가 되는 요소를 제거하고, 지역간, 세대간에 형평성이 보장될 수 있도록 총체적인 접근이 필요하다. 다만, 투표시간 연장 여부에 대해서는 총 투표시간의 양을 국제적으로 비교하고 유권자의 실제 투표의 편의성 등을 종합적으로 고려하여 결정하여야 할 것이다. 외국의 투표시간을 보면 프랑스, 독일, 오스트레일리아는 투표일이 일요일인 대신에 오전 8시에 투표를 시작해 오후 6시에 투표를 마친다. 투표시간은 10시간으로 우리나라보다 짧다. 그러나 영국은 오전 7시에 시작해 밤 10시에 투표를 마치고, 이탈리아는 일요일 아침 6시부터 밤 10시까지, 다음날인 월요일 오전 7시부터 오후 2시까지 23시간 동안이나 투표를 하며, 일본은 투표일이 일요일이며 오전 7시에 투표를 시작해 오후 8시까지 진행한다(총 투표시간 13시간). 미국은 주마다 투표시간이 다르며, 플로리다, 미시시피, 텍사스 주는 투표 종료시간이 오후 7시이며, 인디애나, 켄터키, 하와이주는 오후 6시, 뉴욕주와 로드아일랜드주는 밤 9시까지 투표시간이다. 투표시간 연장과 함께 투표개시 및 종료시점도 다시 검토되어야 한다. 유권자의 생활패턴의 변화를 고려하여 현행 오전 6시부터 투표를 시작하는 것에 대하여 진지한 검토가 필요하며 총 투표시간을 줄이지 않는 범위 내에서 적절하게 조정하는 것이 필요하다.

(9) 야권 후보 단일화

후보단일화는 매번 대통령선거마다 중요한 이슈였다. 1997년 대선에서는 DJP 연합, 2002년 대선 때는 노무현 후보와 정몽준 후보 단일화로 인하여 성공한 사례가 있었기 때문이다. 보수정당에 비하여 고정표가 적은 진보 야당으로서는 중도층을 끌어 안을 단일화 전략이 필요하며 이번 대선에서도 보수 중도층까지 아우를 수 있는 안철수 후보와의 단일화에 사활을 걸게 되었다. 안철수 후보는 국민이 원한다면 정치에 참여하겠다고 하면서 「안철수의 생각」이라는 서적을 출간하였고, 그 후 지지도가 박근혜 후보보다 앞서 나가자 대선 출마를 선언하였다. 그러나 조직이 없기 때문에 민주당과의 급속한 단일화 제의에는 일정한 거리를 두면서 가치와 철학의 연합을 모색한다고 주장하며 단일화 시기를 늦추다가 선거 막판에 와서 경선이 물리적으로 불가능해지자 단일화를 요구하였다. 이런 과정 속에서 2012년 11월 18일 문재인 후보와 안철수 후보의 협상대표가 만나 새 정치 공동선언을 발표하며 후보단일화에 대한 룰 협상도 병행하였다. 그러나 룰협상에서 양자간에 불협화음이 터져 나왔다. 문재인 후보도 "악마는 디테일에서 나온다."고 하면서 여론조사 문항 선정과 관련하여 개인적인 입장 차가 있을 수 있음을 인정하였다.

당시에는 문재인 후보가 박근혜 후보에 대항할 야권 후보의 적합도에서는 안철수 후보에 앞서고 야권 후보로서 지지도에서는 안철수 후보에 뒤지게 나타나는 형국이었다. 문재인 후보는 박근혜 후보와의 가상대결(50%)과 야권 후보 적합도(50%) 안을 제안하였고 안철수 후보는 가상대결(50%)과 야권후보 지지도(50%)를 최종안으로 제안했으나 결국 합의를 도출하지 못하고 후보 등록일 하루 전에 안철수 후보가 돌연 기자회견을 열어 자진 사퇴를 발표하였다. 2002년 대선에서 노무현 정몽준 후보간의 단일화가 소주 러브샷으로 마무리 되었는데 반하여 이번의 단일화에서는 서로 유리한 게임의 룰을 주장하다가 여론에 밀려 일방이 사퇴하는 형국을 만들어서 아름답지 못한 단일화가 되고 말았다. 새누리당은 문재인-안철수 후보의 단일화에 대하여 정치공학적 권력나눠먹기라는 프레임으로 공격하였으나 민주당과 안철수 후보 측에서는 가치와 철학을 공유하고 새로운 정치를 위한 아름다운 통합이라는 프레임을 사용하였다. 단일화 이후 안철수 후보는 돌연 잠적해 버려서 단일화의 효과도 제대로 보지 못하고 박근혜 후보의 지지율이 상승하자 안철수 후보가 선거운동을 지원하였으나 지지세를 역전시키기에는 불충분하였다.

(10) 기대에 미치지 못한 TV 토론

눈치보기와 대권 후보 선정이 늦추어지면서 후보자간 토론회도 그다지 많이 개최되지 못하였다. 유일하게 후보들간에 토론할 수 있는 기회가 공직선거법에 따라 선거방송토론위원회가 3회 개최하도록 한 선거방송토론이었다. 후보자의 자질과 공약에 대하여 제대로 알 수 없었던 유권자로서는 TV토론에 대하여 관심을 가졌으나 지지율이 1% 정도인 제3의 후보가 공직선거법 상 원내 5석이상의 정당에서 추천한 후보라는 이유로 참석하게 됨으로써 양자대결을 기대했던 유권자들에게 실망감을 주었다. 특히 이정희 후보는 막말 시비를 불러 일으키며 정책중심의 검증이 되어야 할 토론(서울신문 2012. 12. 8; 경향신문 2012. 12. 6; 중앙일보 2012. 12. 12) 분위기를 망쳤다는 비난이 제기되었다. 이 과정에서 야당 후보로서의 문재인 후보의 이미지는 오히려 부각되지 못하였다.

가장 큰 문제점은 국민의 지지도가 1% 정도인 후보도 40%이상의 지지를 받는 후보들과 동일한 발언기회를 가지고 토론에 참여하는 것에 대하여 국민들의 불만이 많았다. 방송토론 후 선거방송토론위원회 인터넷 게시판에는 이정희 후보의 토론 참여를 비난하는 글들이 많이 올라왔다. 그러나 공직선거법에서 참석대상으로 5인 이상의 국회의원을 가진 정당이 추천한 후보자, 직전 대통령 선거, 비례대표국회의원 선거, 비례대표 시 · 도의원선거에서 3/100 이상을 득표한 정당이 추천한 후보자, 선거기간 개시일전 30일부터 선거기간 개시전일까지의 평균 여론조사 지지율이 5/100 이상을 획득한 후보자로 정하고 있기 때문에(공직선거법 제82조의2 제4항) 후보가 자진 사퇴하지 않는 한 다른 방법이 없었다. 외국의 경우에는 지지율이 적어도 15% 이상인 후보로 참여자격을 제한하거나 지지율에 따라 발언시간에 차이를 두고 있는데도 불구하고 우리나라 선거법은 참여자격을 너무 느슨하게 정하고 있는 바람에 TV토론을 통하여 유력 후보간의 효과적인 검증을 제한하고 있는 것이다.

(11) SNS 불법 선거운동 사무소 설치 논란

대통령 선거운동 기간이 시작되자 후보자간에 상호 비방전이 시작되었다. 상대방을 비방할 수 있는 중요한 빌미 중의 하나는 바로 선거법을 위반했다는 오명을 씌우는 것이다. 선거법이 복잡하기 때문에 후보자는 선거운동기간 중 매우 조심하지 않을 수 없다. 왜냐하면 선거법 위반으로 언론에 보도되면 나쁜 이미지로 인하여 지지율에 영향을 미칠 수 있기 때문이다. 그러나 물론 금권, 관권, 흑색선전과 같이 대표적인 선거불법은 차단되어야 하지만 선거법은 복잡한 규제체계를 가지고 있기 때문에 후보자나 선거운동원이 선거법을 제대로 몰라서 위반하는 경우도 있고, 그 불법의 정도가 중대하지 않을 수도 있는데 언론은 선거법 위반행위에 대해서 집중적으로 보도하는 경향이 있기 때문에 논란이 가중되기도 한다.

정당이나 후보자가 선거의제를 설정하는 방식으로 선거법 위반을 제기하게 되고 언론이 이를 그대로 보도함에 따라 선거법 위반 이슈가 중요쟁점이 되는 것이다.

이번 대선은 인터넷 선거운동이 자유화되고 안철수 후보가 새 정치를 선언하여 서로 과열된 선거경쟁을 피하였기 때문에 불법 선거운동은 과거보다 많이 줄어든 것이 사실이다. 그러나 선거기간 중 갑자기 SNS 불법선거운동 사무소 설치 사건이 언론에 보도되었다. ○○단이라는 단체가 사무실에서 조직적으로 SNS 선거운동을 하고 있으며 그 책임자가 새누리당의 'SNS 미디어본부장'이라는 직함이 적힌 명함을 쓰고 있었다는 것이다. 이것이 방송뉴스를 포함하여 언론에 대서특필되자 박빙의 승부 속에서 새누리당은 즉각 당과의 공식적인 기구가 아니라면서 직접적인 연관을 부인하였다. 그러면서 민주당에서도 선거사무소로 신고하지 않고 SNS 선거운동을 하는 사무실을 설치하고 있다고 맞불을 놓았다.

공직선거법 상 선관위에 신고한 선거사무소나 선거연락소 이외에 다른 선거운동기구를 두게 되면 유사기관으로 되어 처벌대상이 된다(제89조). 여기에는 정당이 설치한 선거대책기구라 하더라도 선거대책수립이 아닌 직접적으로 선거운동을 하는 경우에는 유사기관이 된다는 선관위의 질의회답도 있다.[4] ○○단의 경우에는 개인이 한 것이라지만 새누리당과의 관련성이 문제가 되고 민주당은 선거사무소로 신고가 안된 당사에서 SNS 선거운동을 한 것이 문제가 된 것이다. 후보 간의 박빙인 상황에서 언론에서 이에 대하여 과다한 시간과 지면을 할애하고 선거법 위반 여부로 공방을 벌이는 것이 과연 합리적 검증이라는 측면에서 선거과정이 타당한가라는 문제도 있다. 문제의 발단은 선거법이 복잡하고 규제중심적으로 되어 있기 때문에 선거법을 제대로 파악하지 못하는 사람이라면 선거법의 위반할 개연성이 큼에도 불구하고 나라의 지도자를 선출하는 대통령 선거에서 조차도 불법의 정도가 크지 않은 선거법 규정을 지켰는지 여부가 후보자를 결정하는데 영향을 미칠 정도로 언론을 통하여 집중적으로 보도되는 것이 타당한가 하는 것이다. 의제설정이론이 제시하는 바와 같이 언론 보도의 횟수는 그 이슈에 대하여 유권자가 중요하게 판단하는지 여부에 대하여 영향을 미치기 때문이다.

(12) 상호 비방과 흑색선전

선거기간이 시작됨에 따라 후보들은 힘겨운 일정에 따라 전국을 돌아다니면서 연설을 하고 언론에도 노출된다. 여야 후보 간에 지지율 격차가 좁혀지고 박빙의 승부가 됨에 따라 각 후보와 주변의 선거운동 관계자들은 지지율을 올리는 방법으로 상대방에 대한 네거티브의 전략을 구사하게 된다. 각 후보나 정당마다 상대 후보에게 치명타를 가할 한 방을 준비하는 것이다. 이러는 사이에 근거없는 비방이나 흑색선전이 난무할 수도 있다. 이번 선거에서 트위터 등을 이용하여 상대 후보에 대한 비난이 극성을 부렸다. 박근혜 후보에 대해서는 굿판을 벌였

4) 중앙선거관리위원회 2000. 3. 29. 회답.

다거나 사이비 종교인 신천지와 연관되었다고 하는 유언비어가 나돌았고, 문재인 후보에 대해서는 친북 또는 종북의 이미지가 덧씌어 졌다. 특히 선거일 전 6일부터는 여론조사의 공표가 금지되기 때문에 유권자의 현명한 선택을 방해하기 위한 마타도어가 판을 쳤다. 지지율의 변화를 알 수 없기 때문에 부동층을 움직이게 하기 위하여 극적인 한 방을 터뜨리고 언론에 공표하려는 욕구가 증가하게 되는 것이다.

5) 선거자금

2012년 4월 12일, 중앙선관위는 제18대 대통령선거에서 선거비용 제한액을 559억 7천 7백만원으로 공고하였다. 대통령선거의 선거비용 제한액은 공직선거법 제121조에 따라 2012년 2월 29일 현재 전국 총 인구수(50,839,280명)에 950원을 곱한 금액을 산출하고, 여기에 전국소비자물가변동률을 감안한 선거비용제한액 산정비율(15.9%)을 적용하여 산정하였다. 선거비용제한액의 200분의 1이상을 초과하여 지출한 이유로 선거사무장이나 선거사무소의 회계책임자가 징역형 또는 300만원 이상의 벌금형을 선고받은 때에는 그 후보자의 당선은 무효가 되기 때문에 대통령선거 후보들은 제한액 범위 내에서 선거비용을 지출해야 한다.

대통령 선거에는 천문학적 자금이 소요된다. 일상적으로 우리가 선거비용이라고 하면 선거에 드는 비용은 모두 포함될 것으로 생각할 수 있으나, 공직선거법은 선거비용의 개념과 범위를 정하고 있으며(공직선거법 제119조 및 제120조), 여기에 해당되지 않는 것은 선거비용에 포함되지 않는다. 예를 들어 후보자가 출마할 때 선관위에 내는 기탁금을 선거비용으로 생각할 수도 있으나 공직선거법상의 선거비용에는

표 2-2 정당별 선거보조금 지급 현황(제18대 대선)

(단위: 백만원)

합 계	새누리당	민주통합당	통합진보당
36,586 (100%)	17,701 (48.4%)	16,150 (44.1%)	2,735 (7.5%)

출처: 중앙선거관리위원회

포함되지 않는다. 대통령선거에서 기탁금은 3억원이며, 예비후보자로 등록하는 경우에는 이것의 20%에 해당하는 6,000만원을 선관위에 먼저 기탁하여야 한다(공직선거법 제60조의2).

이번 대선에서는 정당별로 당내경선을 거쳤기 때문에 후보자는 자금이 더 소요되었다. 대선 후보가 선거자금을 모금하는 방법으로는 자산이나 개인적인 차입금을 이용하는 방법, 후원회를 통한 모금, 정당 추천 후보인 경우에는 국고보조를 받는 정당으로터의 지원, 출판기념회를 통한 모금 등을 들 있다. 새누리당 후보 중 박근혜 예비후보는 서울 삼성동 자택을 담보로 1억 200만원을 대출했고, 지인들로부터 일정 금액을 차입 받은 것으로 알려졌다. 문재인 민주통합당 예비후보는 홈페이지에 대선 예비 후보로서의 지출 내역과 당내 경선 지출 내역을 각각 공개하고 있는데, 후원회 기부금 10억원, 자산 2억 6,000만원 등을 활용해 예비 후보로서 5억 2,650만원, 당 경선 비용으로 1억 1,910만원 등을 썼다. 김문수 새누리당 후보의 경우 지인 차입금 2억 5,000만원과 1억원의 신용 대출, 후원금 등을 수입원으로 하고 있고, 손학규 · 김두관 민주통합당 후보는 대선 출마 선언을 전후해서 출판기념회를 열어 그 수익금을 이용하였다(서울경제신문, 2012. 8. 2.).

당내경선에서 최종 후보가 확정되면 소속 정당으로부터 정당 지원금을 받게 되는데 선관위로부터 정당들은 분기별로 받는 경상 보조금 이외에 대선에 지급되는 선거 보조금 등을 받게 된다. 중앙선거관리위원회는 11월 28일 제18대 대통령선거에 참여한 3개 정당에 선거보조금 총 365억 8천여만원을 지급했다. 중앙선관위는 정치자금법 제25조·제27조에 따라 새누리당에 177억 1백만원, 민주통합당에 161억 5천만원, 통합진보당에 27억 3천 5백만원의 선거보조금을 지급했다(표 2-2 참조). 선거보조금은 임기만료에 의한 선거가 있는 연도마다 후보자를 추천한 정당에 지급하며, 최근 실시한 국회의원선거의 선거권자 총수에 보조금 계상단가(이번 제18대 대선의 경우 910원)를 곱한 금액을 지급한다.

그러나 정당의 지원금만으로는 선거를 치르는데 부족하기 때문에 후보자들은 유권자들로부터 펀드를 모금하여 비용을 조달하고자 하였다. 유권자로부터 일정한 자금을 받는 대신에 선거가 끝나고 선거비용 보전을 받아서 일정한 이자를 더하여 되돌려 주는 방법이다. 이는 엄밀히 말하면 후보자가 다수의 유권자로부터 차입금을 받는 것에 해당한다. 가장 먼저 펀드를 개설한 후보는 문재인 민주통합당 후보였다. '담쟁이 펀드'라 불리는 이 펀드는 출시 사흘째인 10월 24일에 목표액 200억원을 달성했다. 한편 새누리당의 박근혜 후보도 '박근혜 약속펀드'를 출시했는데 목표액인 250억원을 출시 3일째인 11월 28일에 달성했다. 우리나라는 사후에 선거결과에 따라 선거비용보조금이 결정되기 때문에 후보자로서는 개인적인 차입이나 출판기념회를 통해 정당보조금 이외의 자금을 마련하고, 선거가 끝나고 나서 선거비용보전금을 반환받아 빌린 자금을 갚고 있는데, 선거공영제의 취지에 맞도록 운영한다면 사전에 후보자에게 일정한 기준에 따라 비용을 보전하는 것이 보다 바람직할 것으로 본다.

6) 유권자의 선택

대선과정에서 유권자의 표심은 다양하게 요동을 쳤다. 연초에만 해도 새누리당에서 일어난 당대표 경선 돈봉투 사건, 이 대통령의 친인척 및 측근비리, 선관위 홈페이지 DDoS 사건 등으로 박근혜 후보와 문재인 후보간에는 그다지 지지율에 차이가 없었다. 그러나 새누리당이 비대위 체제를 통하여 진보적 정책을 대폭 수용하여 당의 변화를 일으키고 공천물갈이를 통하여 참신한 인사를 공천하여 총선에서 152석을 차지하는 승리를 거두자 박근혜 후보의 지지율은 고공행진을 하고 문재인 후보의 지지율은 떨어졌다. 그리고 새누리당의 대통령 후보 선출을 위한 경선과정에서 1위를 차지하자 컨벤션 효과에 의하여 박근혜 후보의 지지율이 다시 올라가 박근혜 대세론이 나타나기도 하였다. 그러나 이러한 현상은 오래 가지 못했다. 고 장준하 선생의 의문사와 1970년대 유신체제 하에서 인혁당 사건으로 억울하게 사형을 당한 사람들이 박정희 정부 시절 인권탄압의 과거사에 대하여 문제를 제기하였는데, 박근혜 후보는 이를 두 개의 판결을 언급하며 역사가 판단할 문제라고 하였다가 여론의 비판을 받게 되었다. 이와 동시에 제19대 총선과정에서 공천심사위원에게 금품로비를 하려고 했다는 사실을 내부고발자가 선관위에 신고하여 검찰에 고발되고, 최측근마저 불법정치자금 수수로 고발된 사실이 언론에 보도되자 지지율이 떨어지기 시작하여 양자대결에서 문재인 후보에게 역전되기도 하였다. 이 무렵에 민주당의 문재인 후보도 민주당의 대통령 후보로 선출되어 지지율이 상승하였고, 시민사회의 안철수 교수도 대선출마를 시사하자 박근혜 대세론은 순식간에 무너지게 되었다.

그림 2-6 주요 대통령 후보의 지지율 변화 추이

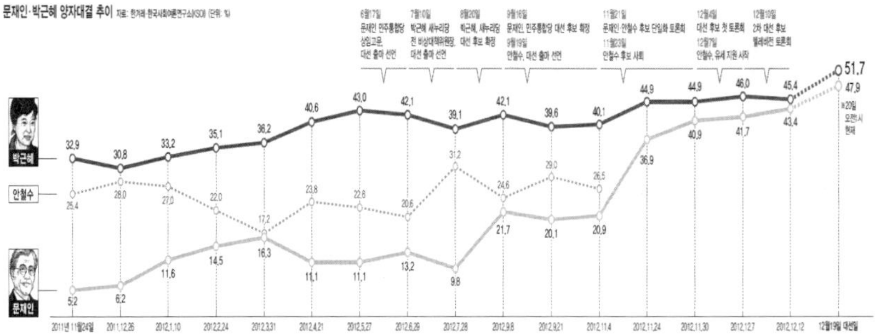

출처: 한겨레신문 2012. 12. 20. 6면

그 후 박근혜 후보가 과거사에 대하여 언론을 통하여 사과하면서 과거사 논쟁이 일단락되고, 안대희 전 대법관을 영입하여 정치쇄신에 관한 새로운 공약들을 제시하자 지지율이 다시 회복되었으나 줄곧 안철수 후보에게 뒤지는 상황이 계속되었다. 문재인 후보와 안철수 후보 간의 단일화를 위한 줄다리기 협상이 계속되면서 문재인 후보의 지지율은 오히려 상승하는 반면 안철수 후보의 지지율은 떨어지는 상황이 되었다. 그리고 박근혜 후보와 문재인 후보의 지지율은 업치락 뒤치락 하는 초박빙의 상황으로 되었다. 그러나 문재인-안철수 후보의 단일화과정이 경선룰을 둘러싼 신경전으로 아름답게 끝나지 못하자 박근혜 후보의 지지율은 다시금 상승하게 되었다. 그러나 물러났던 안철수 후보가 문재인 후보의 선거운동을 도와주면서 다시 문재인 후보가 추격을 하였고, 초박빙으로 이어졌으나 결국 선거당일에 5060 이상 세대와 보수층의 표의 결집력이 더 앞서서 문재인 후보를 1,080,496표 차이로 따돌리고 당선되었다.

민심의 변화를 살펴보면 진보와 보수의 전통적인 지지층 이외에 부도층 유권자들은 자신의 중요하다고 생각되는 이슈마다 지지 후보를 바꾸어왔다. 어떤 사안이 어떤 프레임에 의하여 유권자에게 보여지는 지에 따라 또는 후보자의 말과 태도가 얼마나 유권자에게 진정성 있게 다가가는지에 따라 유권자의 표심이 요동을 쳤다고 할 수 있다. 이번 선거를 통하여 명백하게 옳고 그름을 사회적으로 판단할 수 있는 문제(금품비리 혐의, 과거사 등)에 대해서는 유권자들이 반응을 하는데 반하여 막말이나 흑색선전, 급조된 의혹제기에 대해서는 표심이 그다지 반응하지 않았다.

대통령 선거에서 전체적인 숲으로서 민심의 변화를 확인하는 것과 함께 나무로서 유권자 개인들의 미시적 선택의 구조도 분석할 필요가 있다. 제19대 국회의원선거와 같이 개별 유권자들의 지지 후보에 대한 선택기준, 선택시기 등을 확인함으로써 대통령 선거에서 부동층의 변화와 선거운동의 효과를 확인할 수 있다. 제18대 대선에서도 중앙선거관리위원회가 코리아리서치센터에 의뢰하여 3차에 걸쳐 유권자 의식조사가 실시되었다. 유권자들에게 지지하는 후보를 결정하는 경우 고려하는 요인을 물어 본 결과 선거기간 전의 제1차(2012. 11. 16.-17.)에서는 공약 > 인물 > 정치경력 > 주위 평가 > 소속 정당 순으로 나타났으며, 선거기간 중인 제2차 조사(2012. 12. 6.-7.)에서는 공약 > 인물 > 정치경력 > 소속 정당 > 주위 평가의 순으로 나타났으며, 선거일 이후의 제3차 조사(2012. 12. 20. - 2013. 1. 9.)에서는 인물 > 공약 > 소속 정당 > 정치경력 > 주위의 평가 순으로 나타났다. 이는 선거 초기에는 유권자가 후보자와 정당의 공약 및 정책에 관심을 가지고 투표하려는 마음을 가지고 있으나 선거운동과정에서 대통령 후보 개인에 초점을

그림 2-7 제18대 대통령 선거 지지 후보 결정시 고려요인

(단위: %)

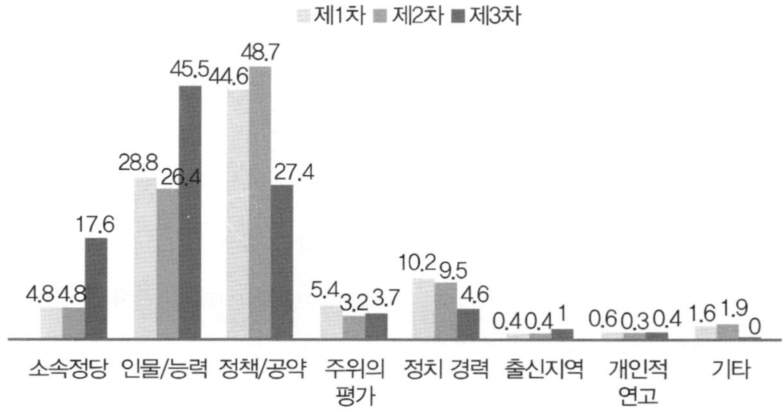

출처: 중앙선거관리위원회(2012), 제18대 대선 유권자 의식조사; N=1,500, 95% 신뢰수준에서 ±2.5%

맞추어 매스미디어를 이용한 선거운동이 이루어졌고, 후보자의 공약에 대한 검증보다는 후보자의 자질과 도덕성에 대한 검증에 더 치중했기 때문에 결국 유권자의 선택기준도 인물의 자질과 도덕성에 더 비중을 두게 된 것으로 볼 수 있다. 제18대 총선에서는 선거 막판에는 후보자 보다 소속 정당이 더 중요한 선택기준이 되었는데 비하여 제19대 대통령 선거에서는 후보자 개인의 자질이 유권자의 중요한 선택기준이 되었음을 알 수 있다. 대통령선거에서도 정책선거의 분위기가 정착되기 위해서는 대통령 후보간의 TV토론을 활성화하되, 제시한 공약에 대하여 충분한 검증이 이루어지도록 하고, 언론기관에서도 대통령 후보 개인의 활동과 자질 공방에만 초점을 맞추기 보다는 후보자가 제시한 공약에 대해서도 상호 비교 검증함으로써 유권자에게 공

약에 대한 충분한 정보를 제공할 필요가 있다.

다음으로 유권자의 지지 후보를 결정한 시기를 살펴볼 필요가 있다. 이를 통하여 대통령 선거에서 부동층의 향배와 선거운동의 효과성을 확인할 수 있다. 선거운동의 효과에 의한 계몽가설(enlightenment hypothesis)에 의하면 유권자는 자신의 선호를 변경하여 가장 합리적인 대안으로서 후보자를 선택하게 될 것이고 그 경우 후보자의 선택을 최대한 미루어 투표일 가까이에서 지지할 후보를 결정할 것이다. 이와 반대로 최소효과가설(minimal effect hypothesis)에 의하면 유권자는 지지하는 후보를 변경하지 않고 사전에 선택한 후보에 대한 선호를 더욱 강화할 뿐이다. 제18대 대선에서 유권자의 지지 후보자 선택 시기를 살펴보면 선거운동기간이 시작되기 전인 투표일 전 3주전에 지지할 후보를 결정한 비율이 68.3%나 된다. 연초에 국회의원선거를 경험하였고, 대통령 후보 경선과정에서 언론을 통하여 선거에 관한 기사들이 많이 보도되었기 때문에 공식적인 대통령 선거운동기간이 결정되기 전에 이미 지지할 후보자를 선택하고 있는 것으로 보인다. 이는 선거운동이 시작되기 전에 30% 정도의 부동층만이 존재하는 것으로 해석될 수 있다. 즉, 이번 대통령선거에서는 선거운동기간 동안에 30%의 부동층을 놓고 피말리는 접전이 펼쳐진 것이다. 선거운동기간 전에 이미 지지할 후보를 결정한 68.3%의 유권자들은 선거운동이 이미 결정된 자신의 선호를 강화하는 방향으로 작용하였을 것이다. 투표일 1달 전에 지지할 후보를 결정한 사전적 유권자들은 연령이 높을수록, 대전/충청/세종(73.0%) 거주자, 학력이 낮을수록, 소득이 낮거나(73.0%) 높은 계층일수록(67.2%), 자영업(68.6%) 종사자일수록 높게 나타났다. 이들은 선거운동에 영향을 받지 않는 고정적 유권자로 분류될

그림 2-8 제18대 대통령 선거 지지 후보 결정시기

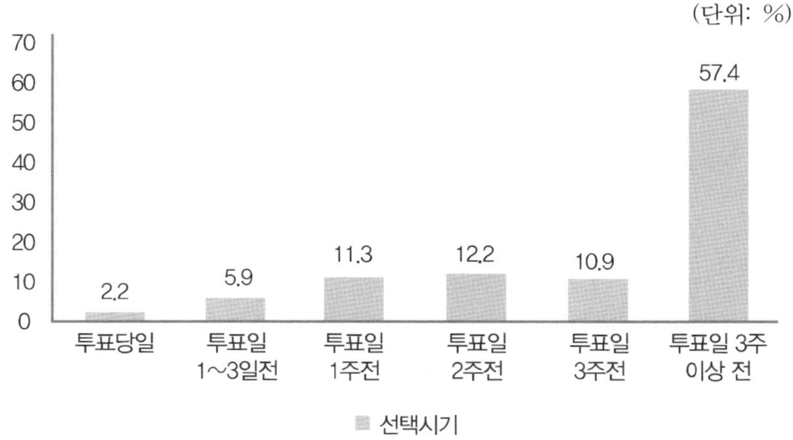

출처: 중앙선거관리위원회(2012), 제18대 대선 유권자 의식조사; N=1,500, 95% 신뢰수준에서 ±2.5%

수 있다. 반면에, 투표일 2주 전에 결정했다는 비율은 연령이 낮을수록, 광주(18.2%) 및 전북(20.9%) 거주자, 400~499만원 소득의 중산층일수록(19.7%), 화이트칼라 종사자(17.1%)에서 상대적으로 높게 나타났다. 이들은 선거운동에 따라 지지 후보를 바꿀 수 있는 부동층의 유권자로 분류할 수 있다. 투표일 3일 전까지 지지할 후보를 결정하지 못한 부동층은 8.1%에 이르며 투표 당일에도 지지할 후보를 결정하지 못한 부동층이 2.2%에 이른다. 이번 대선에서 당선자와 2순위 후보자 간의 지지율 격차가 3.6%였음으로 감안하면 투표일 3일전까지의 선거운동과 선거이슈에 따라 유권자의 선택결과가 달라질 수 있음을 보여준다. 이 때문에 후보자로서는 선거가 끝날 때까지 살얼음을 걷는 듯한 분위기였으며, 사력을 다하여 선거운동에 임하게 되는 것이다.

우리나라 선거에서 특수한 현상으로서 선거법 위반여부가 선거쟁점이 되는 경우가 많다. 제19대 총선과 마찬가지로 제18대 대선에서도 후보자의 선거법 준수여부가 유권자의 선택에 중요한 영향을 미치는 것으로 나타났다. 제18대 대선에서 투표시 후보자들의 선거법 준수 여부를 반영하겠다는 응답은 제1차 조사의 경우 84%(크게 반영 37.2%, 어느 정도 반영 46.8%)로 매우 높게 나타났다. 이러한 응답은 모든 계층에서 80% 내외로 높게 나타났다. 제2차 조사에서도 선거법 준수 여부를 반영하겠다는 응답이 81.5%(크게 반영 33.2%, 어느 정도 반영 48.4%)로 역시 높게 나타났다. 유권자들이 선거법 준수 여부를 선택의 기준으로 삼겠다는 것은 나쁘다고 할 수 없으나 복잡한 선거규제 하에서 유권자가 후보자나 정당의 정보를 알 수 있는 기회가 제한되는 상황에서 후보자의 선거법 위반 내용이 언론을 통하여 보도되는 경우에는 후보자의 당락을 위협하는 중대한 결과를 초래할 수도 있다. 특히, 나라를 이끌어 갈 대통령을 선출하는 선거에서 조차도 선거법 위반에 대한 시비가 사회적 공론장에서 중요한 쟁점이 됨으로써 후보자의 공약에 대한 검증을 할 수 있는 기회를 잠식해버리기도 하고, 선거일을 앞두고 정당의 선거 전략에 따라 선거법 위반행위를 폭로함으로써 상대방 후보에게 치명타를 가할 수 있기 때문이다. 선거법 준수여부를 반영하지 않는 유권자들도 이러한 문제에 대하여 인식하고 있는데, 선거법 준수 여부의 확인이 어렵거나(41.9%), 선거법 준수보다 후보자의 능력이 중요해서(22.2%), 선거법이 특정 후보에게 불리할 것 같아서(8.2%) 선거법 준수여부를 후보자 선택에 반영하지 않는 것으로 나타났다. 물론 금품이나 향응의 제공, 관권개입, 허위사실 유포와 같이 중대한 선거범죄는 단속해야 할 필요가 있지만 선거법 규제의 복잡성으로 인해

그림 2-9 투표 시 후보자들의 선거법 준수 반영여부

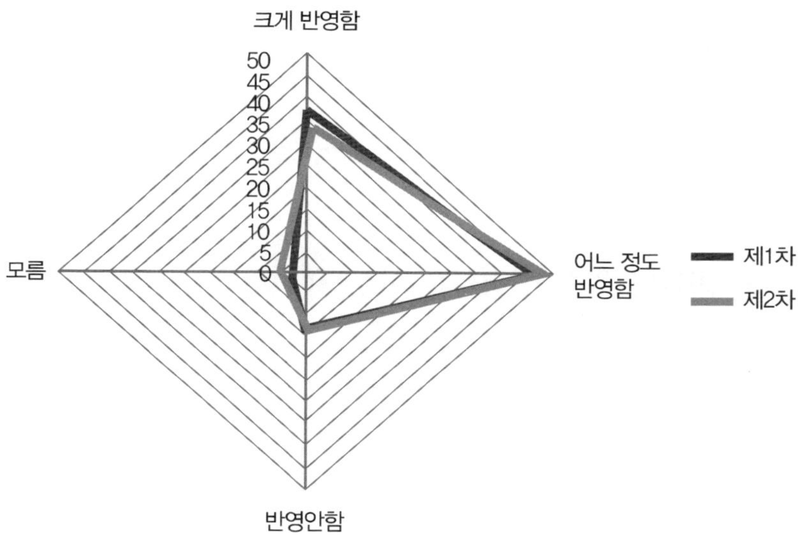

선거운동 방식에 대한 무지로 인하여 발생한 선거법 위반행위의 경우에도 언론에서 집중적으로 보도하는 것은 문제가 있고, 헌법상 무죄추정의 원칙과 선거에 미칠 영향 등을 고려하여 사실관계를 명확하게 제시하고, 당사자의 반론기회를 보장해야 할 것이다. 차제에 이러한 선거법 위반 여부가 정당과 후보자간에 상호 공격의 대상이 되는 것을 방지하기 위하여 중요한 핵심규제 이외에 후보자의 표현의 자유를 제약하는 규제들은 비용규제 중심적으로 전환할 필요가 있다.

결국 18대 대선에서 개별 유권자들은 선거 초기에는 후보자의 정책/공약에 더 관심이 있었으나 선거운동을 거치면서 투표할 당시에는 후보자의 자질/능력 등을 더 중요한 기준으로 선택했으며, 대다수의 유권자가 이미 공식 선거운동이 시작되기 전에 지지할 후보를 마음 속에 결정하고 있었고, 후보자의 선거법 위반 여부에 대하여 관심을 두고 있었다고 할 수 있다. 이러한 개인들의 선택들이 모여 전체 유권자의 민심을 형성하였으며, 후보자와 정당이 제기한 쟁점과 언론보도의 프레임에 따라 전체적인 민심이 요동을 쳤다.

3. 2012년 양대 선거의 시사점

진정한 정치개혁을 위해서는 선거를 통하여 나타난 민의가 개혁의 비전과 목표 속에 충실히 반영되어야 한다. 그렇다면 2012년 총선과 대선을 통하여 나타난 국민들의 뜻은 무엇일까?

첫째, 국민을 위하여 일하려는 정치인의 진정성을 확인한다는 것이다. 진정성이란 상대를 존중하면서도 국민을 위하여 정직하고 바르게 일한다는 정치 본연의 임무에 충실한 것을 말한다. 권력을 획득하기 위한 정치 공학적 논리보다는 유권자를 위한 마음과 정책으로 승부하여야 한다. 대통령은 국민을 국정의 중심에 두고 신뢰할 수 있으며 자신이 제시한 약속을 실천할 수 있는 사람이어야 한다.

둘째, 새로운 정치와 변화에 대한 갈망이다. 새누리당의 박근혜 후보가 보수층 뿐만아니라 젊은 세대와 중도층에서도 표를 얻을 수 있었던 것은 진보적 정책을 수용하여 당을 변화시켰을 뿐만 아니라 야당 후보들의 새정치 선언의 내용의 거의 대부분을 받아들이는 변화의 정신과 태도를 갖추었기 때문이다. 문재인 후보를 지지한 48%의 유권자들의 변화에 대한 요구는 더욱 강하다고 할 수 있다. 따라서 새로운 정치개혁은 이러한 변화의 흐름을 읽을 수 있어야 하는 것이다.

셋째, 통합과 상생이다. 상대편을 용납하지 않고 극단적인 대립을 하는 경우 유권자의 표심은 오히려 떨어져 나가고, 화합과 협력하는 아름다운 모습을 보일 때 유권자의 마음이 움직였다. 경선과정에서 나타난 불협화음도 선거가 끝나면 다 함께 하는 모습으로 국민에게 다가갈 때 유권자는 마음을 열었다.

넷째, 경제민주화, 일자리, 복지는 여야를 막론하고 새 정부가 추진하여야 할 국정과제이며, 선거과정을 통하여 국민들에게 함께 약속한 것이 되었다. 그러나 남북관계에서는 북한에게 끌려가는 것을 바라지 않는다는 점도 확인되었다.

다섯째, 특권을 내려놓고 약자를 배려하는 것이다. 여야 모두 국민의식과 동떨어진 정치인들의 특권을 내려놓는데 합의를 하였기 때문에 다른 영역에서도 공정성을 저해하는 특권과 편법들이 개혁되어야 할 것이다. 한편, 사회적 약자들에게는 최소한의 배려를 함으로써 함께 사는 공동체를 이룩하여야 한다.

여섯째, 정치수준의 전반적인 향상을 위한 제도적 개혁이 필요하다. 이번 선거를 통하여 보수와 진보의 대립구도가 명확하고 자신의 한 표가 의미가 있다고 판단할 경우 유권자의 정치참여의 의지가 강하다는 점이 확인되었다. 유권자가 상호 의견을 교환하며 보수와 진보로 똘똘 뭉치는데는 SNS와 인터넷을 통한 선거운동의 자유 확대도 한 몫 기여를 했다. 현행 정치관계 법제가 유권자의 참여 확대를 위하여 제약하는 것은 무엇인지에 대하여 성찰이 필요한 시점이다.

CHAPTER

03 정치·행정의 제자리 찾기: 비전과 목표

1. 정치·행정 개혁의 비전

정치 · 행정 개혁의 비전은 우리 사회가 지향해야 할 가치(value)와 임무(mission)를 담아야 한다. 그러한 가치는 시대정신과 선거를 통하여 나타난 국민의 뜻을 반영하고, 우리 사회의 큰 약속으로서 헌법의 기본가치를 투영하여야 한다. 우선 시대정신으로는 정치 본연의 기능에 충실하려는 진정성, 공존과 상생, 특권 내려놓기와 사회적 약자에 대한 배려, 국민과 함께 하는 낮은 자세와 소통 등을 들 수 있다. 또한 헌법 속에 나타난 기본적 가치도 고려하여야 한다. 우리 헌법의 이념적 · 법적 기초는 국민주권의 원리이다. 이러한 기초 위에 정치적으로는 자유민주주의를, 경제 · 사회적으로는 사회복지국가를, 국제적으로는 국제평화주의를 채택하고 있다(성낙인, 2012). 따라서 정치 · 행정개혁의 비전에는 헌법 제1조의 국민주권의 원리의 기본 정신을 반영하고, 2012년 양대 선거과정에서 나타난 민의와 시대정신을 반영하여 다음과 같은 가치들을 추출할 수 있다.

1) 5가지 가치

• 국민이 주인이 되는 것

이는 헌법 제1조로부터 파생되는 당연한 가치로서 국민을 국정의 우선순위에 두는 것을 말한다. 정치 · 행정은 당연히 국민의 뜻을 제대로 파악하여 정치 · 행정 과정에 반영하도록 노력하여야 하며, 일상 생활의 과정에서도 국민이 주인으로서의 권리를 행사하고 참여할 수 있도록 정보를 공개하고, 절차를 마련하여야 한다.

• 신뢰

정치인이 진정성있게 국민에게 약속하고 그 약속을 실천하는 것을 말한다. 진정성은 상대방의 입장에서 생각하면서 소통하는 것이며, 말과 행동이 일치하는 것이다. 신뢰는 공동체의 통합을 이루는 사회적 자본(social capital)으로서 돈으로 따질 수 없는 가치가 있다.

• 참여

유권자가 나라의 주인이기 때문에 당연히 국정에 참여할 수 있는 기회를 제공하고, 국가가 참여할 수 있는 환경과 시민의식을 북돋아 주는 것을 말한다. 선거나 국민투표, 주민투표의 과정 뿐만 아니라 예산, 법제, 정책의 전 과정에서 유권자가 참여하여 자신의 선호를 반영할 수 있고, 잘못된 국정운영을 감시할 수 있어야 한다.

• 소통

정치인들이 국민들 속으로 가까이 다가가며, 여야가 폭력이 아닌 대화와 타협으로 정책문제를 해결해야 한다. 정보통신기술의 발달로 사회가 네트워크화되어 가고, 유권자들의 교육 수준이 향상됨에 따라 일방적인 지시가 아닌 상호공감하는 소통의 기술이 무엇보다도 강조되고 있다.

• 특권 내려놓기와 변화

우리나라는 민주화 이후 형식적인 민주주의와 경쟁과 금전적 가치보상 위주의 신자유주의를 경험하면서 부의 편중현상이 확대되고, 특권으로 인하여 공정과 정의의 원칙에 침해됨으로써 비판의 목소리가 높아지고 있다. 기득권을 가진 사람들이 더 이상 특권을 이용하여 반칙과 권력남용을 할 수 없도록 하고, 대통령, 국회, 정당, 행정의 모든 영역에서 새로운 변화와 혁신을 이루어내는 것이 필요하다.

이러한 5가지 가치들은 정치와 행정이 본래의 기능을 발휘할 수 있도록 제자리를 찾도록 하는 것이며 이를 종합하여 정치 · 행정 개혁의 비전을 제시하면 다음과 같다.

| 신뢰, 참여, 소통을 통하여 유권자가 나라의 주인이 되는 새로운 정치 · 행정 |

2) 정치 · 행정개혁을 위한 임무

정치 · 행정개혁은 국민, 정치인, 공무원, 언론, 학계, 시민단체 모두 바람직한 비전과 목표를 달성하기 위하여 협력해야 하는 거버넌스의 과정이다. 정치 · 행정의 발전을 위한 비전과 가치를 공유하며 그에 따른 자신의 역할을 수행하려는 사명의식을 가져야 한다.

우선 정치개혁의 열쇠는 국민들이 가지고 있다. 선거 때 잠깐 주인으로 행세하고 그 다음에는 정치에 대하여 무관심할 것이 아니라 정치적 대리인이 제대로 업무를 수행하는지 여부를 감시하고, 다양한 참여과정을 통하여 자신들의 선호를 분명하게 표시하여야 정치가 국민의 뜻에 따라 움직일 수 있다.

다음으로 정치인은 개혁의 주체인 동시에 객체이기도 하다. 이런 이중적인 지위로 인하여 자신의 이익을 위하여 개혁을 이용할 수도 있다. 이들이 사익추구를 할 수 없도록 국민이 감시함과 동시에 스스로 특권을 내려놓고, 국민의 뜻을 확인하고 이를 실행하려는 노력이 필요하다. 그리하면 정치인으로서 그들의 명성과 지위가 높아지고 지속될 수 있다. 한편, 정치인들은 관료제를 통제하는 유권자의 일차적 대리인이기도 하다. 공직자들이 국민을 위하여 제대로 행정을 구현하는지를 감시하고, 국민의 뜻에 따라 나아가야 할 방향을 지도하여야 한다.

관료제도 개혁의 주체인 동시에 객체이다. 이들은 국민 뿐만 아니라 정치인의 감시와 통제를 받아야 한다. 관료들은 권한을 이용하여 사익을 추구할 수도 있지만 스스로가 국민의 한 사람이고 국민의 관점에서 국민과 함께 전문성을 발휘하려는 노력이 필요하다.

정치개혁을 위하여 특히 언론의 역할이 중요하다. 언론을 통하여 국민이 제대로 판단을 할 수 있는 정보가 제공되고, 사회적 논쟁이 되는 이슈가 부각되기도 한다. 유권자를 위한 정치개혁이 성공하기 위해서는 언론이 이러한 문제에 대하여 관심을 보이고, 학계와 시민단체의 다양한 전문가들이 논쟁을 하는 장을 제공할 뿐만 아니라 시민들의 의견도 반영할 수 있는 공론의 장으로서 역할을 수행하여야 한다. 그리고 정치적 대리인들의 사익추구적 행태에 대하여 국민의 관점에서 비판함으로써 스스로 특권을 내려 놓을 수 있도록 유도해야 한다.

시민사회의 일부로서 학계와 시민단체의 전문가들도 특정한 쟁점에서 국민이 제대로 된 판단을 하고, 사회적 합의를 모색하기 위한 여론이 제대로 형성될 수 있도록 지식과 전문성에 입각한 의견을 사회적 공론장에 제기하여야 한다. 정치 · 행정개혁을 위한 제도와 절차, 관행의 개선, 상호 협력 등에 대하여 자신들의 이론적 기반에 따른 프레임을 제시하고, 상호 논박하는 과정에서 유권자의 지지를 많이 받는 프레임이 결국 정책의제로 채택되고 제도로 구체화될 수 있는 것이다.

결국 정치 · 행정개혁의 과정에서는 다양한 행위자가 정치발전이라는 공동의 비전과 가치를 실현하기 위하여 때로는 협력하고 언어적 담론 프레임에 의하여 경쟁하는 협업적 거버넌스의 과정으로 이해해야 한다. 그리고 각자가 맡은 역할에서 사명의식을 가지고 참여하여 진정성있게 논의한다면 소기의 목표를 달성할 것으로 기대한다.

2. 정치 · 행정 개혁의 목표

위에서 제시한 정치 행정의 비전을 달성하기 위하여 적극적으로 추진해야 할 구체적인 목표(Goal) 4가지를 제시하면 다음과 같다. 정치 · 행정개혁의 비전을 실천하기 위해서는 목표가 명확하게 제시되어야 하고 이를 구체적인 양적 또는 질적 자료에 의하여 평가될 수 있어야 한다.

목표 1 유권자가 주인으로 참여하는 선거와 정치

정치개혁의 비전을 실천할 첫 번째 목표는 유권자가 주인으로 참여하는 선거와 정치를 구현하는 것이다. 대의민주주의의 문제점을 치유하기 위하여 선진국에서는 유권자가 직접적으로 국정에 참여하고 정치적 대리인들을 적극적으로 감시하는 참여민주주의(participatory democracy)의 해법을 보완적으로 제시하고 있다. 그 이유는 유권자의 교육수준이 증가함에 따라 기존의 수동적인 위치에서 벗어나 정치활동의 주체로서 유권자에게 실질적인 권한을 부여하는 것이 바람직하기 때문이다. 제19대 국선 및 제18대 대선의 관리방향도 유권자 중심의 선거였으며, 국민주권의 기초는 유권자들이 자기들의 권익과 전체 국민의 이익을 위해 적절하게 주권을 행사할 수 있도록 민주적인 선거제도를 마련하고, 국민 각자의 참정권을 합리적·합헌적으로 보장하는 선거법을 제정하는 것이다(헌재 1989. 9. 8. 88헌가6).

유권자의 참여 측면에서 현행의 선거운동규제는 지나치게 규제 중심적이고 개별행태를 직접적으로 제한하기 때문에 표현의 자유의 제한에 관한 비례원칙과 충돌을 일으키고 있다. 이를 비용규제 중심적인 선거법제로 규제의 패러다임을 전환하고자 하는 경우 정치자금의 투명성이 확실하게 보장되고 민주주의의 모유로써 정치자금 조성의 적정성이 보장되어야 한다. 유권자 중심의 선거문화를 구현하기 위해서는 깨어있으면서 자발적으로 참여하는 시민을 육성하는 것이 필요하며 이를 위해서 시민교육이 체계적으로 실시될 필요가 있다.

목표 2 국민과 소통하며 약속을 실천하는 통합의 대통령

정치·행정개혁을 비전을 달성하기 위한 두 번째 목표는 국민과 소통하며 약속을 실천하는 대통령이다. 이는 대통령 중심으로 권한이 집중되어 나타나는 제왕적 대통령제의 폐해를 개선하기 위한 것이다. 윗물이 맑아야 아랫물도 맑다는 말이 있듯이 대통령이 먼저 변화되어야 정치도 변화될 수 있다. 대통령이 성공하기 위해서는 민심을 잘 헤아려야 하고 민심을 거스르지 않아야 한다. 그러기 위해서 필요한 것이 바로 소통이다. 소통은 자기를 지지하는 자들뿐만 아니라 자기를 반대하는 사람들과도 해야 하며 이를 통하여 진정한 국민 대통합을 이룩할 수 있다. 소통의 진정성은 상대방의 입장에서 상대의 주장을 이해하고, 자신의 주장을 상대방의 입장에서 말함으로써 서로 공감을 이룰 수 있어야 한다.

대통령은 자신이 국민들에게 제시한 공약을 실천해야 한다. 정권의 획득을 위하여 공약을 남발하여 국민을 속이는 것이 아니라 실천 가능한 공약을 제시하고 약속한 공약은 반드시 실천하여야 한다. 이것이 바로 정치의 진정성을 확립하는 길이기도 하다. 공약 중에서 사전에 충분한 검증을 거치지 못한 이유로 실현이 불가능한 부분이 있을 경우에는 반드시 국민에게 이를 설득하고 사과해야 한다.

대통령의 소통 정도는 얼마나 많은 사람을 만나고 언론에 출현하는 횟수 등으로 측정할 수 있지만 작은 문제에 대해서 지나치게 언론에 많이 비치는 것도 역효과를 낳을 수 있다. 국가적으로 중요한 큰 문제에 대하여 이해관계가 있는 일반 국민, 여야 정치인, 전문가, 관료 등이 참여하여 진지하게 숙의하고 서로 합의를 모색하는 소통의 질이 보다 중요하다. 이러한 목표를 달성하기 위해서는 권위주의적인 대통령의 리더십과 업무스타일을 변화시키고, 대통령이 합리적인 의사결정에 이를 수 있도록 참모조직을 정예화하는 것이 필요하다. 또한 대통령의 약속의 이행이라는 목표의 달성여부를 측정하기 위해서는 공약이행을 점검하는 전담기구에서 분기별로 공약이행정도를 계량화하여 공표하고 임기 말에 대통령이 공약이행 정도를 평가하여 공개하며, 이행하지 못한 이유들을 상세하게 국민에게 설명하는 것이 필요하다.

목표 3 국민에게 봉사하는 국회와 책임 있는 정책정당

정치 · 행정개혁의 비전을 달성하기 위한 세 번째 목표는 일하는 국회와 책임 있는 정책정당이다. 대통령 이외에 민의를 직접적으로 대변하는 국가기구는 국회이다. 국회의원은 국민의 이름으로 특권을 행사하는 기관이 아니라 국민을 대신하여 봉사하는 기관으로 변화되어야 한다.

그러기 위해서는 국회의원의 특권을 포기하고 의사운영의 투명성과 접근성을 높이는 방향으로 국회의 운영 방식을 개선하여야 한다. 정권을 획득하기 위한 극단적 대립 대신에 정책으로 승부하고 대화와 타협의 정치문화를 이룩하여야 한다. 그리고 이러한 것이 실천될 수 있는 환경을 만들어야 한다. 대표적으로 국회의 위원회와 본회의에서 논의 공간을 숙의를 통한 학습의 과정으로 변화시키며, 국회의원들이 당론에 따라 움직이는 로봇이 아니라 소신과 전문성에 따라 선호를 공개하도록 하며, 공명정대하게 설득과 협상이 이루어지도록 하여야 한다. 또한 국회의 비밀주의와 형식주의를 타파하고 실질적으로 능력 있는 전문가가 국회운영을 지원하게 함으로써 국회의 정책 생산성을 높여야 한다.

한편, 정당은 민의를 정치적 과정에 매개하는 역할을 수행함으로써 민주정치의 필수불가결한 기관이다. 국회와 더불어 정당의 신뢰도도 매우 낮은데 이를 개선하기 위하여 정당 스스로의 정책역량과 자율성을 강화함과 동시에 도덕적 해이를 방지하기 위하여 국민에 대한 책임성(accountability)과 대응성(responsiveness)을 강화하여야 한다,

규제중심적인 헌법과 정당법 체계를 정당의 자율성을 강화하는 방향으로 개정하고, 정당의 핵심적인 기능으로 공직후보자 추천 및 당내 중요 의사결정과 관련된 절차를 민주적인 형태로 법제화하여야 한다. 또한 정당의 정책역량의 강화를 위하여 조직적 및 재정적 지원을 강화하고 당원의 수준을 향상시키기 위한 노력도 병행한다. 정당의 책임성과 대응성을 높이기 위하여 정당의 중요한 과정을 국민에게 개방하고 공개하도록 하고, 국고지원은 국민의 선택이 재정지원 결과에 연계되도록(matching) 함으로써 정당의 도덕적 해이(moral hazard)를 방지하여야 한다.

목표 4 국민을 섬기는 깨끗하고 능력 있는 관료제

정치개혁의 비전을 달성하기 위한 네 번째 목표는 국민을 섬기는 깨끗하고 능력 있는 정부이다. 정치개혁에서 관료제의 역할은 국민이 선출한 정치인의 공약을 합리적이고 효율적으로 집행하는데 있으며 이 과정에서 정치인의 통제를 받아야 한다. 그러나 이러한 통제는 국민의 뜻을 실현하는 것이지 정치인 개인을 위한 것은 아니다. 따라서 관료제도 정치인 개인에게 봉사하는 것이 아니라 국민에게 봉사하여야 하며, 일정한 부분에서 국민의 여론을 수렴하여 정책을 집행하여야 한다.

그러나 1970년대 말 이후 서구 자본주의에서는 시장원리에 입각하여 작은 정부를 주장하는 신공공관리론(New Public Management: NPM)은 집권 정부에 대한 충성을 강조함으로써 관료제의 전문성을 감소시키고 관료들의 정치화를 초래하였으며 장기적인 관점에서 미래의 정부와 사회에 봉사하는 공공행정의 역량을 감소시켜 왔다(Suleiman,

2003; 안병영 · 정무권, 2007; 임도빈, 2010).

1990년대 이후에는 신자유주의적 개혁에 의한 관료제의 해체로 권력과 부의 불균형, 공동체의 해체와 분산, 성과의 위기와 파산 등 다양한 문제점들이 제기되면서 신공공관리론은 종언을 고하고 해당 국가의 역사적 또는 제도적 맥락에 따라 합리적으로 운영될 수 있는 관료제의 기본원칙으로 돌아갈 것을 주장하기도 한다(Olsen, 2008). 네트워크 기술과 시민들의 참여를 활용하여 민주적인 관료제를 재발견하려는 시도도 나타나고 있으며, 기존의 기구 중심적인 행정개혁 대신에 관료제의 재량행사를 규율하기 위한 자율적인 관료적 가치와 윤리를 재발견하고자 하는 것이다(Dunleavy et al, 2006; Meier and O'Toole, 2006).

우리나라의 경우 신자유주의적 개혁과정에서 관료제의 정치화가 문제되었으며, 사명의식을 가지고 전문성을 발휘하기 보다는 눈치 보기와 무사안일로 일관하는 경향이 많았다. 이제는 국민을 섬기면서도 소신을 가지고 국민과 함께 거버넌스를 수행할 수 있는 깨끗하고 능력 있는 관료제를 복원할 필요성이 있다.

그림 3-1 비전, 목표, 추진과제 등

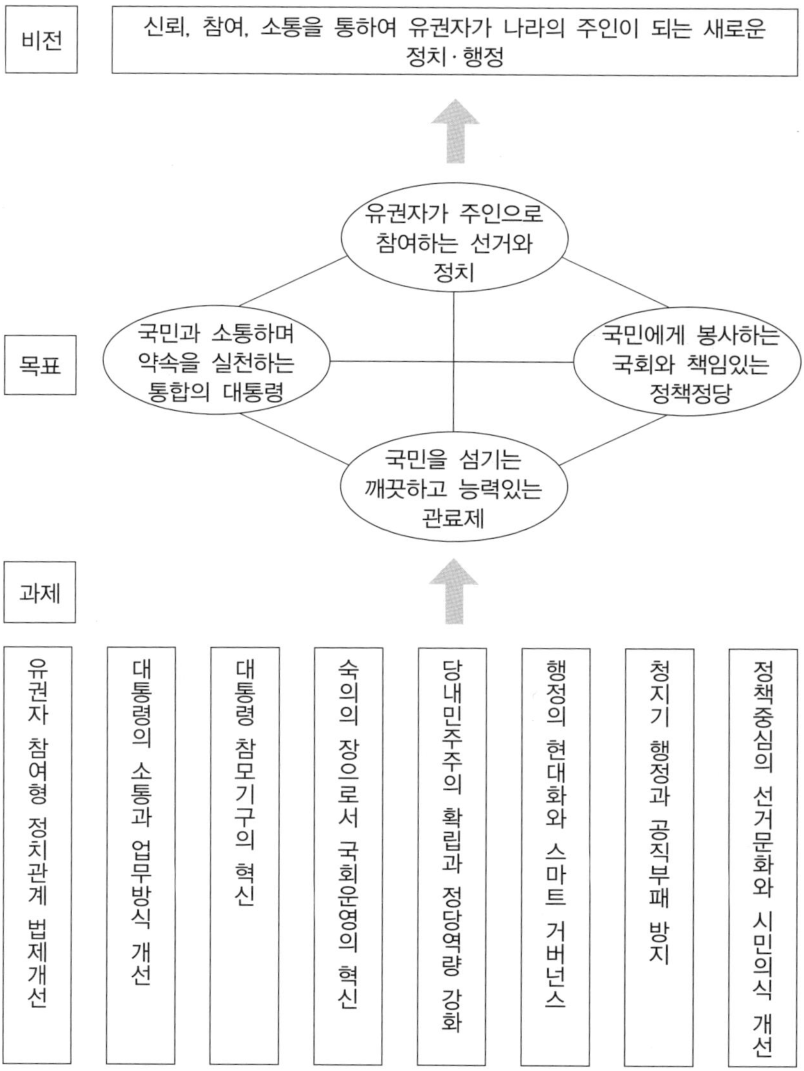

CHAPTER 04

8대 개혁과제 (Agenda)

정치 · 행정 개혁의 목표를 달성하기 위하여 8가지의 아젠다(Agenda)를 제시한다. 첫째, 유권자가 주인으로 참여하는 선거와 정치를 위해서는 정치관계법제의 개선과 정책중심의 선거문화 및 시민의식의 개선과제를 제시하고, 둘째, 국민과 소통하며 약속을 실천하는 통합의 대통령이라는 목표를 위해서는 대통령의 소통과 업무방식의 개선, 대통령 참모기구의 혁신이라는 과제를 제시하며, 셋째, 국민에게 봉사하는 국회와 책임있는 정책정당을 위해서는 민의의 수렴과 숙의의 장으로서 국회운영의 혁신, 당내민주주의의 확립과 정당의 정책역량의 강화라는 과제를 제시하고, 넷째, 국민을 섬기는 깨끗하고 능력있는 관료제를 위해서는 행정의 현대화와 스마트 거버넌스, 청지기 행정과 공직부패의 방지를 제시한다. 이러한 개혁과제는 소관 부서에서 일차적으로 책임지되, 사회적 공론의 영역에서 언론과 전문가들이 집중적으로 이행여부를 감시할 수 있어야 제대로 된 개혁의 성과를 낼 수 있다.

과제 1. 유권자가 주인으로 참여하는 정치관계 법제 개선

1) 필요성

선거는 개인의 선호를 집약하여 나라가 나아갈 방향을 정하는 일종의 사회적 의사결정(social decision-making)이다. 개인적인 선호를 모아서 민주적이고 합리적인 사회적 선택(social choice)이 가능한지에 대하여 불가능하다는 것이 초기의 이론이었다(K. Arrow, 1963). 즉, 애로우(K. Arrow)에 의하면 적어도 그 의사결정이 합리적이라고 하기 위하여 ① 개인이 선호를 표시하는데 제약이 없어야 한다. ② 그 선호들은 각각 짝을 지어 비교할 수 있어야 하고(완비성), 사회 전체적으로 B안보다 A안을 더 선호하고 C안보다 B안을 더 선호한다면 그 사회 전체는 A안을 C안보다 더 선호한다고 판단할 수 있어야 한다[A > B, B > C → A > C; 이행성(transivity)의 원리라고 한다]. ③ 사회의 어느 한 구성원이 B안보다 A안를 선호하고 나머지 다른 구성원이 그 문제에 대하여 특별한 의견이 없다면 그 사회는 B안보다 A안을 더 선호하는 것으로 본다[파레토(Pareto) 기준이라고 한다]. ④ A안과 B안에 대한 선호의 우열을 결정함에 있어 현재 안건에 상정되지 않은 C안은 A안과 B안에 대한 선호결정에 영향을 주지 않아야 한다[독립성(Independence of irrelevant alternatives)라고 한다]. ⑤ 사회의 선호는 그 사회의 어느 한 구성원의 선호에 의하여 자의적으로 결정되어서는 안된다는 원리로서 민주주의의 원리를 뜻하는 것이다[비독재성(Non-dictatorship)의 원리라고 한다]. 결국 두 개씩 대안을 비교하더라도 짝을 지워 비교하는 순서에 따라 사회적인 선호가 다르게 될 수밖에 없는 투표의 순환의 문제가 발생하게 되고 결국 의제의 순서를 조작하는 사람의 의지에 따라 사회적 선택의 결과가 달라지게 되어 비독재성의 원리에 위배되게 된다는 것이 이 이론의 주장인 것이다. 선거가 3가지 대안(복지, 건설, 국방)을 놓고 경합을 벌인다고 할 때 각각의 대안들에 대한 선호는 유권자의 성향에 따라 다르다. <표 4-1>에서 보는 바와 같이 진보(40%)의 경우는 '복지 > 건설 > 국방'의 순이고, 중도(20%)의 경우는 '건설 > 국방 > 복지'의 순이며, 보수(40%)의 경우는 '국방 > 복지 > 건설' 순이라고 가정한다. 각각의 대안을 유권자가 짝을 지어 비교함으로써 대안의 유권자 전체 순위를 결정한다고 할 때 다음과 같은 결과를 얻게 된다.

표 4-1 투표의 순환과 선택

	1순위	2순위	3순위
진보 40%	복지	건설	국방
중도 20%	건설	국방	복지
보수 40%	국방	복지	건설

보수와 중도에서 더 선호되는 국방이 복지보다 더 선호된다(왜냐하면 보수와 중도의 선호의 합인 60%가 진보 40%의 선호 보다 크기 때문에). 중도와 진보에서 더 선호되는 건설은 국방보다 더 선호된다(60% 대 20%). 보수와 진보에 의하여 더 선호되는 복지가 건설보다 더 선호된다(80% 대 20%). 결국 국방 > 복지, 건설 > 국방, 복지 > 건설 순으로 되어 투표의 순환이 발생하게 되는 것이다. 이렇게 되면 민주적이면서도 합리적으로 선거를 통하여 사회적 의사결정을 이루어내는 것은 불가능해지는 것이다. 이러한 문제점을 해결하기 위해서는 개인이 표출

할 수 있는 선호를 제약하거나 제안될 수 있는 공약을 제한하는 수밖에 없는데 이는 Arrow가 제시한 가정을 완화하는 것을 의미한다. 즉, 사심이 없이 공정하게 유권자의 선호를 제한하고 의제순서를 정할 수 있는 기제가 필요한 것이다.

그러나, 현실에서는 사회적 의사결정의 균형이 이루어지고 있는데 이는 사전에 상호 합의에 따라 의사결정의 규칙을 제정하고 그러한 제도가 의제설정과정에서 독재자 역할을 수행하게 함으로써 자의에 의한 의제통제를 방지할 수 있다. 이를 통하여 제도에 의하여 유도된 민주적이고 합리적인 집합적 의사결정이 가능한 것이다(K.A. Shepsle, 1983).

또한 뷰캐넌(J. M. Buchanan, 1954, p.114-123)은 개인의 선호를 집약시키는 사회적 후생함수의 도출과 사회적 의사결정 메커니즘은 별개의 문제로 보면서 개인적 합리성을 집약시켜 사회적 합리성을 도출하는 의사결정이 가능하다고 한다. 선거와 같은 사회적 의사결정을 위해서 일정한 참여자의 수와 비용에 관한 규칙이 필요하다. 의사결정규칙으로서 전원합의제나 과반수제는 물론 어떤 표결 방식도 기본적으로 두 가지 비용을 수반한다. 첫 번째 유형은 의사결정에 소요되는 시간과 관련된 의사결정 비용(D)이고 두 번째 유형의 비용(C)은 사회의 의사결정 내용에 반대하는 개인에게 공권력을 이용하여 그에게 불리한 행위를 취할 때 발생하는 외부비용(external costs)이 있다. 전자는 의안의 통과에 필요한 행위자의 수가 증가함에 따라 증가하는 성질을 지니며 후자는 이와 반대로 감소하는 경향이 있으며 전원합의제에서는 이 비용이 거의 0에 가깝게 된다. 어떤 특정한 표결 방식에 부수되는 총비용은 두 가지 유형의 비용을 합한 것으로서 이 총비용이 최저가 되는 수준(K)의 찬성비율을 요구하는 것이 최적다수결제이다. 최적다수(K/N)는 한사람의 추가적 불만을 줄이는 데서 오는 추가적 효용증가와 기대시간손실이 일치하는 지점에서 결정된다. 만일 그 사회가 의사결정규칙으로 다수결제를 채택한다면 의사결정비용과 외부비용이 모두 존재하지만 만장일치제나 합의제를 채택한다면 외부비용은 없으나 의사결정비용이 많이 든다. 여기서 어느 정도의 구성원의 참여와 동의를 얻을 때 사회적 의사결정으로 성립할 것으로 볼 것인지의 문제가 선거제도(electoral system)에 관한 문제이고, 사회적 의사결정에 소요되는 비용에 관한 문제는 구성원을 설득하고 정보를 제공하는데 소요되는 비용이므로 선거운동규제와 관련될 것이다. 특히 사회적 의사결정인 선거에서 의사결정비용과 외부비용을 이동시킬 수 있다면 전체적인 의사결정비용곡선도 하향 이동될 것이다. 선거운동규제의 변화를 통하여 의사결정에 드는 비용을 낮출 수 있다면 사회적 최적과반수의 결정도 달라질 수 있는 것이다(K→K′). 따라서, 선거운동규제를 어떻게 설정하는 지는 사회가 효율적으로 나아가야 할 방향을 결정하는 것과 관련되는 것이다([그림 4-1] 참조).

민주적 정당성의 관점에서 유권자의 참여는 최대한 확대하되, 다수의 유권자의 참여로 인하여 발생하는 의사결정비용을 낮추는 제도설계가 바람직하다.

유권자가 주인이 되는 새로운 정치는 유권자의 정치에 대한 관심과 참여를 제고하는 것으로부터 시작된다. 이는 유권자의 참여를 강제하는 것이 아니라 누구나 참여를 원한다면 정치 및 행정의 모든 영역에서 참여할 수 있게 하는 것을 말한다. 유권자의 참여는 선거에서부터 출발하며 이는 사회적 자본을 가늠하는 척도이기도 하다. 선거과정

그림 4–1 선거제도와 사회적 비용

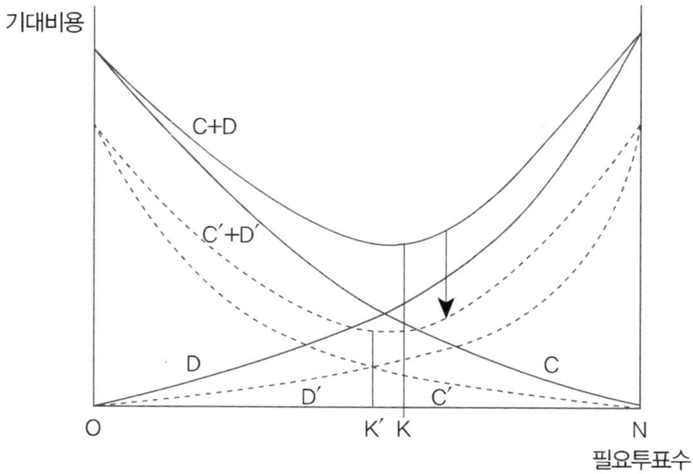

출처: J. M. Buchanan & G. Tullock, the Calculus of Consent: Logical Foundation of Constitutional Democracy, University of Michigan, 1962.에서 변형, 유현종(2006)에서 재인용

에 참여하여 합리적 대안을 선택하는데 드는 의사결정비용을 줄임으로써 보다 많은 유권자의 참여를 유도할 수 있으며, 그 결과 선거결과에 반발함으로써 발생하는 외부비용을 줄일 수도 있다. 따라서 선거에서 연령, 장소, 시간 등의 요소를 종합적으로 고려하여 총체적인 투표율 제고방안을 마련함과 동시에 정당의 당내경선, 각종 위탁선거, 공론조사, 주민참여 예산제 등 일상적인 정치참여가 활발하게 이루어지도록 하여야 한다. 선거운동규제에서는 헌법상 표현의 자유의 원칙에 충실하게 선거운동에 대한 행태적 제한규정을 폐지하되 보다 덜 제한적인 비용규제로 대체하며 제한내용은 꼭 필요한 핵심규제 위주로 재편하여야 한다. 한편 민주주의의 필요악으로서 정치자금의 적정한 조달을

보장함과 동시에 투명성을 철저하게 확보하는 것도 필요하다. 유권자의 표를 권력으로 전환하는 선거제도에서는 유권자의 의사가 왜곡됨이 없이 그대로 권력배분의 결과로 나타나도록 제도개선이 필요하다.

2) 대안과 방법

(1) 정치참여의 확대

유권자가 주인으로서 선거에 참여하기 위해서는 유권자의 정치적 효능감을 높이고 정치참여의 장애요인을 없애주는 전략이 필요하다. 투표참여의 효능감을 높이는 전략으로는 공직후보자 추천과정에서 유권자의 참여를 보장하고 사전선거운동 및 호별방문 제한 폐지 등 선거운동 규제완화로 유권자에게 충분한 선거정보가 제공되도록 하여야 한다. 정치인들과 자주 접촉하고 정치적 지식이 늘어나면 선거에도 자연스럽게 관심을 가질 수 있을 것이다.

한편, 투표참여의 편의성을 높이는 대책도 필요하다. 통합명부제를 도입함으로써 반드시 주소지의 투표소가 아니더라도 전국 어디서든지 투표할 수 있게 하고, 부재자 신고를 하지 않더라도 일정한 기간 동안 사전투표도 가능하도록 할 필요도 있다. 또한 투표취약계층에 대하여 투표참여 편의를 제공하고 인구 및 공간적 거리를 고려한 투표소의 위치 조정도 필요하다. 이번 대선에서 투표율이 높아졌는데 그 결과를 보면 반드시 투표율이 높아진다고 해서 보수 후보에 불리한 것은 아니다. 문제는 유권자들이 얼마나 선거에 관심을 가지고 공익적인 마음으로 참여하는 지가 중요한 것이다.

대선기간 동안 투표시간 연장 여부에 대하여 논란이 있었다. 유권자의 참여를 보장하는 차원에서 투표참여의 장애요인이 있다면 제거해주는 것이 바람직하다. 다만, 현행 12시간이 다른 국가에 비하여 짧은 것은 아니므로 국민 여론 등을 수렴하고 여야의 합의를 통하여 연장여부를 결정하고, 경제수준의 향상에 따른 생활패턴의 변화 등을 반영하여 투표시작 시간을 현행 오전 6시에서 7시로 변경하는 것도 고려할 필요가 있다.

유권자의 투표참여를 강제하는 의무투표제(compulsory voting)의 도입에 대해서는 헌법상 자유선거의 원칙에 비추어 볼 때 헌법개정의 필요성에 대하여 논란이 있으나(김래영, 2012), 유권자의 의사에 반하여 강제하게 됨으로써 유권자의 자유의지를 제한하는 부자연스러운 측면도 있다.

(2) 행태규제에서 비용규제로 패러다임 전환

대선기간 동안 유권자는 후보자나 정책의 내용을 제대로 알지 못하여 '깜깜이 선거'를 경험했다. 그러면서 복잡한 선거규제 때문에 후보자는 선거 막판에 살얼음판을 걷듯이 선거를 치러야 했다. 안철수 후보가 다양한 선거운동 지원방법을 모색했으나 선거법 규제 때문에 할 수 있는 것이 별로 없다고 하기도 하였다. 현행의 선거법은 복잡한 규제의 틀 내에 정당과 후보자를 가두어 두고 제대로 하는지를 감시하고 위반하면 선거법 위반으로 처벌하는 억압적 규제체제이다. 현행 선거운동규제는 판옵티콘(Panopticon)[1]과 같은 구조 속에 사람들을 가두어 두고 일정한 감시원이 법을 지키는지, 위반하는지를 관찰하고, 위반하면 엄한 형벌을 가하는 형식이다. 정보통신기술의 발달과 CCTV

1) 영국의 철학자 제레미 벤담(Jeremy Betham)에 의하여 고안된 개념으로 모든 방면에서 사람들을 감시할 수 있는 '원형감옥'을 말한다.

와 같은 증거채집 기술의 증가로 정당, 후보자, 유권자들은 자기들의 모든 행위가 복잡한 법규에 위반되는지 여부를 감시당하고 있는 것이다. 유권자가 주인으로 참여하는 새로운 정치를 위하여 공직선거법 제7장(선거운동)의 전반적인 재검토가 필요하다.

우선 사전선거운동, 호별방문 금지, 시설물과 문서 및 도화의 배포 등 선거운동의 시기 및 방법에 대한 규제를 철폐하고, 행태적 선거운동의 개념 정의규정을 폐지하는 대신에 비용중심의 선거운동 개념을 정립하고 정당의 경선이나 후보자 선거운동 일정에 따라 선거비용을 상시적으로 공개할 필요가 있다. 헌법 제116조의 법정선거운동주의를 재검토하고 사후적 선거공영제에서 사전적 선거공영제로 전환하여 한다.

비용규제로 전환할 경우 정치자금의 규제는 허점이 없이 정교하게 규정될 필요가 있다. 첫째, 정치자금 조달의 적정규모를 산정하여야 한다. 각 선거별 선거비용 소요액, 정당의 선거 및 경상활동비, 정치인들의 통상적인 정치활동에 소요되는 비용을 경험적으로 측정하여 표준액을 마련하고 선거비용, 정치자금 기부 및 지출 제한액을 공고하며, 제한액 범위 내에서 자유롭게 선거운동을 할 수 있도록 하여야 한다.

둘째, 출판기념회, 후원금 쪼개기 등을 정치자금 규제체계 내로 편입하고, 정치자금의 기부 및 지출 내역을 상시적으로 인터넷에 공개함으로써 정치자금 규제의 허점을 보완하여야 한다. 당비를 포함한 모든 정치자금을 공개 대상에 포함시키고 기부자의 사생활에 관련된 사항을 제외한 회계보고서 및 영수증까지도 인터넷에 공개한다.

셋째, 정당의 재정을 국고에 의존하여 방만하게 운영하는 도덕적 해이를 방지하기 위하여 국고보조금의 보충성의 원칙을 도입한다. 정당에 대한 국고보조는 정당의 헌법적 기능을 고려하여 선거에 참여 및 통상적인 정책활동에 대하여 보충적으로 지급하는 것이지 정당의 운영의 전부를 국고보조에 의존해서는 안된다는 원칙을 천명한다. 이를 위하여 정당의 국고보조금을 당비나 소액다수의 후원금 모금실적에 연계하여 지급하도록 하고 국고보조금의 상대적 상한제와 절대적 상한제를 두는 매칭펀드제(matching fund)를 도입한다.

넷째, 정당의 적정한 정치자금 조달과 국민에 대한 책임성을 확보하기 위하여 정당후원회를 부활하되 모금액 상한액을 설정하고 소액다수 기부와 국고보조금을 연계하는 매칭펀드제를 도입한다. 다만, 기업과 유착을 방지하기 위하여 법인이나 단체의 정당기부는 금지할 필요가 있다.

(3) 민의가 온전히 반영되는 선거제도로

이번 대선에서는 후보단일화 과정에서 상대 후보의 눈치를 보거나 공약제시가 늦어졌기 때문에 후보자의 공약에 대한 검증이 미비했다. 그리고 단일화 룰에 대한 협상 때문에 유권자의 민의가 왜곡됨이 없이 투표결과에 따라 후보자가 결정되는 것이 아니라 여론조사와 정당간의 합종연횡에 따라 보수와 진보의 통합이 일어났다. 이를 극복하기 위하여 결선투표제를 도입하자는 주장이 선거과정에서 제기되었다. 대통령 선거에서 1차 투표에서 1위와 2위 후보를 선출하고 일정 기간이 지난 후 제2차 투표를 통하여 1위와 2위 후보간에 투표를 실시하여 다수 득표자를 당선인으로 하는 것이다. 결선투표제의 도입의 경우 형식적으로 헌법개정이 필요하지 않다는 입장도 있으나 중요한 선거제도의 변경이므로 헌법 개정이 필요하다는 입장도 있다.

둘째, 국회의원선거 및 광역의원선거의 경우 권역별 비례대표제를 도입할 필요가 있다. 그러나 이를 위해서는 다음과 같은 전제조건이 필요하다. 투표부정이나 조직 동원 등이 없는 당내 민주화가 선행되고 당내경선의 공정성 확보를 위하여 선관위의 위탁관리 및 조사권이 도입되어야 한다. 또한 상향식 공천을 의무화하여 공직후보자의 선출을 유권자에게 돌려 주어야 한다. 우리나라의 현실을 고려할 때 병합식(독일식) 보다는 병렬식(일본식)이 보다 바람직하며 지역구와 비례대표 의석수는 6:4가 적당할 것으로 생각된다. 또한 고질적인 지역주의 선거문화의 완화를 위하여 지역구결합비례대표제(석패율제) 도입도 검토할 필요가 있다.

셋째, 민의의 공정한 반영을 위한 기구를 설립할 필요가 있다. 여야의 정치쇄신안에서 공동으로 제기된 바와 같이 선거구획정위원회를 국회 외부의 중립적인 상설 의결기구로 설치하고, 결선투표제 도입을 전제로 프랑스와 같이 여론조사의 공정성을 확보하기 위한 여론조사위원회를 설치한다.

3) 이론과 외국사례

(1) 선거운동규제에서는 자유와 공정의 조화

선거운동은 표현의 자유의 일환인 동시에 기회균등이 보장되어야 한다. 자유롭고 공정한 선거가 되기 위해서는 자유와 공정이라는 두 가지 가치의 조화가 필요하다. 선거운동규제와 관련하여 CSES 국가별 비교 및 Dalton(2011)의 연구결과 면대면 접촉과 같은 선거운동의 기회와 투표율의 증가가 비례하는 경향이 있다고 한다(Dalton, Russell J., David M. Farrell and Ian McAllister, 2011). 국가별 선거운동 수준을 비교하면 캐나다, 미국 등이 35% 수준이고 우리나라는 4%에 불과하며 평균수치인 12%에도 미치지 못하고 있다. 따라서 행태규제에 초점을 둔 선거운동 규제를 완화하여 비용규제 중심으로 전환할 필요가 있다. 그러나 선거운동규제를 폐지하더라도 필요한 규제는 남겨둘 필요가 있다. 매스미디어를 통한 선거운동과 관련하여 제3자의 미디어 선거운동, 언론매체의 시간배정에서는 일정한 제한이 필요하다(Karl Heinz Nassmacher. 2006). 미국은 주로 비용규제가 중심인데 연방선거운동자금법에 따라 연방선거활동(federal election activity)과 일반적 선거운동(general election campaign)의 정의규정을 두고 선거와 관련된 후보자의 활동에 대하여 비용측면에서 규제를 하고 있으며(제431조), 기부에는 많은 제한이 있고, 지출에는 정당이나 후보자와 관련된 부분에서 제한이 있지만 선거비용의 공개에는 어떤 규제도 두고 있지 않다(Lowenstein, Daniel Hays, Richard L. Hasen, and Daniel P. Tokaji. 2011).

미국 선거법상 기부(contribution)와 지출(expenditure)이란 선거에 영향을 미칠 수 있는 모든 기부 및 지출과 관련된 행위를 포함하며 여기에 해당되지 않는 예외규정을 열거하고 있다. 그러나 정치자금의 투명성에 대한 규제는 엄격한데 연방선거운동자금법 제433조에 따라 정치활동위원회는 연방선거위원회에 등록하여야 하고, 10달러를 초과하는 기부에 대하여 기부자의 이름과 주소 등을 기록하도록 하며, 100달러 이상을 초과하는 경우에는 직업과 사업체 주소까지도 기록하고(법 제432조c2), 정치활동위원회와 후보자는 분기별로 회계보고를 하여야 하며 공공의 감시를 위하여 인터넷을 통하여 접수된 지 24시간 이내 일반인이 인터넷을 통하여 열람할 수 있게 한다. 정치신인에 대한 기회균등을 위하여 선거공영제의 개선이 필요하다. 참고할 만한 사례로 미국의 몇몇 주에서는 주단위 선거에서 공명선거법(Clean Election

Act)를 제정하여 일정한 요건의 선거운동 자금을 모금한 사람에게 사전에 선거운동 자금을 지원하고 있다. 우리나라가 사후적 비용보전 방식을 채택하고 있는 것과 구별되는데 선거를 시작하기 전에 자금이 없기 때문에 보통사람들은 정치참여를 포기하는 경우가 많으므로 사전적 비용보조제가 금전적 능력이 부족한 사람들의 정치참여를 확대시킬 수 있을 것으로 본다.

미국의 공명선거법

1. 개 요

정치 신인의 선거참여를 위한 공적 자금을 지원함으로써 선거를 더욱 공정하고 경쟁적이 되도록 Minnesota(1976)을 시작으로 Wisconsin(1978), Hawaii(1996), Arizona(2000), Maine(2000) 등의 주 선거에 도입되었다.

2. 주요특징

특징	주별도입시기		
	Arizona(2000)	Maine(2000)	Hawaii(1996)
자격	개인당 5$를 한도로 1,050$이상 모금	개인당 5$를 한도로 하원은 250$, 상원은 750$이상 모금	하원은 1500$, 상원은 2500$이상 모금
최대지원 한도	지출한도까지 모금, 사적모금 후보자에 대항하기 위한 추가 지원	지출한도까지 모금, 사적 모금 후보자에 대항하기 위한 추가 지원	지출한도의 15%
지출한도	하원 및 상원 예비선거에서 $28,300	하원의 예비 및 본선거는 $4,406 상원의 예비 및 본선거는 $23,278	$1,40×등록유권자 수 2004년 기준 하원: $14,000-19,000 상원: $23,000-45,000

3. 평 가

미국 감사원(GAO)의 평가결과 공명선거법 시행으로 인하여 더 많은 후보자가 선거에 참여하고 현직 의원과의 격차가 줄어들었지만 선거가 보다 경쟁적이 되었다고 평가하는 데는 아직 더 지켜보아야 한다(Mayer, Werner, and Williams, 2006).

한편, 선거운동에 관한 시민단체에서는 GAO의 평가가 지나치게 보수적이라고 평가하고 아리조나와 메인주의 공명선거법 도입으로 선거가 보다 역동적이고 경쟁적으로 실시되었다고 평가하고 있다.

대통령예비선거에서도 각각의 20개 주에서 5,000달러 이상을 모금한 정당의 추천을 구하는 후보자로서 선거비용지출한도액(1974년 기준 1,000만 달러)을 준수할 의무를 수락한 후보자에 대해서는 연방선거보조금을 수령할 수 있게 하고, 제3당 후보의 경우에는 이전 선거에서 5% 이상을 획득한 경우에만 매칭펀드의 지원을 받을 수 있으며, 신생정당의 후보는 본 선거에서 5% 이상을 득표한 경우에 사후에 일부 보전을 받을 수 있다.

(2) 정치자금제도

정당에 대한 국고보조지원에 대하여 독일 연방헌법재판소는 정당이 국민의 정치적 의사형성에 참여하는 것은 선거준비에만 국한되는 것은 아니기 때문에 국가가 기본법(헌법)에 의하여 정당에 과해진 일반적인 활동에 대해서도 재정원조를 하는 것은 무방하다는 입장이다. 그러나 국가의 보조는 정당의 자유를 침해하지 않는 범위 내에서 부분적이어야 하고 그 규모는 정당이 스스로 조달한 액수를 초과해서는 안된다고 원칙(이른바 보충성의 원칙)을 제시하였다(BVerfGE 85, 264).

독일의 국고보조에 대한 매칭펀드제는 당비, 개인 또는 기업의 후원금으로부터 모금한 정치자금의 액수를 넘지 않는 액수만큼 국고보조금을 지원하며(상대적 상한제), 모든 정당에 대한 총 국고보조금의 규모는 1억 3천 3백만 유로(물가변동을 반영)를 넘지 못하도록 하고 있다.

정치자금공개와 관련하여 대부분의 국가에서 기업기부자와 개인기부자를 구별하고, 일정한 액수 이상의 기부자만 공개하도록 하는 규정을 두고 있다. 독일, 영국, 네덜란드의 경우는 공개의 대상에 대하여 보다 높은 기준(5,000-10,000달러 정도)을 설정하고 있는 반면 미국, 캐나다, 일본, 프랑스 등은 보다 낮은 기준(400달러 정도)을 적용하고 있다. 공개의 범위에 대해서도 영국과 캐나다는 이름, 호주는 주소까지, 프랑스는 고용주, 직업, 기부일자까지 공개하고 있으며, 보고기간에서도 영국은 비선거시기에는 분기별, 선거기간에는 7일 이내에 보고하여야 한다(Katz and Crotty, 2006:446-455).

정치자금 조사 기구가 독립되어 있는 국가로는 호주, 영국, 캐나다, 프랑스, 미국을 들 수 있다. 캐나다에서는 선거관리 책임자가 선거자금법 위반여부를 조사하고 필요한 제재를 가하고 있지만 형벌의 집행은 형사재판을 통하여 해결된다. 호주선거관리위원회는 연방판사를 위원장으로 하고 있지만 비상근 통계청장을 위원으로 하고 있으며, 정당의 자금을 조사하고 모든 정당의 지부에 대하여 3년 단위 감사를 실시하고 있다. 영국에서는 선거위원회가 후보자나 정당의 정치자금 법규의 준수여부를 감시하고 있으며 위반시 검찰에 벌금 또는 신체형을 부과할 것을 권고할 수 있다.

(3) 선거제도(electoral system)

유권자의 선호로서 표를 의석수나 당선여부로 전환하는 선거제도는 4가지로 나눌 수 있다(IDEA, 2008).

첫째, 다수결제(Plurality/Majority Systems)로서 한 선거구에서 한 명의 대표를 선출하는 방식이다. 상대다수대표제(First Past The Post)는 과반을 획득할 필요없이 가장 많은 표를 얻는 사람을 당선자로 본다. 한편 과반수 이상을 획득하여야 당선되는 경우는 절대다수대표제라 한다. 절대다수대표제에서는 과반이상을 획득하지 못한 경우 결선투표를 병행한다. 상대다수대표제가 다수의 대표자를 선출하는 선거구에 적용될 때는 구역투표(bloc vote)가 되는데 유권자는 대표자 수만큼의 투표권을 가지며 상대적으로 많은 표를 획득한 후보자 순으로 당선된다.

둘째, 비례대표제(Proportional Representation Systems)를 들 수 있다. 비례대표제는 그 정당이 실제로 얻은 전체 득표수와 차지한 의석수간의 차이를 줄일 수 있어 투표가치의 등가성을 확보하는데 도움이 된다. 투표와 의석간의 비례성은 유권자들에게 전국 또는 지역별 정당명부를 제시할 때 제대로 달성될 수 있고, 단기이양식(Single Transferable Vote)과 같이 선호투표를 사용할 때도 비례성을 높일 수 있다.

셋째, 혼합식(Mixed Systems)은 비례대표제와 다수대표제를 혼합하여 사용하는 방식이다. 여기에는 상대다수제의 결과로부터 발생하는 투표가치의 왜곡을 어떤 형태로든 보상하여 주는 혼합식 대표비례제(Mixed Member Proportional)와 비례대표제와 상대다수대표제를 형식적으로만 결합한 병렬식(Parallel) 비례대표제가 있다. 전자는 독일에서 채택하고 있는 방식으로 정당의 전체 의석수가 비례대표의 득표율에 따라 결정되고 지역구 의석수에 따라 초과의석이 발생할 수도 있다. 후자는 우리나라와 일본 등에서 채택하는 방식으로 지역구와 정당투표가 각각 별개로 이루어지는 것이다. 투표가치의 왜곡을 방지하기 위하여 최근의 여러 국가(독일, 호주, 일본) 등에서는 혼합식 비례대표제가 채택되고 점차 증가하는 추세이다.

넷째, 다른 제도로서 단기비이양식 투표(Single Non-Transferable Vote)로 다수 대표 선거구에서 유권자가 한 표만을 행사하는 경우이며, 제한적 투표(Limited Vote)는 다수 대표선거구에서 다수의 투표권을 부여하지만 선호가 후순위자에게 이양되지 않는 투표방식이며 구역투표와 달리 해당 선거구의 대표자 수만큼 투표권이 부여되는 것은 아니다. 선거제도의 종류를 요약하면 다음 그림과 같다.

그림 4-2 선거제도의 계보

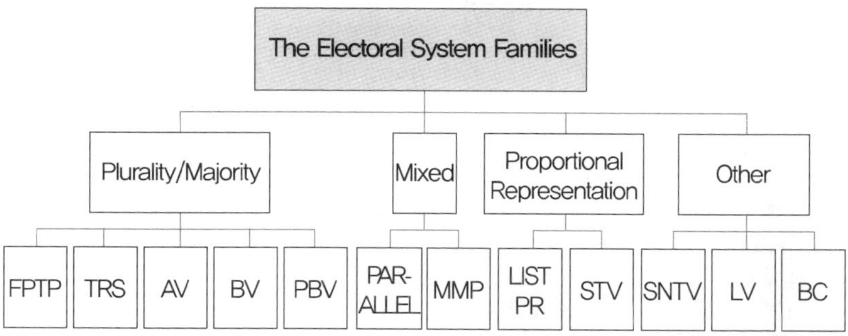

※ 범례: FPTP(First Past The Post: 상대다수대표제), TRS(Two Round System: 결선투표제), AV(Alternative Vote: 대안투표), BV(Block Vote: 구역투표), PBV(Party Block Vote: 정당구역투표), Parallel(병렬식), MMP(Mixed Member Proportional: 혼합지역구비례대표제), List PR(List Proportional Representation: 명부식비례대표제), STV(Single Transferable Vote: 단기이양식 투표), SNTV (Single Nontransferable Vote: 단기비이양식 투표), LV(Limited Vote: 제한투표), BC(Borda Count: 보다식 투표)

출처: IIDEA(2008)

표 4-2 국회의원 선거제도의 지역별 분포

	Africa	Americas	Asia	Eastern Europe	Western Europe	Oceania	Middle East	Total
FPTP	15	17	5	0	1	7	2	47
BV	1	3	2	0	3	2	4	15
PBV	3	0	1	0	0	0	0	4
AV	0	0	0	0	0	3	0	3
TRS	8	3	6	1	1	1	2	22
List PR	16	19	3	13	15	0	4	70
STV	0	0	0	0	2	0	0	2
MMP	1	3	0	2	2	1	0	9
Parallel	4	0	8	7	1	1	0	21
SNTV	0	0	1	0	0	2	1	4
BC	0	0	0	0	0	1	0	1
LV	0	0	0	0	1	0	0	1
Total	48	45	26	23	26	18	13	199

Note: 2004년 자료, 양원제의 경우 하원만 포함.

※ 범례: FPTP(First Past The Post: 상대다수대표제), TRS(Two Round System: 결선투표제), AV(Alternative Vote: 대안투표), BV(Block Vote: 구역투표), PBV(Party Block Vote: 정당구역투표), Parallel(병렬식), MMP(Mixed Member Proportional: 혼합지역구비례대표제), List PR(List Proportional Representation: 명부식비례대표제), STV(Single Transferable Vote: 단기이양식 투표), SNTV (Single Nontransferable Vote: 단기비이양식 투표), LV(Limited Vote: 제한투표), BC(Borda Count: 보다식 투표)

출처: IIDEA(2008)

세계적으로 선거제도의 분포를 보면 199개국 중에서 절반(91개국, 전체의 46%)정도가 다수대표제를 사용하고 있고, 비례대표제는 72개국(36% 정도)이 사용하며, 혼합식은 30개국(15% 정도)이 사용하고, 단지 6개국(3%)만이 다른 제도를 사용하고 있다(<표 4-1> 참조).

전 세계 인구로 선거제도의 분포를 살펴보면 상대다수대표제(FPTP), 구역 투표(Block Vote) 등의 다수대표제를 사용하는 인구가 26억 5천만명으로 199개 국가 중의 약 54%를 차지한다. 비례대표제를 사용하고 있는 국가는 11억 9천만명이며, 혼합식을 사용하는 인구는 10억 7천만명 정도된다. 혼합식 중에 병렬식을 사용하는 인구는 러시아와 일본을 포함하여 약 16%를 차지하며, 선호투표제와 같은 기타 제도를 사용하는 인구는 단지 34백만명일 뿐이다. 나라별로 선거제도의 분포를 살펴보면 명부식 비례대표제를 채택하고 있는 국가는 199개국 중에 70개국(35%)에 해당되며 상대다수대표제는 47개국 정도(24%)이지만 인구면에서 볼 때는 상대다수대표제가 명부식 비례대표제에 비하여 2배나 많은 인구가 사용하고 있다.

대통령선거의 경우에는 안정적인 국정운영을 위하여 절대 다수대표제를 채택해야 할 필요성이 더 강하다. 절대 다수제를 채택하는 국가는 모두 결선투표제를 채택하고 있다. 대선승리를 위하여 1차 투표를 통과하지 못한 후보와 통과한 후보간에 연합이 형성될 수 있다. 그러나 이념적-정책적 연합에 비하여 결선투표제에서는 오직 승리에만 염두에 연합이 형성될 가능성이 크고 이 경우 2차 투표에서 투표율이 높지 않을 수도 있다. 결선투표제를 도입하고 있는 국가로는 프랑스와 그 영향력 하에 놓였던 아프리카 국가들(가나, 앙골라, 케냐 등), 핀란드, 폴란드, 러시아와 그 영향력 하에 있었던 국가들(리투아니아, 아제르바이잔 등)에서 채택하고 있다. 미국에서는 대의원에 의한 간접선거와 주단위로 대의원에 대한 승자 독식제(winner takes all)를 채택하고 있기 때문에 최종 선거인단 투표에서는 절대다수를 얻은 후보가 대통령으로 당선될 수 있게 된다. 그러나 결선투표제를 도입하는 국가 중 프랑스는 대선 및 국선에 모두 도입하고 있으나 이는 이원집정부제에 따라 의회의 다수당에 총리를 포함한 내각구성권을 부여한 헌법적 특성에 기인하는 것으로 우리나라는 대선의 경우에만 도입하는 것이 타당할 것이다.

결국 어떤 선거제도를 채택할 것인지에 대하여 유권자의 선호를 가장 정확하게 반영한다는 선거제도의 이상에 비추어 볼 때 선호투표제가 가장 적합하지만 복잡하고 선거관리에 비용이 많이 들 수 있기 때문에 실제로는 많이 채택되고 있지 못하다. 한 나라가 어떤 선거제도를 도입하는지 여부는 역사적 맥락과 정치체제, 정당의 성숙도, 시민의식과 제도적 수용가능성, 제도개혁의 권한을 가진 지배 엘리트의 선호 등을 종합적으로 고려하여야 한다.

그림 4-3 선거제도의 국가별 분포

국가별 선거제도 분포(1)

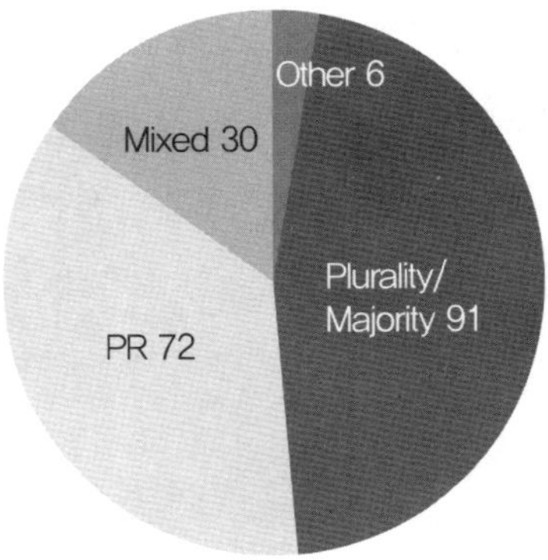

국가별 선거제도 분포(2)

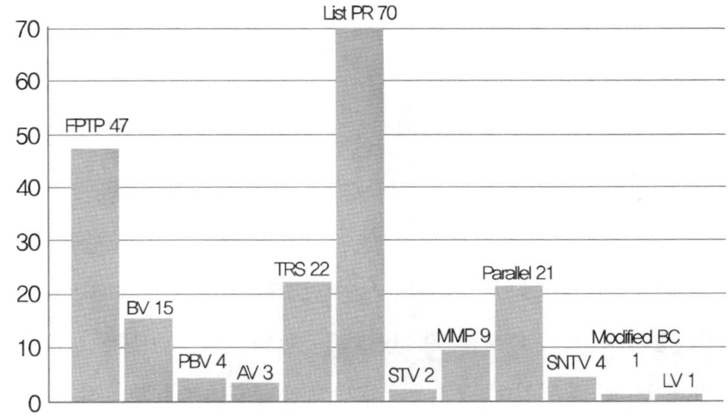

인구별 선거제도 분포(단위: 백만명)

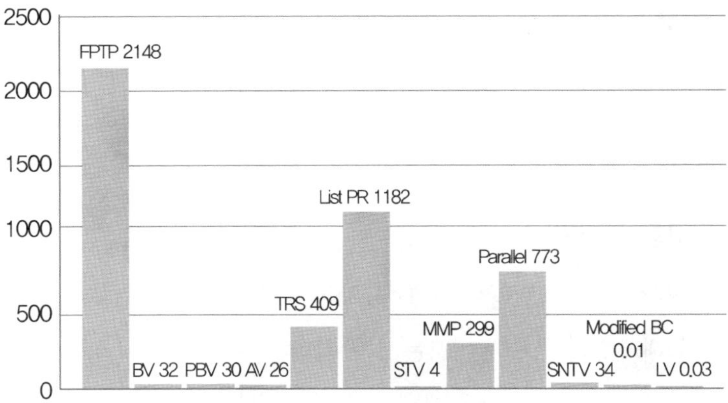

※ 범례: FPTP(First Past The Post: 상대다수대표제), TRS(Two Round System: 결선투표제), AV(Alternative Vote: 대안투표), BV(Block Vote: 구역투표), PBV(Party Block Vote: 정당구역투표), Parallel(병렬식), MMP(Mixed Member Proportional: 혼합지역구비례대표제), List PR(List Proportional Representation: 명부식비례대표제), STV(Single Transferable Vote: 단기이양식 투표), SNTV (Single Nontransferable Vote: 단기비이양식 투표), LV(Limited Vote: 제한투표), BC(Borda Count: 보다식 투표)

출처: IIDEA(2008)

과제 2. 대통령의 소통과 업무방식의 개선

1) 필요성

새로운 정치를 구현하기 위해서는 제왕적 대통령제의 폐해를 개선하여야 하는데 그 중의 하나는 대통령이 국민, 국회, 공무원과 효과적으로 소통함으로써 공감대를 형성하는 것이 필요하다. 또한, 대통령이 인의 장막에 갇히는 것이 아니라 다양한 채널을 통하여 국민의 소리를 듣고 현실성있는 정책을 제시하여야 한다. 특히, 경제위기와 남북대립 관계 속에 대통령이 중요한 국가정책에 대하여 합리적으로 의사결정을 할 수 있는 구조를 만드는 것이 중요하다. 또한 정치쇄신안에서 제시한 것처럼 대통령에게 집중된 권한을 어떻게 분산하고 핵심적인 업무에 집중함으로써 국가발전을 이끄는지도 관건이다. 공간적 측면에서도 대통령과 참모진들이 어떻게 하여야 효율적으로 업무를 처리할 것인지에 대해서도 고민할 필요가 있다.

2) 대안과 방법

(1) 상황에 맞는 다양한 소통의 채널 마련

우선 대국민과의 관계에서는 일방적인 의사전달 뿐만 아니라 국민들이 관심을 보이는 사안에 대해서 현장을 방문하여 타운홀(town hall) 회의 형식의 소통을 도입한다. 현장에서 전문가들을 대동하여 실제의 목소리를 청취하되, 현장에서 해결할 수 있는 문제는 현장에서 해결하고, 해결할 수 없는 문제는 연구검토를 통하여 상호 수용할 수 있는 결과에 이르기 위해 노력한다. 정례적으로 대통령의 주제 하에 일반국민들의 대표와 여야 정치인, 각료, 전문가를 모아서 회의를 개최하고 회의과정을 TV를 통하여 중개한다. 그리고 여기서 얻어진 의견들은 관계기관에서 정책에 반영하도록 노력한다. 정치쇄신 공약에서 제시된 국정협의기구도 이와 같이 운영될 필요가 있다. 특히 사회적 타협이 필요한 복지확대를 위한 증세, 비정규직 문제의 해결, 정년연장과 일자리 안정을 위한 협약 등에서는 이러한 사회적 타협기구를 통해서 해결하는 것이 바람직할 것이다.

둘째, 대국회관계에서는 연초에 연두교서 형식으로 국회에 대하여 입법과 예·결산에 있어 협조사항으로 메시지를 보낸다. 개별 국회의원에게 이메일이나 편지를 통하여 설득을 구하고 중요한 국회의원에게는 전화를 통하여 협조를 구한다. 그리고 예산안에 대한 시정연설에 대해서는 국무총리가 대독하지 않고 반드시 대통령이 국회를 직접 방문하여 전 국회의원이 모인 자리에서 연설하도록 하고, 그 이외에 국가안위에 관하여 중요한 사항이나 해외순방 중 외교적으로 중요한 사항에 대해서는 국회에 출석하여 연설하면서 국회의원들에게 알리고 협조를 구하는 것도 필요하다. 또한 여야 영수회담을 정례화하여 국가의 중요한 업무에 대하여 여야 지도자와 협의하고, 여당 의원 뿐만아니라 야당 국회의원들도 청와대로 초청하여 간담회를 하도록 한다.

셋째, 대공무원과의 관계에서는 부처별 업무보고를 현장중심으로 이루어지도록 하고 업무 보고시 공무원 뿐만 아니라 이해관계자와 일반국민들도 참석하여 의견을 개진하게 한다. 부처 업무보고는 반드시 직급이 중요한 것이 아니라 해당 업무를 가장 잘 알고 있는 실무책임자가 할 수 있도록 하여 대통령에게 정확한 정보가 전달될 수 있게 한다. 국무회의의 경우는 한 달에 한 번이상 반드시 대통령이 주재하되, 연초에는 각 광역시도 지방자치단체나 세종시 등을 방문하면서 현장 국무회의도 병행한다.

넷째, 장관들이 비서실장이나 수석비서관을 통하여 대통령에게 보고를 하는 것이 아니라 비서실장과 함께 보고하거나 중요한 사안은 독대할 수 있는 기회를 제공한다.

(2) 대통령의 합리적 의사결정 구조 마련

제왕적 대통령제는 대통령에게 권한이 집중되므로 대통령의 의중을 중시하여 비서진과 장관들이 대통령만 바라보고 직언을 말하기 어렵다. 그러는 사이에 대통령의 뜻이라며 다른 반대의견을 용납하지 않는 집단사고(Group think)의 오류에 빠지기 쉽다(Janis, 1972). 이를 극복하기 위해서는 다양한 의견이 개진될 수 있는 의사결정 구조를 만드는 것이 필요하다. 대표적으로 장관이 수석과 조율을 거치지 않고 별도 보고를 할 수 있게 하고 수석급 회의에서도 해당 분야의 수석 뿐만 아니라 업무와 연관된 다른 수석도 의견을 개진하게 함으로써 복수의 의견이 대통령에게 전달되게 하고 대통령은 이중에서 장단점을 검토하여 최종의사결정에 이르게 한다. 이 과정에서 대통령은 비공식적인 외부전문가에게 자문을 구할 수도 있고, 청와대 회의에서 다양한 의견이 개진되어 합리적 의사결정에 이를 수 있게하는 정직한 중개자(honest broker)로서 비서실장의 역할이 중요하다. 또한 대통령비서실은 권한남용을 방지하기 위하여 단순하게 운영하는 것이 바람직하지만 정작 대통령이 중시하는 문제에 대해서는 특별보좌관제도를 둠으로써 의사결정의 질을 높일 수 있는 가외성(redundancy)도 필요하다.

Tip

여기서 잠깐! 집단사고의 오류란 무엇인가요?

집단사고(Group think)는 조화와 통일성을 바라는 집단에서 부정확하고 잘못된 의사결정을 내리는 심리적 현상을 말한다. 집단의 구성원들이 다른 대안에 대한 비판적 검토나 외부적인 영향 없이 자기들만의 노력으로 갈등을 최소화하고 합의에 이르고자 하기 때문에 결국에는 합리적인 의사결정에 이르지 못하게 되는 것이다. 집단사고의 오류는 어빙 재니스(Irving Janis)에 의하여 미국의 외교정책과정에 대하여 적용되었다. 진주만 침략에 대한 대응(1941), 쿠바 피그만에 대한 침공(1961), 베트남 전쟁(1967-67)의 실행 등에서 미국 정부는 실패하였고 그 원인은 주로 반대 의견이 개진되는 것을 막는 집단사고에 기인했다고 평가했다. 집단사고의 특징으로는 자기 집단의 권력과 도덕성에 대한 과잉평가, 다양한 의견이나 대안에 대한 닫힌 마음, 통일성에 대한 압력 등을 들 수 있다. 집단사고의 오류를 방지하기 위해서는 첫째, 조직의 리더가 구성원 중의 일부를 비판적 평가자로 지명해야 하고, 둘째, 어떤 과업을 부여할 때 사전에 방향이나 의견을 제시하지 않으며, 셋째, 결과에 영향을 미치는 소그룹 모임에는 리더들이 가급적 참여하지 말고, 넷째, 동일한 사안에 대하여 연구하는 복수의 소그룹을 육성하며, 다섯째, 모든 대안들이 검토되도록 하고, 여섯째, 각각의 구성원들은 그룹 밖의 신뢰할 수 있는 사람들과 의견을 교환할 수 있어야 하며, 일곱째, 외부 전문가가 회의에 초대되어 의견을 말할 수 있게 하고, 여덟째, 최소한 한 명의 구성원은 일부러 집단의 다수의견과는 다른 반대의견을 주창하는 역할(Devil's Advocacy)을 수행하도록 하여야 한다. 바로 이러한 방식을 채택함으로써 쿠바 피그만 침공에서 실패한 케네디 대통령이 그 다음의 쿠바 미사일 사태에서는 파국을 피할 수 있었다.

대통령이 합리적 의사결정을 하기 위해서는 정보의 공유와 취합이 잘 이루어져야 한다. 현행은 개별부처를 담당하는 각 수석실에서 보고를 받아 비서실장이 주재하는 수석비서관회의에 보고가 되고 다시 대통령에게 보고가 된다. 그러나 각 수석간의 정보공유 뿐만 아니라 청와대와 각 부처간의 정보공유가 잘 이루어질 수 있도록 할 필요가 있다. 대통령 비서실을 통하여 일방적으로 지시를 받는 것이 아니라 대통령의 국정과제와 철학, 현안에 대한 정보를 얻을 수 있어야 제대로 정책이 집행될 수 있다.

(3) 대통령의 업무의 분산과 집중

대통령은 시간과 능력의 제약 때문에 모든 문제를 처리할 수 없다. 그리고 국민에게 제시한 공약을 성공적으로 추진하기 위해서는 집권 초에 국민의 지지도가 높을 때 중요한 정책들을 강하게 추진하여야 한다. 이를 위해서 대통령의 업무의 분산과 집중이 필요하다. 책임총리제에 따라 내치에 관한 통상적인 업무나 작은 규모의 갈등 조정, 감독 및 업무평가는 국무총리가 담당하되, 대통령은 외교와 국방, 국민에게 약속한 중요한 공약의 실천, 국민과 국회에 대한 중요한 메시지 전달, 국가 중요 직위에 대한 인사와 인사방침의 설정, 친인척 등 측근 비리 차단 등의 업무에 집중하여야 한다. 이러한 측면에서 반드시 실천할 대통령 아젠다를 미리 정하여야 하고, 대통령실의 공보, 정무, 인사, 민정 기능을 강화하여야 한다.

(4) 장관에 대한 국민추천제와 총리의 제청권 보장

새누리당의 정치쇄신안에는 총리의 3배수 장관추천권을 포함하고 있다. 국민이 주인이 되는 새로운 정치에서는 국민에게 장관 추천권을 인정해 줄 필요가 있다. 조선시대 조광조가 현량과(賢良科)를 도입하여 전국적으로 숨어 있는 인재들을 추천받아 등용한 것처럼 각 부처의 장관이나 국영기업체의 장 등 고위공직자들을 국민들로 추천받아 등용하는 것이다. 이를 위하여 총리실 산하 또는 독립된 중앙인사관리기구에 고위공직자추천위원회를 두고 국민들로부터 인터넷이나 서면으로 추천을 받는다. 추천은 반드시 실명으로 하되, 추천하는 이유에 대하여 소상하게 밝혀야 한다. 추천된 사람에 대해서는 인사검증을 통하여 총리에게 보고하고 총리는 장관추천권을 행사한다. 총리의 장관 추천에는 일반국민이나 야당에서 추천한 인사, 해당 직역의 전문가 집단이 추천한 인사, 총리 개인이 발굴한 인사 등으로 다양하게 인사 기초자료를 만들어 대통령에게 추천할 수 있게 한다. 특히, 노동, 환경, 여성, 인권과 같이 사회적 약자들에 대하여 배려가 필요하고 정부조직 내에서 소수파적인 지위에 있는 부서에는 외부에서 전문성을 갖추고, 정부 내에서 소수의 목소리를 낼 수 있는 사람으로 추천한다. 예를 들어 노동부 장관에 대해서는 노동계의 현실을 가장 잘 알 수 있는 노동자 출신의 정치인이나 노동경제학, 노동법 전문가 중에서 추천하고, 환경부 장관에 대해서는 환경운동가나 환경을 전공한 학자들 중에서 실천력이 높은 사람들을 장관 후보로 적극적으로 영입하여 정부정책의 균형추를 맞추는 것이 필요하다.

(5) 대통령실 공간적 구조의 개선

대통령이 비서진들과 적극적으로 소통하고 정보전달을 원활하게 하기 위해서 대통령실의 공간적 구조를 개선할 필요가 있다. 1968년부터 박정희 대통령은 경제개발과 자주국방을 위하여 수석비서관실을 신설하는 등 청와대 조직을 확대 개편하게 된다. 그에 따라 청와대에 비서관과 부처 파견인력이 근무하는 행정동(위민관)을 신축하게 된다. 그 전까지만 해도 비서관들이 대통령과 청와대에서 함께 근무하는 구조였다고 한다. 그러나 행정동이 설치되면서 부속실만 대통령과 같이 근무하고 정책으로 협조를 맞추어야 할 비서관들은 먼 거리를 걸어 다니거나 차량으로 이동하여 대통령에게 보고하는 상황으로 바뀌고 말았다. 또한 1989년 청와대 본관이 신축되면서 비서실장도 행정동에서 근무하고 대통령은 드넓은 공관에서 적막하게 보내는 시간이 많아졌다. 대통령과 접촉이 줄어들다보니 비서관들도 대통령의 이름을 빌어 관련부처에 압력을 행사하는 경우도 있다. 대통령실의 구조를 개선해 최소한 비서실장과 핵심 참모는 대통령과 같은 건물에서 근무를 하게 하고, 미국의 웨스트 윙(West Wing)과 같이 행정공관이 대통령 집무실과 바로 연결되는 구조를 만들어야 할 것이다.

(6) 결국은 대통령의 리더십이 관건이다

현행 대통령실의 관행은 권위주의 정부 때부터 형성된 것으로 민주화를 거치면서도 크게 달라지지 않고 이어져 온 것이다. 이러한 관행을 깨고 국민에게 다가가며 보좌진과 함께 열심히, 그리고 지혜롭게 일하는 대통령이 되기 위해서는 대통령 스스로가 가장 낮아지려는 리더십이 필요하다. 누구든지 자신을 높이는 이는 낮아지고 자신을 높이는 이는 낮아질 것이다(루카 14, 11). 이것이 바로 새로운 정치를 열망하는 국민들의 요구에 부응하는 길이기도 하다. 국민과 뜻을 같이 하고 특권을 추구하는 대신에 국민을 불쌍하게 여기는 측은지심(惻隱之心)의 리더십이 필요한 것이다. 국민과 제대로 소통하기 위하기 위해서는 서로 공감하고 이해하는 감성적 리더십을 발휘하여야 한다. 또한 자기의 반대편까지도 포용하고 이들을 설득하여 대통합을 이루어낼 수 있어야 한다.

3) 외국사례

외국의 국가원수들의 소통방식에 대한 사례를 살펴보면 영국의 토니 블레어(Tony Blair) 정부에서는 수상실 내에 전략적 소통조직(the Strategic Communications Unit)을 신설하고 내각규칙을 개정하여 모든 부처의 공보업무 책임자는 수상실에서 제시한 요구사항을 준수하라는 지침을 내리고 위반할 경우 책임을 묻도록 하여 정부업무의 잘못된 전달을 방지하였다(C. Clifford, 2001).

한편, 미국의 대통령은 법률안 제출권이 없기 때문에 연두교서의 형식으로 국회에 입법이 필요한 사항을 요청한다. 그리고 대통령은 친서와 전화의 방식으로 개별 국회의원을 설득하고 국회에 출석하여 연설함으로써 지지를 이끌어 내기도 한다. 백악관 내부에서도 대통령과 함께 의회업무를 담당하는 보좌진이 근무하며 대통령의 아젠다를 관철시키기 위하여 끊임없이 의회의 동향을 파악하고 있다.

건물의 공간적 배치에서도 미국의 백악관은 대통령이 참모들과 웨스트 윙(West Wing)이라는 한 건물에 입주하여 근무하고 필요한 사항이 있으면 직접 방문하여 의견을 물어보기도 한다. 미국을 방문한 우리나라 국가원수가 오바마 대통령이 다른 참모의 방에서 나오는 것을 보고 깜짝놀랐다고 한 일화가 있기도 하다. 웨스트 윙이 대통령의 공적 공간이라면 이스트 윙(East Wing)은 대통령의 사적 공간이다. 같은 백악관 건물이라도 여기서는 대통령의 선거운동 전화도 가능하다(중앙일보, 2012. 12. 15). 미국의 백악관에서 대통령의 집무실과 같은 층에 비서실・자문관실・부통령실이 있으며 대통령은 언제나 이들과 소통하며 정보를 얻을 수 있다.

우리나라의 대통령도 합리적 의사결정에 이르기 위하여 미국의 대통령의 의사결정 구조를 참고할 필요가 있다. 미국의 대통령실에서는 수시로 회의가 소집된다. 그리고 합리적 의사결정에 이르기 위하여 오히려 다양한 의견들이 개진(multiple advocacy)되는 것을 용인한다. 이 과정에서 비서실장은 의견을 사전에 조율하는 것이 아니라 다양한 의견들이 표출될 수 있도록 분위기를 만들고 대통령에게 전달될 수 있도록 중개자적인 역할을 수행한다. 물론 이런 것들은 대통령별로 약간씩 차이가 있을 수는 있다. 대통령의 특성이나 정치적 상황에 따라 비서실장에게 전권을 부여하여 보좌관들로부터 올라오는 문서들을 1차적으로 스크린하여 중요한 사항만 보고하도록 하고, 대통령은 자신이 관심을 두는 중요한 문제나 재선을 위한 선거운동 준비에 몰두하는 경우도 있다.

오바마 행정부의 열린 백악관(Open White House)[2)]

1. 개 요

미국의 오바마 행정부는 열린 정부운동을 벌이면서 대통령 스스로가 모범을 보이기 위하여 백악관의 문을 활짝 열고, 대통령의 스케줄(신변 안전에 위협이 되는 경우는 제외), 재무상황의 공개, 윤리규범 제정, 백악관 방문자 공개 등을 실시하였다.

2. 대통령의 일정 공개

2010년 7월 이후 대통령과 부통령의 공식일정을 인터넷을 통하여 공개하고 개인적으로 대통령의 일정을 인터넷을 통하여 통보받을 수 있도록 하였다. 이를 통하여 개인들은 대통령과 부통령의 일정을 즉시적으로 알 수 있다.

3. 대통령의 재정상황 공개

대통령과 부통령의 연간 소득 뿐만아니라 세금납부 실적을 인터넷을 통하여 공개하도록 하였다.

4. 대통령부 직원의 윤리규범 마련 및 재산 공개

대통령부에 속하는 직원들의 행동강령을 마련하고 대통령이 정치적으로 임용하는 공무원의 경우 윤리맹세(Ehtics Pledge)에 서명을 하도록 하고, 여기에 일정한 예외를 허용하는 경우에는 이를 전체적으로 공개하도록 했다. 또한 백악관 직원의 소득에 대하여 인터넷을 통하여 공개하고 관심 있는 단체들이 인터넷을 통하여 자료를 요구할 수 있도록 하였다.

5. 백악관 방문기록

백악관의 모든 방문자의 기록들을 인터넷을 통하여 공개하며, 일반인들은 성명 또는 날짜에 의하여 방문기록을 다운로드 받을 수 있게 하였다. 현재까지 1,250,000명의 이름이 공개되었다.

과제 3. 대통령 참모기구의 혁신

1) 필요성

대통령이 국정을 운영하는 과정에서 참모의 도움을 받지 않고서는 도저히 업무를 수행할 수 없다. 대통령이 제대로 업무를 수행하는지 여부는 국정성과에 중요한 영향을 미치므로 대통령의 지원조직에 대한 관심이 필요하다. 이러한 논의는 주로 미국에서 제도적 대통령부서(institutional presidency)의 조직화 문제와 관련된다.

2) http://www.whitehouse.gov/sites/default/files/opengov_report.pdf(검색일: 2013. 1. 27.).

2) 대안과 방법

(1) 제도적 대통령부서의 정예화

제도적 대통령부서(institutional presidency)란 대통령 직위의 근접한 위치에서 대통령의 업무수행을 도와주는 행정적 또는 집행적 기구로서 비서관, 자문역, 고위 관료들로 구성된다(Burke, 1992; Pfiffner, 1994; Jung, Lee & Yoo, 2012). 여기에는 대통령비서실 뿐만 아니라 중앙관리기구로서 기획, 예산, 조직, 법제, 감사 등의 부서가 포함되며, 국무총리도 대통령의 명을 받아 행정부를 통할하기 때문에 대통령부서에 포함된다. 구체적으로 대통령비서실, 국무총리실, 기획재정부(기획 및 예산), 안전행정부(조직 및 인사), 법제처, 감사원 등이 여기에 포함된다. 일반 행정부처로서는 감독하는 기관이 너무 많기 때문에 개별부처가 자율적이고 창의적인 행정을 할 수 없다. 또한 이들 기관은 통제 권한을 이용하여 자신들의 조직의 이익을 보호하고 일반 행정부서를 통하여 자신들의 인사문제를 해결하는 관료제국주의(bureaucratic imperialism)의 특성을 나타내게 된다. 따라서 효율적이고 보다 국민을 위한 행정이 되기 위해서는 방대한 대통령부서를 보다 축소하고 정예화할 필요가 있다.

국무총리가 유지되는 것을 전제로 하는 경우 안전행정부 내의 조직심사 기능을 담당하는 조직실을 분리하여 예산기능을 담당하는 기획재정부에 이관하고, 지방재정을 담당하는 지방재정세제국도 기획재정부로 이관하여 세제실 내의 국으로 설치한다. 한편, 행안부 내의 인사가능은 전문성을 고려하여 독립시켜서 기회균등 인사 기능까지 포함시켜 중앙인사위원회로 별도의 독립기관으로 한다. 안전행정부의 남아있는 기능 중 방재기능은 소방방재청으로 독립시키고, 전자정부

기능은 IT정책을 포괄하는 신설부서(미래창조과학부)로 이관하여 안전행정부를 해체할 필요가 있다. 한편 헌법 개정을 통하여 국무총리제를 폐지할 경우에는 미국처럼 제도적 대통령부서를 통합하여 대통령부를 신설하고 그 속에 기획, 예산, 조직, 인사, 법제 등의 부서를 모두 포함시킨다. 이렇게 되면 대통령 주변에서 통제를 담당하는 기관이 줄어들어 일선 행정기관은 보다 자율적으로 본연의 업무에 충실할 수 있고 대통령 주변에서 불필요하게 내부규제를 행사하는 기관을 줄임으로써 제왕적 대통령제의 폐해를 개선할 수 있다.

(2) 대통령 참모조직의 특권 내려놓기

새로운 정치는 힘 있는 자와 가진 자의 기득권을 내려놓는 것이다. 행정부 내에서 갑으로서 권한을 행사해 온 참모조직의 특권을 내려놓을 필요가 있다. 몇 가지 예를 든다면 선거를 통하여 청와대에 입성한 사람들은 점령군처럼 행세하며 관료들을 길들이고 정치화한다. 대통령의 이름을 빌어 개별 행정부서에 직접 전화를 걸어 지시를 하고 이권에 개입하기도 한다. 일반 공무원에게는 공직기강을 강조하면서도 정작 대통령 주변에 근무하는 사람에게 공직기강에서 많은 예외가 인정된다. 대통령의 참모는 대통령에게 가치와 철학을 제공하고 정책에 대한 아이디어를 제공하며 공약이 제대로 이행되는지 모니터링을 하는 역할에 머물러야 하고 개별 행정부처의 업무에 직접적인 지시를 내리는 것은 자제되어야 한다.

기획재정부와 안전행정부는 대표적으로 특권을 누리는 부처라 할 수 있다. 부처의 예산을 편성하는 기획재정부는 예산편성 기능을 활용하여 다른 부처에 예산을 더 제공하는 대신에 자기 부서의 직원을 전입받게 함으로써 인사적체를 해소하기도 하고, 그 부서로 전입한 직원은 친정인 기획재정부에 와서 예산을 더 따기 위한 로비를 벌이기도 한다. 예산을 이용하여 인사거래를 하고 있는 것이다. 예산편성권이라는 권한을 보유하고 있기 때문에 기획재정부 공무원은 다른 행정부처로 이동하기에도 용이하다. 관료들은 자신의 조직의 예산을 극대화하려고 하고, 이는 공공재의 효율적인 자원배분을 왜곡할 수 있다(Niskanen, 1971). 감사원을 통하여 예산을 다른 인사나 조직과 연계시켜 거래하는 일이 없는지 확실하게 감시할 필요가 있고 사실이 확인되는 경우 관련자를 엄중하게 문책하여 국가의 기강을 바로잡아야 한다.

안전행정부는 정부조직 내의 조직규모를 통제하는 역할을 담당하고 있다. 문제는 헌법기관의 경우에는 안전행정부의 조직심사를 받을 필요가 없이 기획재정부의 예산만 협의가 되면 그 예산의 범위 내에서 조직을 자율적으로 구성할 수 있는데 반하여 행정부 내의 정부부처들은 안전행정부의 조직심사를 거치고 난 후 기획재정부의 예산심사를 다시 받아야 한다. 예산심사를 통하여 조직의 필요성에 대하여 충분히 통제가 가능함에도 굳이 이 기능이 유지되는 이유는 조직심사를 통하여 관련부처에 상당한 영향력을 행사할 수 있기 때문이다.

안전행정부의 조직실은 개별 부처별로 담당 직원을 두고 있으며 행정기관장이 안전행정부의 조직담당 사무관에게 인사를 하러 다니기도 한다. 안전행정부의 조직실이 조직심사를 할 수 있는 근거는 정부조직법과 그 하위법령으로서 '행정기관의 조직 및 정원에 관한 통칙' 이다. 그 취지는 국가행정기관의 조직 및 정원의 합리적인 책정과 관리를 위한 기준을 정함으로써 능률적인 행정조직의 운영을 기하는 것이지만(행정기관의 조직과 정원에 관한 통칙 제1조) 획일적 기준에 따라 행정부서를 통제함으로써 현실에 맞는 행정운영을 제약할 뿐만아니라 조직을 통제하는 위치에서 자신의 조직을 확대하고 있다.

새 정부가 출범하여 정부조직 개편이 이루어지기 전이지만 행정안전부와 그 소속기관은 2012. 6. 30. 현재 총정원이 3,092명인데 장관 이외에 차관급을 12명을 두고 있고, 일반직 공무원 중 고위공무원단에 속하는 공무원은 88명이었다. 한편 총정원이 4,932명인 농림수산식품부에는 장관 이외에 차관급이 2명이며 일반직 중에 고위공무원단에 속하는 공무원은 31명에 지나지 않고, 총정원이 32,553명인 지식경제부의 경우 장관 이외에 차관급은 2명이고 일반직 중 고위공무원단에 속하는 공무원은 46명에 지나지 않으며 총정원이 3,033명인 보건복지부의 경우 장관 이외에 차관급은 1명 뿐이고 일반직 중 고위공무원은 29명일 뿐이다. 이와 반대로 다른 공무원을 통제하는 대통령부서에 속하는 국무총리실의 경우 총정원은 437명에 불과한데 장관급이 2명, 차관급이 2명이고 일반직 고위공무원은 41명이 있고, 기획재정부의 경우 총정원은 914명인데 차관급은 2명이고, 일반직 고위공무원은 30명이다. 다른 대통령부서에 비해서도 과거 행정안전부에는 고위직을 과다하게 두고 있음을 알 수 있다. 행정공무원을 직급의 상승을 통하여 얻을 수 있는 편익이 증가하므로 고위직이 많다는 것은 승진에도 유리하고 봉급이나 교육훈련 등에서 누리는 편익이 많다. 조직을 담당하는 부서가 자신들의 조직에는 관대할 수 있음을 알 수 있다.

안전행정부는 대통령령인 통칙에 따라 매년 '조직관리지침'을 내려보내 각 부처의 정원에 대하여 통제할 뿐만 아니라 부처가 제출한 조직정원안에 대하여 심사하고 해당 기관의 연도별 정원을 정해준다. 그 후 안전행정부장관은 당해연도 6월 말일까지 기획재정부장관에게 부처별 정원을 통보하고, 기획재정부장관은 통보된 정원의 범위안에서 다음연도의 인건비예산을 편성하도록 하고 있다. 행정부처의 장의 자율성을 증가시키는 총액인건비제의 경우에도 안전행정부 장관이 정하는 범위 내에서만 운용하도록 제한하고 있어 사실상 부처의 자율성을 제약하고 있다.

안전행정부의 조직심사권은 개별 부처에서 갑으로서 권한을 행사할 수 있게 하며 모든 정부 업무마다 인력을 파견하고 개입하고 있다. 기획재정부와 마찬가지로 조직심사권이라는 권한을 활용하여 전 부처에 인력을 보낼 수 있고, 지방재정에 대한 권한을 활용하여 지방자치단체도 통제하고 있다. 시도의 행정부지사는 대부분 행정안전부(과거에는 행정자치부) 출신들이 차지하였다. 그러나 행정관리형 부처의 공무원들은 일반 행정에만 달인일 뿐 구체적인 전문분야의 행정은 잘 모르는 경우가 많다.

광역 시도부지사의 경우에도 각 지방자치단체가 필요한 업무(환경, 복지, 농림, 산업 등)에서 전문성을 인정받은 다른 부처의 고위공무원들도 갈 수 있다면 중앙과 지방의 인력교류를 통하여 지방자치단체가 보다 더 발전할 수 있을 것인데 안전행정부가 이러한 자리를 독점함으로써 지방자치단체의 역량 향상을 저해하고 있다. 행정개혁을 담당하는 부서가 정작 자신의 이익을 추구하는 경우 어떻게 다른 기관이 행정의 효율성을 높이기를 기대할 수 있겠는가? 정부 교체기 마다 자신의 조직을 지키기 위하여 모든 수단을 동원하고 정치권에 줄을 대고자 하지만 정작 인수위를 지원하는 기관이 안전행정부이고 그 이후 정부조직법 개정과 행정개혁을 담당하는 기관도 안전행정부이다 보니 행정개혁의 결과 항상 자기 조직의 이익을 지키면서 살아남을 수 있었던 것이다. 이번 정부조직 개편에서도 행정안전부는 안전행정부로 이름만 바꾸고 안전 분야의 컨트롤 타워(Control Tower) 역할을 한다고 한다. 그래서 행정개혁 자체를 개혁해야 할 필요성이 제기되는 것이다.

장관들을 외부 인사로 앉힌다고 해서 관료제에 대한 통제가 제대로 이루어지는 것은 아니다. 스스로가 변화하고 혁신하려는 노력이 보여야 한다. 그것은 자기의 특권을 내려 놓는 것이다. 이명박 정부 초기에 행정자치부는 중앙인사위원회를 없애 조직을 줄이는 듯 하면서도 실제로는 소방방재청을 끌어 안고 정보통신부를 없애면서 전자정부 기능을 독점하지 않았던가? 그러면서 실장급 직위를 늘여 기획조정실, 인사실, 조직실, 정보화전략실, 재난안전실 등 현재 실장(1급, 현재 고위공무원 가급)이 5개나 된다. 이 중 인사실이나 조직실은 실제로 다른 부처의 장차관도 함부로 못하는 막강한 실력을 행사할 수 있는 자리이다.

행정학에서 관료들의 사익추구 행태 중에 자기조직의 예산을 극대화하는 전략 이외에 계선으로서 사업수행의 책임은 지지 않으면서 정무직의 참모로서 실권을 행사할 수 있는 직위를 많이 늘이는 관청형성전략(bureau shaping strategy)이 있다(Dunleavy, 1991). 1급 공무원과 국장 또는 과장 자리를 많이 늘여서 승진 자리를 만들고 그 중에서도 권한을 행사할 수 있는 알짜배기 참모직을 늘임으로써 권한을 행사하려고 한다는 것이다. 이러한 행안부 조직의 대응은 관청형성전략에서 나오는 관료제의 행태와 유사하다.

어찌하여 형제의 눈 속에 있는 티는 보면서 자기 눈 속에 있는 들보는 깨닫지 못하는가? 자기 눈 속에는 들보가 있는데 어떻게 형제에게 '가만, 네 눈에서 티를 빼내 주겠다.'고 할 수 있겠는가?(마태, 7: 3-4).

정부조직 심사와 편성권을 활용하여 독립적인 중앙인사위원회를 없애면서 이를 인사실로 격하시켜 자기들 조직으로 편입시키게 됨으로써 인사기능의 독립성과 전문성마저도 흔들리게 되었다. 인사와 조직이라는 관료제의 핵심기능을 함께 가짐으로써 호랑이에 날개를 달아준 꼴이 되었다. 안전행정부는 정부의 총무기능도 가지고 있기 때문에 대통령 가까이에서 모든 행사를 지휘하고 의전까지도 담당하고 있다. 한번 당선되고 나면 이들이 대통령을 가까이에서 모시는 기능을 하기 때문에 선뜻 대통령이 이 조직에 칼을 들이대기가 어렵다. 그러나 정부서무나 의전기능도 청와대의 의전비서관이 있고, 총리실이나 신설되는 중앙인사위원회가 수행하게 할 수 있다.

Tip

여기서 잠깐! 관료제의 예산극대화와 관청형성전략이란?

공공조직의 규모는 경제학적인 논리에 따르면 수요와 공급에 따라 한 단위의 공공재가 더 공급됨으로써 국민이 얻는 한계효용과 이를 공급하는 데 드는 한계비용이 일치하는 수준에서 결정되는 것이 바람직하다. 그러나, 정부 내의 큰 관료제는 그 자신들의 이익을 극대화하기 위하여 예산을 많이 얻고자 한다. 왜냐하면 예산집행을 통하여 더 많은 권한을 행사할 수 있기 때문이다. 그 결과 비효율적인 분야에도 예산이 집행되고, 사회 전체적인 효용이 떨어지게 되는 것이다. 이를 관료제의 예산극대화(budget-maximization)현상이라고 한다. 아래 그래프에서 보는 바와 같이 시장에서의 정상적인 공급수준은 e점인데 관료제가 스스로의 효용을 극대화하기 위하여 예산을 증가시킴으로써 a점에서 공급량이 결정되면 결국 △ema만큼의 사회적 낭비가 발생하게 되는 것이다(Dryzek and Dunleavy, 2009: 116-7).

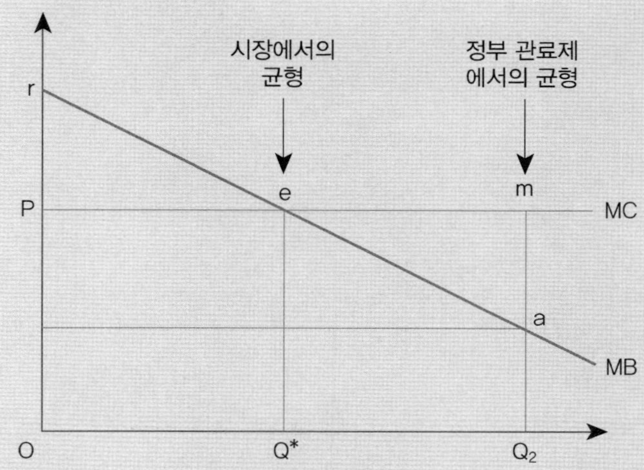

예산극대화 전략과 달리 관청형성(Bureau-shaping)전략은 관료제의 실제적인 현상을 보다 적실하게 설명한다. 관료제는 사업예산의 크기에 관심이 있는 것이 아니라 그들의 업무로부터 정치적 효용을 극대화할 수 있는 관청을 많이 형성하는데 관심이 있다는 것이다. 관료들은 많은 예산을 사용하며 민원에 시달리기 보다는 작은 규모로 권력자 주변에서 실권을 행사할 수 있는 직위에 더 관심이 있다. 이러한 이유로 고위공직자는 집행권한은 독립시켜 책임운영기관으로 하거나 민간화 또는 외부계약을 더 선호하게 된다(Patrick Dunleavy, 2001; 정용덕 2001).

끝으로 법제처는 국가법령의 통일성을 위하여 법제심사와 법령해석, 법령공포를 담당하는데 과거에는 행정심판도 법제처가 행하고 있었다. 그러나 현재는 독립된 차관급 기관이다 보니 행정부 내에서 그다지 역할을 수행하지 못하고 있다. 행정심판기능 마저도 국민권익위원회로 넘어가 독립된 기관으로 수행할 업무 자체도 충분하지 못하다. 대통령부서의 정예화를 위하여 법제처를 국무총리 소속으로 이관하고 법제실장(국무위원급)으로 운영하는 것이 바람직하다고 본다.

(3) 정부조직과 예산배분의 선택권을 국민에게로

국민의 주인이 되는 새로운 정치에서는 국민이 원한다면 정치나 행정의 과정 속에 참여할 수 있어야 한다. 정부 조직 내부에서 관료제가 병들어서 사익추구에 몰입하는 경우 이를 개혁하는 방법은 국민에게 선택권을 돌려주는 것이다. 그것이 바로 공공선택(public choice)이다. 국민이 원하는 선호 만큼 정부조직이 구성되도록 하고 예산이 배분되도록 하는 것이다. 매년 확대가 필요한 정부기능에 대하여 국민들에게 여론조사를 하거나 가칭 '국민의 수요와 선택'이라는 인터넷 사이트를 이용하여 각 정부의 세부 기능들에 관한 카테고리를 제시한 후 국민들이 인터넷 투표를 하게 함으로써 늘어나야 될 정부기능을 선택할 수 있게 하는 것이다. 또한 정부조직에 관하여 국민자문위원회를 두어 평균적인 식견을 갖춘 관심있는 국민들 중에서 인구비례로 무작위 선정한 후 참여의사가 있는 국민들을 위원으로 위촉하여 필요한 정부조직에 대하여 의견을 개진하게 하고 전문가와 함께 이러한 수요를 검토하여 정부조직 운영에 반영하는 것이다. 예산배분도 마찬가지이다. 늘어나야 될 사업예산들을 국회 뿐만 정부의 예산편성과정에서 수요조사, 인터넷 투표, 평범한 국민들로 구성된 자문위원회를 통하여 선호를 수렴한 후 예산편성에 반영하는 것이다.

(4) 친인척 및 측근비리의 근절

대통령이 막강한 권한이 집중됨으로 인하여 이권을 노리는 사람들이 대통령에게 영향을 미칠 수 있는 친인척과 측근들에게 접근하여 각종 청탁을 하는 것이 매번 정권 때마다 이어져 왔다. 이는 대통령의 도덕성에 치명타를 가하게 되어 국정운영에 대한 국민의 신뢰도를 떨어뜨린다. 대통령 주변의 사람들은 가만히 있어도 청탁을 하거나 줄을 대려는 사람들이 접근하기 때문에 쉽게 유혹에 빠질 수 있는 환경에 놓여 있다. 이를 방지하기 위하여 심지어는 대통령 친인척들 중 영향력이 있는 사람은 높은 자리로 나서지도 말고, 대통령 재임기간 동안 외국에 나가서 거주할 것을 제안하는 사람도 있다.

새로운 정치를 위하여 새누리당에서는 대통령 친인척의 비리를 전담하기 위하여 국회가 추천한 특별감찰관제를 도입하고, 조사권도 부여하기로 했다. 그러나 과거에도 민정수석실에서 친인척을 관리하기 위하여 감찰반을 운영하였으나 대통령과 친인척이기 때문에 엄격하게 관리하지 못했다. 국회가 추천한다고 하더라도 정부여당이 다수당이기 때문에 이러한 특별감찰관이 제대로 효과를 발휘할 수 있을지는 의문이다.

친인척을 관리하기 위해서는 특별감찰관제 뿐만 아니라 친인척의 동향을 대통령에게 정기적으로 보고하도록 하고 친인척에게 접근하여 이권이나 인사상의 혜택을 보려고 한 자에게 오히려 불이익을 주고 언론에 공개하는 것이 더 효과적이라고 생각된다. 또한 공직자 재산등록처럼 친인척들도 본인이 동의한다면 재산을 등록하게 하고 그 변동사항을 대통령 재임기간 동안 공개한다면 친인척의 비리가 근절될 수 있을 것이다.

(5) 대통령 공약 이행 점검 조직 강화

새로운 정치가 바라는 대통령은 자신의 약속을 실천하는 대통령이다. 이를 통하여 대통령은 국민의 신뢰를 받을 수 있으며 정치신뢰를 회복하는 길이기도 하다. 따라서 대통령의 공약의 이행을 점검하는 조직이 필요하다. 선거과정에서 급조된 공약이어서 공약이행시 국가적으로 불이익 더 큰 경우에는 국민 앞에 그 이유를 명백히 밝히고 사과를 해야 한다.

대통령비서실 내에 대통령의 공약을 정부 의제(agenda)로 전환하여 목록을 만들고 의제별로 구체적인 행동계획(action plan)과 로드맵(road map)을 작성하여 두고 인터넷을 통하여 대통령의 공약 이행정도를 실시간으로 공개하는 것이 필요하다. 그리고 대통령이 직접 공약이행을 챙기고, 대통령비서실 내의 공약이행을 모니터링하는 조직을 통하여 월별로 보고를 받을 수 있도록 하여야 한다. 대통령의 아젠다는 정치환경, 대통령의 시간과 전문성 등에 영향을 받는데 공약이행 상황에 따라 국회에 대하여 설득할 것은 설득하고, 행정부서간에는 공약이행 정도를 공개하여 자발적으로 공약이행을 높일 수 있도록 하여야 한다. 연초의 정부업무 보고에는 반드시 부처별로 대통령의 공약사항을 명시하도록 하고 그 이행정도와 실행의 문제점과 우수사례 등을 대통령에게 보고하도록 한다.

3) 외국사례

미국의 경우 1939년 루즈벨트(F. D. Roosevelt) 대통령 때 브라운로(Brownlow) 위원회를 설치하여 대공황과 2차 대전 등 국가적 위기 상황에서 대통령을 돕기 위한 제도적 대통령부서가 처음 제안되었다. 재무부에 있던 예산국(the Bureau of Budget)을 이관하여 대통령부(the Executive Office of the President)라는 통합조직을 만들었고, 그 후 조직이 확대되면서 그 밑에 백악관실(the White House Office), 관리예산처(the Office of Management and Budget), 국가안보회의(National Security Council), 경제자문회의(Council of Economic Advisors), 무역대표부(USTR), 과학기술정책회의 등을 두면서 발전해 왔다(함성득, 1999; 유현종·이윤호, 2011). 대통령 직속의 EOP는 거의 한 건물에서 근무하며 대통령을 보좌하고 있다. 부통령제를 두고 있는 미국에서는 부통령이 대통령과 같이 백악관에서 근무하고 있고, 대통령을 지원하는 부서들이 통합되어 있는 것이 특징이다. 이를 통하여 부서 자체의 이익추구를 방지할 수 있고 내부적으로 통제를 할 수 있다.

예를 들어 대통령부의 핵심은 관리예산처라 할 수 있는데 여기에는 의회와 연방재정에 관한 협의와 사업별 예산심사를 담당하는 자원관리실(Resource Management), 입법에 대하여 법령심사와 행정부내에서 조정을 담당하는 입법기준국(Legislative Reference Division), 재정관리와 제도집행을 감독하는 연방재정관리실(Office of Financial Management), 연방규제, 정보, 통계관리 업무를 담당하는 정보규제업무실(OIRA: Office of Information and Regulatory Affairs), 전자정부 정책을 담당하는 전자정부 및 정보기술실(Office of E-Government and Information Technology)이 있다. 관리예산처는 우리나라로 말하면 안전행정부, 기획재정부, 법제처, 국무총리실의 기능들이 하나의 기관으로 통합되어 있다고 볼 수 있다.

이원집정부제를 취하고 있는 프랑스에서는 대통령실과 총리실이 각각 헌법상 부여받은 역할을 수행하고 있다. 대통령궁에서는 국군과 핵무기를 통제하는 부서인 중대 특수 국정실(État-major particulier), 대통령의 비서, 공보 등 관리적 업무를 담당하는 내각실(the cabinet),

국무회의의 준비, 대통령에 대한 정책 조언, 대통령비서실의 관리 등의 업무를 담당하는 대통령비서실(the General Secretariat of the Presidency) 등으로 구성되어 있다. 군사정부를 경험하여 현역 군인들을 배제하는 우리나라와 달리 프랑스의 특수 국정실에는 현역 부제독급의 군인이 장이고 현역 군인들이 참모로서 파견되어 근무하며 군사에 관한 대통령의 업무수행을 보좌하고 있다. 총리실에도 헌법상 부여된 내치 업무를 수행하기 위하여 보좌기구를 두고 있다. 대통령과 총리가 같은 정당의 소속일 경우 대통령은 총리의 업무에도 방침 제시 등을 통하여 관여할 수 있고 대통령비서실의 역할이 증가하게 되지만 대통령과 총리가 다른 정당 소속인 분점정부에서는 대통령의 역할은 헌법에 명시된 외교, 국방 또는 국가적으로 중요한 업무 등으로 제한되어 운영된다(Robert Elgie, 2001).

영국의 토니 블레어 정부에서도 중앙관리기구의 개혁방안을 제시하였는데 정부의 칸막이를 허물고 소관 부서가 공동으로 대응할 수 있는 구조를 만들기 위하여 내각처와 공무원부를 통합하였다. 내각처 내에 성과혁신조직을 신설하여 범정부적으로 대응해야 할 문제를 발굴하고 정책대안을 제시하도록 하였다. 인적자원관리 기능을 내각부로 이전하여 정부정책을 실행하는데 필요한 고위 관료의 전문성을 육성하고자 하였다.

또한, 한정된 재원 내에서 효율적으로 정책을 집행할 수 있는 정부조직 개편을 위하여 OECD의 주요 국가들은 재정부를 중심으로 부처간 검토제를 시행하고 있다. 영국과 네덜란드에서는 재정건전성을 확보하기 위하여 예산담당부처를 중심으로 상호 연관된 부처들이 개별부처의 사업들을 상호 평가하여 방만한 지출을 줄이고 전체 정부성과를 달성하기 위하여 노력한다(OECD, 2006). 정치적으로 결정된 조직관리 방침을 비예산부서가 집행하고 예산부서는 단순히 이를 확인하는 우리나라의 시스템과는 구별되는 것이다.

과제 4. 민의의 수렴과 숙의의 장으로서 국회 운영의 혁신

1) 필요성

특권의식과 정쟁에 휩싸인 국회를 유권자의 뜻에 따라 민의를 수렴하고, 물리적 대립과 막말 대신에 집단적 지성과 상식에 따라 정책과 법안을 산출하는 국민의 기관으로 변화시키기 위하여 국회운영의 혁신이 필요하다. 민의의 전당으로서 국회개혁 없이는 새로운 정치가 실현될 수 없다. 국회가 기득권을 내려 놓고 선거 때 뿐만아니라 평상시에도 국민들과 함께 소통하고 여야가 상호 존중하며 통합과 상생의 정치를 펴는 것이 바로 새로운 정치를 염원하는 국민이 국회에 요구하는 시대적 사명이다. 권위주의 시대에는 국회가 행정부에 비하여 위상이 많이 낮았으나 민주화 이후 국회는 조직과 권한이 확대되었으나 민주주의의 핵심인 토론과 협의, 그리고 결과에 승복이라는 정치문화를 정착시키지 못했기 때문에 국민들로부터 불신을 받고 있는 것이다. 그렇다면 국회가 국민에게 신뢰받는 기관으로 변화되기 위하여 어떤 방법들이 있을까?

2) 대안과 방법

(1) 위원회를 숙의(deliberation)의 장으로 전환

몸싸움과 해머, 최루탄 국회 등 국회의 파행적 운영을 방지하기 위하여 국회 선진화 방안에 따라 국회법이 개정되어 국회의장의 본회의 직권 상정 요건의 강화, 위원회 안건 조정제도, 의안의 자동 상정 간주제도, 일정 수 이상의 의원이 요구하는 경우 안건의 신속처리제(Fast Track), 법사위 지연안건의 자동 본회의 부의절차, 본회의 무제한 토론(Filibuster)제의 도입, 국회질서유지권의 강화 등이 도입되었다. 그러나 국회에서 안건을 신속하게 처리하는데 초점을 맞추고 있을 뿐 토론의 질을 높이기 위한 조치는 보이지 않는다.

국회는 제도화된 소통의 공간이며 국회의원의 소통의 질은 법안과 정책의 품질과 직결된다. 국회에서 소통의 질을 높이기 위해서 국회를 숙의(deliberation)의 공간으로 변화시킬 제도가 필요하다. 여기서 숙의란 상대방의 입장을 존중하면서 상대 의견을 경청하고 자신의 원래 선호를 변화시킬 수 있는 소통 상태를 말한다. 담론의 진정성이 확보되고, 찬반 양론의 근거와 정보가 충분하게 제공됨으로써 국회의원들이 상대방의 주장과 정책에 따라 자신의 원래의 생각을 바꾸고 서로 합의에 이를 수 있는 소통환경을 조성하여야 한다.

이러한 소통의 전제조건은 개별 의원들이 당론에 얽매이지 않고, 자신의 선호를 상대방에게 분명하게 표출할 수 있고, 상대방의 설득을 듣고 그것이 옳다고 생각하는 경우 자신의 견해를 바꾸어 정당을 넘어 동조하고 합의에 이를 수 있을 때 달성된다. 이를 위해서 당론의 폐지와 의원 개인의 자율성 강화가 필요하고, 의원 스스로의 학습이 필요하다. 위원회에서 의안에 대하여 발의한 의원이 직접 설명하고,

이를 놓고 전문가의 도움을 받아 가며 의원들이 진지하게 논의하는 장이 마련되어야 한다.

토론의 진정성을 담보하기 위하여 국회의원의 예상질의를 미리 행정부처에 주거나 행정부 공무원들이 국회의원의 사전 질문을 입수하는 것을 금지한다. 국회의원과 보좌관들은 국회 예산정책처나 입법조사처의 정책자료를 참고할 뿐 검토 내용을 그대로 읽는 수준의 정책 질의는 삼가토록 한다.

(2) 의원별, 쟁점별 의정활동과 성향의 인터넷 공개

숙의 중심의 소통을 위하여 국회에 의원별, 쟁점별 의정활동을 공개하도록 한다. 의원 개인별 또는 법안별로 의원의 개인적인 선호에 대하여 표시하도록 한 후 대통령이나 다른 의원들이 이를 확인하고 반대하거나 중도적인 의원들을 적극적으로 설득할 수 있게 한다.

홈페이지의 정보는 법안이나 정책을 산출한 의원이 직접적으로 설명하게 하고, 그 의안이나 정책에 대하여 다른 의원들은 어떤 발언을 했으며, 무엇이 쟁점이 되는지를 국민들이 인터넷을 통하여 손쉽게 확인할 수 있게 한다. 인터넷상의 이메일을 통하여 국민들은 다양한 의견을 국회의원에게 보낼 수 있으나 협박성 이메일이나 금전과 결부된 로비는 엄격하게 통제한다. 국회 본회의나 위원회에서 의원들의 출석 여부도 인터넷을 통하여 공개하여 의원들의 출석률을 높인다.

(3) 의원 정책보좌 기능의 강화

국회 위원회를 보면 국회의원이 보좌진이 써준 글을 읽는 경우가 많다. 대부분 언론에서 보도된 내용이거나 국회 예산정책처나 입법조사처에서 발간한 예산 및 결산분석보고서나 국감보고서에 기초한 경우가 많다. 국회 보좌관은 국회의원의 지역구를 챙기거나 각종 행사에도 찾아가야 하기 때문에 보통은 정책비서관을 두고 질의내용을 준비하는데 시간상 제약이나 전문성의 부족 때문에 국회 공무원들이 검토한 내용을 그대로 인용하여 국회의원이 예산 및 결산분석보고서에 나와 있는 내용을 그대로 읽는 경우도 있었다. 예산정책처나 입법조사처의 검토보고서도 행정부에서 제출한 자료에 기초하고 분석관이 언론보도, 외국사례 기타 학술자료를 이용하여 정리한 것으로 행정부의 안을 단순히 비판하는 것에 지나지 않는다.

입법권과 예산심의 확정권을 가지고 있는 국회의 핵심은 정책통제가 아니라 정책결정으로 중심이 이동되어야 한다. 국회의원들에게 결정할 정책대안들이 제시되어야 하고 토론을 통하여 그 중에서 합리적 대안이 선택될 수 있도록 정보가 제공되어야 한다. 이를 위하여 위원회의 전문위원을 현직 국회 공무원이 독점할 것이 아니라 교수, 박사, 엔지니어, 환경운동가 등 해당 분야에 이론적 및 실무적으로 전문성이 있는 사람에게도 의무적으로 개방하도록 한다. 현행 국회법은 국회공무원들이 전문위원을 하고, 실제 전문가들은 단순히 심사보조자로만 활용되는데(국회법 제42조 및 제43조) 진짜 전문가는 심사보조자로 잘 응하지 않을 것이다. 정부나 의원이 제출한 안건에 대하여 전문가적 입장에서 평가하고 의원들이 논의할 수 있는 자료를 제공할 수 있게 한다. 전문위원의 수를 확대하고 필요할 경우 위원회 임시로 전문위원으로 위촉하여 활용하고 다시 본업에 복귀하게 할 수도 있다. 이 경우 전문위원의 검토보고는 반드시 한 사람이 할 것이 아니라 다양한 의견이 제시되게 함으로써 의원들간의 충분한 숙의를 통하여 합의가 이루어질 수 있도록 한다. 현행의 입법고시나 공채를 통하여 채용된 공무원을 통하여 정책보좌를 할 것이 아니라 개방형 채용을 통하여 사회의 다양한 분야의 전문가가 전문위원이 되도록 하여야 할 것이다.

국회의원 보좌관은 국회의원이 자체적으로 채용하지만 채용된 이후에는 공무원 신분이므로 이들의 전문성과 공직윤리를 함양하기 위하여 체계적인 교육프로그램을 마련하여야 할 것이다. 연구기관인 국회 법제실, 예산정책처, 입법조사처는 국회사무처와 별도의 독립기관으로 운영되도록 한다. 국회사무처와 순환인사를 할 것이 아니라 해당 분야의 전문성을 함양할 수 있도록 장기 근무를 할 수 있게 하고, 일반직 공무원이 아닌 해당 분야의 전문가가 다수 채용되도록 한다.

(4) 예산결산특별위원회의 상설화와 소위원회의 공개

342조원. 내년 한 해 나라살림을 운영할 예산이다. 이를 실질적으로 확정한 장소는 국회 회의실이 아니라 인근의 호텔이었다. 다른 사람들의 눈을 피해 국회예결위원장, 예결위 여야 간사 의원, 기획재정부 제2차관, 예산실장, 예결위 수석전문위원 6명이 모여 최종적 예산안을 확정지었고, 형식적으로 본회의에 상정하여 통과시키면 되었다(중앙일보, 2013. 01. 03.). 그러는 과정에서 수천 장에 이르는 '쪽지 예산'을 끼워 넣었는데 주로 여야 실세 중진의원들의 지역구 민원예산이 많았다. 이를 놓고 여론의 비판이 많았는데 다음 날 예결위 국회의원들이 중미와 아프리카로 예산시스템을 연구하기 위하여 출장을 나갔다고 하여 타는 불에 기름을 뿌린 격이 되었다. 국민 혈세를 거두어서 지출하는 국가의 살림살이 가계부를 이처럼 시간에 촉박하여 졸속으로 처리하는 것은 참으로 개탄스러운 일이다. 예산 확정이 비밀스럽게 소수에 의하여 이루어지다 보니 청탁이 개입되기 쉬운 것이다.

이를 개혁하기 위하여 예산결산위원회를 상설화하자는 주장이 제기되어 왔다. 예산편성권을 정부가 가지고 있기 때문에 기획재정부가 예산편성지침을 다련하여 각 부처로부터 예산사업과 소요액을 받아 정부예산안으로 확정하면 10월쯤 되어 국회로 넘기게 되고 국회는 3개월간 예산심사를 하여 확정하는 것이다. 따라서 예산 편성단계부터 대통령과 국회가 함께 의견을 개진하여 국가예산을 수립하도록 하는 것이 보다 바람직하다. 정부예산으로 확정되는 과정에서 이해관계가 형성되기 때문에 크게 변경시키기 어렵고, 정부예산안에 없는 새 비목을 설치하거나 증가시키고자 하는 경우에는 정부의 동의를 받아야 하므로 예산편성 단계부터 대통령의 일방적인 예산편성이 아니라 국회와 협의 하에 예산이 편성되도록 하여야 한다.

또한 정부가 예산에 포함시켜야 주요한 사업에 대하여 국회가 사전에 충분히 검증하고 통제함으로써 국민의 뜻과 괴리된 방만한 재정운영을 방지할 수 있다. 한편, 정부도 막판에 지역구 예산을 밀어 넣는 것을 방지하고 국가 전체의 예산 지출 구조 내에서 당해 사업의 타당성을 심사하여 예산안을 확정할 수 있게 된다. 특히, 계수조정소위원회에서는 전체적인 계수만 조정할 뿐 개별사업 예산을 끼워넣거나 실세 의원들의 지역구 민원사업을 해결하는 '돼지고기통 정치'는 금지할 필요가 있다.

Tip

여기서 잠깐! 돼지고기통 정치(pork-barrel politics)란?

돼지고기통 정치(pork-barrel politics)란 재선을 노리는 정치인들이 국가전체적인 합리성과는 상관없이 지역구 예산을 무분별하게 늘리는 포퓰리즘 현상을 말한다(Friedmans, 1984; Riker, 1982). 돼지고기를 나누는 것과 같이 지역개발이나 사회간접자본 예산을 더 많이 나누어 가지기 위하여 정치인들이 서로 경쟁한다는 것이다. 전형적인 돼지고기통 예산지출로 거론되는 것으로 의회 내부의 단일 위원회에서 요구되는 것, 특정 목적이 정해지지 않은 것, 경쟁적으로 배분되지 않는 것, 대통령에 의하여 요구되지 않는 것, 대통령의 예산요구나 전년도 예산을 초과하는 것, 의회 청문회의 대상이 아닌 것, 지역적 이해관계를 위한 것 등을 제시하고 있다(Citizens Against Government Waste). 미국에서 전형적인 돼지고기통 예산으로 보스턴 시 주변에 5.6km짜리 고속도로를 지하화하기 위하여 146억달러를 지출한 것을 들 수 있다. 이는 당시 팁 오닐(Tip O'Neill)이라는 지역구 의원이 하원의장으로 있을 때 지역사업에 연방정부예산이 지원되도록 압력을 행사했기 때문이다(http://en.wikipedia.org/wiki/Pork_barrel).

이와 함께 소위 '이삭줍기'라고 하는 단수예산의 편법처리도 방지되어야 한다. 예산안은 지출단위가 백만원이기 때문에 그 이하의 금액은 모두 단수로 처리된다. 따라서 수많은 국가사업에서 단수를 처리(이하 절사)를 하다 보니 이를 모으면 상당한 금액이 쌓일 수 있다. 문제는 이 단수처리를 하여 남은 예산을 예산담당 직원들이 재량에 의하여 부처별 사업으로 배정하기 때문에 이 부분에 대해서도 청탁이 많다. 수억 또는 수십억의 예산이 갑자기 생길 수도 있는 일이기 때문에 이를 따내기 위한 경쟁도 있다. 단수처리된 예산도 예비금으로 적립하거나 이를 배정하는 기준 등이 마련되어야 할 것이다.

국회 위원회는 위원들의 숫자가 많기 때문에 모두에게 발언권을 주는 경우 심도 있는 논의가 어려울 수 있다. 이를 해결하기 위하여 위원장과 여야 간사가 협의하여 소위원회를 두고 소수의 의원과 전문위원, 행정부의 공무원들이 모여 구체적인 내용을 물어보며 심사를 한다. 법안을 소위원회에 회부할 경우 반드시 한 조문씩 읽어가며 축조심사를 해야 한다. 그러나 소위원회가 의결로 공개하지 않을 수 있기 때문에 보통은 공개하지 않고 운영되는 경우가 많다. 회의를 공개하지 않을 경우에는 최소한의 비공개 사유가 열거되어야 하는데 위원회가 의결하면 그냥 공개하지 않을 수 있다. 이렇게 되면 대부분 비공개로 중요한 내용이 소위원회에서 결정되고 위원회에서는 단순히 이를 확인하는 것에 그치게 될 것이다.

소위원회에는 (수석)전문위원이 준비한 안에 따라 의원들이 서로 질문하면서 진행되는데 의원들이 이의를 제기하지 않는 사항은 그냥 확정되어 버린다. 그렇게 되면 실제로 전체적인 토대는 국회공무원인 전문위원이 정해버린 것이 되어 주객이 전도되어 버리고 만다. 이렇기 때문에 행정부처의 직원들은 국회의원 보다 (수석)전문위원에게 자신들의 법안이나 예산이 잘 반영되도록 부탁을 할 정도이다. 특히 예산결산특별위원회의 계수조정소위원회는 비공개로 하면서 국회가 아닌 호텔방을 빌려서 협의를 하고 정당이나 의원 개인들의 민원 예산을 끼워 넣는 쪽지예산을 편성하지 않았던가?

소위원회로 운영하더라도 정보공개법처럼 예외사유를 명시하도록 하고 그 이외에는 공개적으로 운영하도록 한다. 그리고 보다 다양한 전문가의 견해를 듣고 심도있게 숙의를 함으로써 합리적인 결론에 이를 수 있게 하여야 한다. 오히려 소위원회를 국회 TV나 라디오를 통하여 생중계함으로써 국민들이 자신들의 생활에 직접적인 영향을 미치는 안건들이 합리적인 숙의에 의하여 통과되는지를 확인할 수 있어야 할 것이다.

(5) 의안 독회(讀會)제 및 위원회의 학습 강화

소위원회에서는 법률안 독회제가 의무화되어 있지만 본 위원회에서도 소위원회에서 보고받은 안건을 의원들이 번갈아 가며 읽어 보도록 의무화한다. 이를 통하여 위원회 위원들이 모두 학습할 수 있는 기회를 가질 수 있고, 소위원회의 안에 대하여 소수의견이 있는 경우 이를 위원회 안에 첨부하여 법제사법위원회와 본회의에 상정할 수 있게 한다. 현행은 보통 소위원회에서 심사해서 보고하면 위원장이 이의가 없는지 물어본 후 그냥 위원회에서 체계자구를 심사해서 확정해 버리고 있다. 법제사법위원회에서는 체계자구 심사 이외에 본회의로 상정하기 전에 이 법안에 대하여 본 회의에서 자유로운 토론과 수정을 할 수 있게 할지 또는 본회의에서 토론과 수정을 제한할지를 결정할 수 있게 한다.

법사위에서 토론과 수정이 허락된 안에 대해서 본회의에서도 전원위원회의 형태로 의안에 대하여 토론과 수정을 할 수 있으며 의회의 안으로서 재수정안을 제안할 수 있게 한다. 이처럼 3단계의 과정을 거치면서 법안이 다듬어 지게 되고 국회의원들은 심도있는 학습의 과정을 거치게 될 것이다. 소위에서 소수가 밀실협상으로 통과시키고 법사위와 본회의에서 일사천리로 진행하는 법안과는 내용이나 절차적 정당성에서 본질적으로 차이가 난다.

(6) 국회의 기득권 내려놓기

국회는 입법권과 예산권을 가지고 있다. 이를 이용하여 자신들에게 유리한 의원연금 입법을 하고, 의원회관을 호화롭게 증축하며, 세비를 장관급으로 인상하였다. 고양이에게 생선을 맡긴 격이라는 비판이 나오는 이유가 바로 여기에 있다. 새로운 정치는 가진 자가 자신의 기득권을 내려놓는 것이다. 국회도 권위적이고 고압적인 자세에 벗어나 겸손하고 늘 국민에게 봉사하는 기관으로 거듭나야 한다. 과거의 잘못을 반성하고 새로운 자세로 거듭나지 않으면 국민의 신뢰를 회복하기 어렵다.

우선 의원 자신의 금전적 이익과 관련 의원연금과 세비는 외부 국민들이 참여하는 위원회에서 결정하도록 하고 합리적 범위 내로 축소하는 것이 바람직하다. 둘째, 의원회관이나 국회 본당은 국민들과 소통할 수 있는 구조로 바꾸어야 한다. 신분확인은 하되 지역구 주민이면 누구나 국회의원을 찾아가 고민을 이야기 하고 소통할 수 있는 장소로 만들어야 한다. 셋째, 국감에서 의원들이 호통치거나 고압적인 자세로 임하는 것을 보다 차분하고 진지하게 정책을 토론하는 모습으로 변화하여야 한다. 공무원들의 세종시 이전을 고려하여 필요한 경우에는 직접 찾아가서 국감을 실시하는 것도 고려하여야 한다. 넷째, 면책특권을 이용하여 근거없는 의혹을 제기하거나 국회 본회의장에서 막말 수준의 발언을 하는 것도 삼가야 한다. 반대 정당이라 하더라도 발언을 하는 경우에는 경청할 수 있어야 하고, 발언 도중 공무상 급한 일이 아닌 경우에는 자리를 이석하지 않는 것이 바람직하다. 대통령의 국회 시정연설 동안에는 여야가 모두 참석하여 발언을 듣고 박수를 치는 화합된 모습도 필요하다.

미국 의회의 윤리규범

1. 개 요

미국의 국회의원은 연방선거운동자금법이 허용하는 기부 이외에는 어떤 금전적 이익도 제공받을 수 없으며, 내부적인 윤리규범을 정하고 있다. 그리고 매년 의원의 수입과 지출의 명세서는 국민들에게 공개되고 있다(J. Q. Wilson, 2008). 미국은 윤리특별위원회에서 의원들의 행위가 윤리강령에 위반되는지 여부를 심사한다. 2008년에는 윤리특위 내에 외부인들로 구성된 의원 윤리심사기구를 두기도 하였다.

2. 제한사항

일반 형사규범에 위반되는 경우는 당연히 윤리심사의 대상이 되며 이 정도에 이르지 않더라도 윤리규범에 나타난 제한사항으로 다음과 같은 제한사항이 금지된다.

- 연설의 대가로 사례금을 받는 것
- 친인척이나 친구를 제외하고 50달러 이상의 선물을 받는 것
- 윤리위원회의 동의 없이 개인적인 친분이 있는 사람으로부터 250달러 이상의 선물을 받는 것
- 식사, 운동경기나 공연관람을 포함하여 금전적 가치가 있는 선물을 받는 것
- 의회 퇴직 후 의회에 로비를 하는 것

3. 제재수단

미국 헌법 제1조제5항에 의하면 의회는 문란한 행위(disorderly behavior)에 대하여 처벌할 수 있다. 그 방법으로는 징계와 퇴출이 있는데 자주 사용되는 것은 아니다. 징계에는 경고, 선수(選數)의 상실, 벌금 등이 있고, 의원들의 2/3이상의 동의로 의원을 퇴출시킬 수 있다.

이번 선거과정에서 여야 모두 새로운 정치로서 기득권 내려놓기를 선언했다. 새누리당은 국회 윤리위원회를 전원 외부인사로 구성, 면책특권의 제한과 불체포특권의 폐지 등을 주장하였고, 문재인-안철수 새정치 공동선언에서는 국회의원의 영리 목적 겸직금지, 국회의원 연금 폐지, 국회 윤리특위 내에 시민제소위원회 설치, 민간전문가로 구성된 국회의원 세비심의회 설치, 비례대표 확대 및 의원정수 조정 등을 제시하였다. 이러한 내용들은 모두 현재 국회의원들이 누리는 과다한 특권을 포기하려는 것이다. 새누리당은 문재인-안철수 새정치 공동선언 중에서도 참신한 내용은 적극적으로 수용하여 실천하려는 노력이 필요하다. 지행합일(知行合一), 모르면 지킬 수 없지만 알면서도 지키지 않는 것은 더 큰 잘못이다.

3) 외국사례

의회의 숙의 정도는 그 나라의 의회전통에 달라지는데 영국과 뉴질랜드에서는 토론과 숙의가 활발하게 이루어지며 하원 회의장은 선거운동장을 방불할 정도로 난상 토론이 벌어지고 이것이 국민들에게 라디오로 생중계되기도 한다. 한편, 미국이나 북구의 의회는 위원회를 중심으로 토론이 이루어지며 보다 신중하고 밀도있게 전문가와 이해관계자들을 불러 청문회가 개최된다(Hague, Harrop, and Breslin, 1997).

미국에서는 소위원회에서 청문회가 개최되면 공개가 원칙이고 이해관계자와 전문가가 소환되어 심도있게 조사가 이루어진다. 위원장은 자신이 원하는 지원인력을 선택하여 사용할 수 있다. 규칙위원회에서 사전 평가를 통하여 본회의에서도 토론과 변경이 가능한 법안들을 선정하면 본회의에서도 전원위원회를 소집하여 토론하고 법안이나 의안을 변경할 수 있기 때문에 지속적인 토론과 수정의 숙의과정이 발생할 수 있게 된다(J. Q. Wilson, 2008: 221-22).

미국의 위원회 직원은 다양하게 구성되어 있고 정치적 중립성을 지키는 전문가 뿐만 아니라 고용된 사람 편에서 서서 정치적 성향을 지닌 사람들이 혼재되어 있다. 의원들에게 개별적으로 고용된 보좌관들은 자신과 정치적 성향이나 전문성이 일치하는 의원에 소속되어 근무하며 다른 의원의 보좌관들과 의안의 조정이나 업무 협조 등을 담당하기도 한다. 사실 의원 보좌관은 우리나라에 비하여 미국이 많은 편이다. 하원의원의 경우는 평균 16명의 직원을 두고 있고 상원의원의 경우에는 36명의 직원을 두고 있다.

또한 중립적인 입장에서 전문적인 정책보좌기능을 담당하는 기구들도 있다. 미국 의회도서관에 소속된 의회조사처(Congressional Research Service)는 900명 정도의 인력을 고용하고 있는데, 의원들의 정보 요구에 대하여 찬반 양론의 시각에서 보고서를 제공하며 정치적 중립성이 요구된다. 회계감사처(General Accounting Office)는 과거에는 단순히 회계검사 기구였으나 현재는 5,000명 정도의 인력을 고용하며 정부의 모든 정책과 문제에 대하여 권고를 제시하고 있다. 회계감사처의 장은 대통령에 의하여 15년이라는 비교적 장기간의 임기로 임명된다. 행정부의 관리예산처(OMB)의 설치에 대응하여 1974년에 설립된 의회예산처(Congressional Budget Office)는 경제적인 측면에서 예산지출 사업의 효과를 분석하고, 장기적인 경기동향에 대하여 평가한다.

과제 5. 당내민주주의의 확립과 정당의 역량 강화

1) 필요성

유권자가 실질적으로 주권을 행사하기 위해서는 선거 때 뿐만아니라 정당 내의 과정에서도 민주적 절차가 지켜져야 한다. 이는 민주주의의 공고화(consolidation)와 심화를 의미하는 것이다. 정당은 국민의 의사를 정치적 영역으로 매개하는 기관으로서 정당의 자율성을 어느 정도 인정하면서도 국민의 요구에 책임성 있게 대응할 수 있도록 정책역량을 갖추는 것이 필요하다. 민주화 이후 우리나라도 절차적 민주주의에서는 어느 정도 수준에 올라 왔으나 정당 내부의 민주화는 아직 부족한 측면이 많다. 공천과정에서 당대표나 소수 계파의 영향력이 크고, 당내경선 과정에서의 투표도 공정하게 이루어지지 못한 사례가 나타나기 때문이다.

또한 정당의 국민의 요구에 대응하는 정책역량은 매우 취약하다. 선거 때 가까이 와서 정책이 급조되고 있으며, 집권 후에는 공약 실천을 포기하는 경우도 있다. 국가 중심 체제에서 관료제는 잘 발달되었는데 비하여 정당의 능력은 뒤처져 있는 것이다. 따라서 정당의 능력을 끌어 올려 국민의 요구에 잘 대응하고, 유능한 인재를 정치적 영역으로 추천할 수 있는 절차와 제도를 마련하여야 한다.

2) 대안과 방법

(1) 공직후보자 추천과정에서 상향식 경선의 의무화

현행은 선거법에 정당이 후보자를 추천하는 경우 민주적인 절차를 따라야 한다고만 규정하고 있을 뿐(공직선거법 제47조제2항), 구체적으로 어떠한 절차를 따라야 하는지에 대해서는 명시하고 있지 않다. 그 대신 정당의 당헌·당규로 위임하고 정당이 자율적으로 후보자 선출 규정을 두고 있다. 새누리당의 경우 대통령 후보는 국민참여선거인단 대회의 투표(80%)와 여론조사결과(20%)를 종합하여 결정하고, 국회의원 후보자 중 비례대표와 전략지역 후보자는 국민공천배심원단의 심사를 거쳐야 한다. 비례대표 국회의원은 중앙당 공천위원회에서 그 순위를 정하고 지역구 국회의원은 중앙당 공천위원회가 단수 또는 복수로 추천하는데 복수로 추천된 경우에는 국민참여경선(여론조사 경선으로 대체 가능)을 실시하여 후보로 추천된다.

민주당의 경우 대통령 후보는 일반 유권자와 당원을 별도로 구별하지 아니하는 국민경선 또는 당원과 당원이 아닌 유권자가 참여하는 국민참여경선을 원칙으로 하고, 각각 선거인단 투표, 전화면접여론조사, 휴대전화투표 또는 인터넷투표 등의 방법으로 실시한다. 국회의원 후보는 지역구 의원의 경우 중앙당 공천심사위원회가 심사하여 2명이상을 선정하고 경선방법을 마련한다. 다만, 해당 선거구의 추천신청자가 1명이거나 후보자 심사결과 결격사유가 발견되거나 2명의 후보자간 자질에서 현저한 차이가 있는 경우에는 단수로 추천할 수 있다. 비례대표 국회의원은 중앙당 비례대표국회의원후보자추천심사위원회에서 심사하고 순위를 결정하되, 당대표는 최고위원회의 의결을 거쳐 당선안정권의 30/100의 범위 내에서 선거전략상 특별한 고려가 필요한 후보자를 선정하고 당무위원회의 인준을 받아 확정할 수 있다.

대통령선거의 경우 민주당은 완전국민경선이 도입되었으나 새누리당은 제한적 국민참여경선 방식이고, 국회의원 선거는 새누리당은 중앙당 공천위원회의 심사를 거쳐 여론조사 방식이 주로 사용되고 민주당은 중앙당의 후보자 추천심사위원회가 경선방법을 정하여 준다. 비례대표에는 양자 모두 공천심사위원회가 순위를 정하는데 당대표의 영향력이 강하게 미칠 수 있다.

이번 선거과정에서 여야 모두 정치쇄신안으로 공천권을 국민에게 돌려주는 완전국민참여경선을 도입하고자 선언하였다. 그러나 공천과정에서 상향식의 민주적 절차가 보장되면 족하지 반드시 완전국민참여경선을 고집할 이유는 없다. 따라서 선거법 및 정당법에 대통령, 지역구 및 비례대표 국회의원, 시 · 도지사 등은 당원경선, 당원과 유권자의 참여에 의한 경선, 완전국민참여경선에 의하여 후보자를 공천하도록 의무화하고, 정당간 또는 후보자간 역선택을 방지하기 위하여 정당이 국민참여경선을 실시할 경우 선거관리위원회의 관리하에 동일 날짜에 실시하도록 할 필요가 있다. 그리고 이러한 상향식 공천과정을 지키지 아니한 경우에는 선관위가 후보등록을 수리하지 않을 수 있도록 명시한다.

또한 공직후보자 추천과정에서 공정성 확보를 위하여 공직후보자 추천과정에서 투표부정이 있는 경우 처벌규정을 두고 후보등록을 무효로 하며, 공직후보자 추천을 위한 경선을 선관위에 위탁관리시 조사권을 도입한다.

한편, 국민참여경선이 현직자에게 유리하게 작용하는 것을 방지하기 위하여 정당이 내부적인 규범으로 대표성이나 정치신인의 참여를 위하여 별도의 공천규정을 허용할 필요도 있다. 예를 들어 비례대표의 경우에는 반드시 상향식 경선만을 이용할 필요는 없으며, 전략적으로 선택된 지역에는 경선이 아닌 다른 방식(추천이나 여론조사 등)으로 공직후보자를 추천할 수도 있다. 그러나 이러한 예외적인 경우를 제외한 대부분의 공천은 상향식 공천을 원칙으로 하는 것이 바람직할 것이다.

(2) 정당의 역량강화

정당의 정책역량 강화를 위하여 현행 정당정책연구소를 정당으로부터 완전 독립기관으로 하여 운영한다. 정책연구소의 예산은 국가가 직접 지원하되, 정책개발 이외의 여론조사와 선거전략의 수립 등 직접적인 선거운동과 관련된 역할을 수행하지 못하게 한다. 정책연구소는 정당과 이념 노선에서 연계를 하되, 독자적으로 정책을 개발하고 정당은 이를 이용하여 의정활동과 선거운동에 활용한다. 정책연구소는 또한 당원에 대한 교육기능도 담당하도록 한다.

정책정당을 육성하기 위해서는 정당의 인력도 전문가 중심으로 바뀌어야 한다. 유급직원인 전문가, 사무직원 이외에 임시적인 컨설턴트, 자원봉사 등 다양한 인력이 정당에 참여하여 업무를 수행할 수 있게 한다. 이를 위하여 엄격한 중립성이 요구되는 공무원을 제외하고 일반직 공무원들의 정당가입을 허용하고 정치자금도 기부할 수 있게 한다. 다만, 공직수행 그 자체에서는 정치적 중립성을 엄격하게 지키도록 한다.

(3) 중앙당 축소 및 하부조직 강화

중앙당에 집중된 권한을 축소하여 하부조직을 중심으로 자율적으로 운영되도록 한다. 국민참여경선이 제도화됨에 따라 광역시도당을 중심으로 경선이 치러지도록 하기 위해서는 중앙당의 유급사무직원을 시도당으로 이관할 필요도 있다.

(4) 정당조직의 네트워크화

정당의 구성원을 다양하게 하여 당비를 내고 적극적으로 참여하는 진성 당원, 당비를 내지 않으나 정당활동에 관심을 가지는 예비당원, 일반 유권자로 나누어 예비당원과 일반 유권자들도 인터넷을 통하여 정당활동에 참여할 수 있게 한다. 인터넷을 통한 여론조사나 국민참여 경선에 당원이 아닌 일반유권자의 참여를 확대하기 위해서는 정당의 네트워크화가 필요하다. 정당활동에 대하여 인터넷과 SNS를 통하여 참여함으로써 비용을 들여서 동원하지 않더라도 정당의 의사결정에 보다 많은 사람들의 참여를 유도할 수 있다.

3) 정당 이론과 외국사례

정당은 민주주의에서 필요불가별한 존재로서 몇 가지 기준에 따라 구분할 수 있다. 첫째, 주된 목적이 공직획득을 추구하는지 또는 정책 형성을 목적으로 하는지에 따라 선거중심 정당과 정책중심 정당으로 구별할 수 있다(Strøm, 1990). 전자는 주로 다운스(A. Downs)가 주장하는 선거경쟁적 정당체제로서 정당은 선거에 승리하기 위하여 정책을 형성한다는 입장이고, 후자는 이념적 정당으로서 공공정책을 실현하기 위하여 선거에서 승리하고자 한다는 입장이다. 전통적으로 미국의 정당은 주로 전자에 해당되고, 유럽대륙의 정당들은 후자에 해당된다. 둘째, 사회적으로 종교, 인종, 역사적 배경 등에 따라 균열에 기초하여 정당이 형성되었는지 또는 이슈에 따라 공감하는 시민들에 의하여 가변적으로 연대가 형성되었지에 따라 구별할 수 있는데 전자는 주로 이념정당을 말하고, 후자는 이익중심의 정당으로 구성된다(Lipset and Rokkan, 1967:10). 정당에 대하여 어떤 이론적 입장을 취하든지간에 당내민주주의에 대해서는 모두 그 필요성에 대하여 공감하고 있다. 사회민주주의적인 관점에서도 당내민주주의는 사회적 계층의 실제 목소리를 반영하기 위하여 필요불가결하며, 일반 당원의 당내 정책결정에 적극적으로 참여할 수 있게 하는 수단이다. 최근에는 정당이 삶의 방식으로서 민주주의를 실현하는 기관으로서 기능을 강조하고 있다(R. Katz, 2006: 41). 정당은 지방단위 조직을 통하여 국민들에게 정치에 일상적으로 참여할 수 있는 수단을 제공할 수 있고, 독일 녹색당의 경우처럼 정당 내부에서 시민들의 숙의와 토론을 통하여 정부정책에 직접 영향을 미치게 할 수도 있다.

정당의 공직후보자 추천과 관련해서 다수의 대중이 어느 정도 참여하는지에 따라 일반 유권자, 당원, 선택된 당대표, 추천위원회, 당대표 순으로 된 스펙트럼으로 나눌 수 있다(Hazan and Rahat, 2001: 110-112).

일반유권자 — 당원 — 선택된 대의원 — 추천위원회 — 당수

포함적 ●————————————————● 배타적

미국의 오픈 프라이머리는 보다 포함적인 공직후보 추천절차이며, 선거구의 모든 유권자가 정당의 공직후보자 추천과정에 참여가 허용되는 나라는 아이슬랜드와 스페인을 들 수 있다. 스페인의 카탈란(Catalan)당은 당비를 내지 않더라도 정당의 지지자로 등록한 유권자에 대하여 공직후보자 추천과정에서 투표할 수 있도록 허용하고 있다. 당원들에게 공천권을 확대하고 있는 나라는 유럽의 이념정당을 들 수 있다. 가장 폐쇄적인 공천과정을 두고 있는 정당은 이스라엘의 종교적

이념에 기반한 정당으로서 한 명의 종교지도자가 당의 공천을 결정하도록 되어 있다. 당내민주주의의 핵심인 공천과정을 제도화하고 있는 국가는 전 세계적으로 많은 편은 아니다. 공직후보자 추천과정과 관련하여 법적 제한을 정하는 국가는 독일, 핀란드, 노르웨이가 있다. 미국의 경우 주법에 의하여 상향식 공천과정을 제도화하고 있고, 독일은 후보자 추천이 당원이나 지구당의 요청에 의하여 소집된 당원총회나 대의원회의에서 비밀투표로 결정하도록 규정하고 있으며(독일 연방선거법 제21조), 선거관리부서가 이러한 절차에 위반될 경우 등록을 수리하지 않는다(강승식, 2012; 김종갑・이정진, 2012).

그러나, 공직후보자의 대표성의 관점에서 볼 때는 광범위한 유권자가 참여하는 것이 반드시 이상적인 것은 아니다. 여성, 장애인, 청년 등의 사회적 소수자가 공천을 받기 위해서는 당의 소수 기구에 의한 비례대표 공천이 필요할 수도 있다. 미국에서의 경험적 연구에 의하면 하원의원 선거에서 3,166개 지역구 중 47개(5.5%) 선거구만이 현직자가 재당선에 실패했으며 상원의원 선거에서는 236개 선거구 중에서 13개(5.5%) 지역구에서만 현직자가 재선에 실패했다고 한다(Jackson, 1994).

정당의 역량강화와 관련하여 당원자격은 개인적, 보조적, 집합적으로 나누어 볼 수 있다(Knut, Heidar, 2006). 개인적인 자격은 정당에 가입서명을 함으로써 이루어지지만 점차 인터넷을 통한 가입을 확대하여 중앙당에서 전국적으로 당원을 관리하고 있다. 정당에 대한 개인의 가입은 정당의 자율에 맡기고 있는 것이 보통이다. 공무원의 정당가입과 관련해서는 OECD 국가 중 영국・미국・일본 등에서는 공무원의 직무와 관련된 정치적 행위를 제한하고 있지만 정당가입은 허용하고 있고, 프랑스와 독일의 경우 정당가입이 가능할 뿐만 아니라 직을 가지고 선거에 출마할 수 있고 낙선할 경우 다시 공직에 복귀할 수 있다. 또한 정당은 청년, 여성, 연금수급자 등으로 구성된 방계조직(auxiliary organizations)들을 구성원으로 지니고 있으며 당원이 이러한 조직들에 이중적으로 가입하는 것도 허용한다. 집합적 당원이란 그 조직의 구성원의 일부 또는 전부가 특정 정당의 당원으로 가입되어 있는 경우를 말한다. 유럽의 사회민주당에서는 노조가 당원으로 가입할 수 있으며 당의 기초가 되고 있다.

과제 6. 행정의 현대화와 스마트 거버넌스

1) 필요성

선거를 통하여 확인된 유권자의 뜻을 실제로 실현하는 것은 행정이다. 현대 민주주의는 효율적인 관료제 없이는 지탱될 수 없다. 막스 베버(M. Weber)도 유권자가 선출한 불완전한 정치인이 통치를 하기 위해서는 중립적이고 능력있는 관료제가 필요하다고 강조하고 법규에 의한 행정, 계층제, 분업화, 전문화, 정년의 보장 등 법적-합리적 모델에 의한 관료제를 제시한 것이다(Gerth, H. H. and C. Wright Mills, 1946).

인간이 만들어 낸 제도는 언제나 한계가 존재할 수밖에 없다. 이상형으로서의 관료제도 규모가 커짐에 따라 불필요한 규제(red tape)를 만들고, 사익을 추구하며, 시민들에게 불친절하며, 변화에 적응하지 못하고 규정에만 집착하는 병리적 현상이 나타난다. 이러한 정부의 비효율성을 제거하기 위하여 1970년대 후반부터 경쟁, 성과측정, 동기부여 등 시장원리에 의한 행정개혁이 도입되었다. 영미에서 시작된 신공공관리론(New Public Management)은 신자유주의적 세계화의 물결을 타고 전 세계적으로 번저 갔다(C. Hood, 2004; Dunleavy et. al. 2006). 우리나라도 1990년대 초반에 본격적으로 세계화 정책을 선언하였고, IMF 외환위기를 겪게 되면서 신자유주의적 행정개혁을 본격적으로 도입하게 되었다.

원래 우리나라는 독특한 중앙집권제적 문화를 지닌 베버의 합리적 관료제에 가까운 발전국가(developmental state)였으나 행정개혁을 주관하는 부처에 의하여 과격하게 시장중심적인 개혁이 추진되어 성과급, 계약제, 책임운영기관, 고객헌장, 개방형 임용제 등 신자유주의적 개혁과 관련된 모든 조치들이 도입되었고 신공공관리론에 의한 개혁의 실험장이 되었다.

그러나 그 결과는 어떠한가? 세계경제포럼(WEF)이 발표한 우리나라의 국가경쟁력 순위는 2012년 현재 144개국 중 19위이지만 정치의 신뢰와 정부규제의 품질을 반영하는 제도적인 요인은 62위를 기록하고 있다. 정치인에 대한 공공 신뢰가 지난해 111위에서 올해 117위로 더 떨어졌고, 정책결정의 투명성은 128위에서 133위로 내려가 낙제 수준을 기록했으며, 정부지출의 낭비 정도도 95위에서 107위로, 정부규제 부담(114위), 규제개선 측면에서 법체계의 효율성(96위), 공무원 의사결정의 편파성(89위) 등 정부의 모든 부문에서 하위권을 차지하고 있다.

실제로 신공공관리론을 통하여 혁신을 이루고자 함에도 이것이 정치적인 요인에 따라 밀어붙이기식으로 추진되었기 때문에 공무원들이 눈치를 보거나 형식적으로 흉내만 내고 개혁해야 할 부분은 감추고 있는 것이다. 그러면서 발전국가 시대에 지녔던 기획합리성이나 목표달성을 위한 사명감, 통합 능력 등은 점차 쇠퇴하여 각 부처가 조직이기주의에 빠져있고, 정치권에 줄을 대려고 하거나 아니면 아예 무사안일주의에 젖어 버리고 만 것이다. 이것은 막스 베버의 관료제의 병리현상을 고치려고 하다가 오히려 병을 악화시킨 것이나 다름이 없다.

서구에서도 신자유주의적 개혁으로 인하여 공직의 정치화가 진행되고 민주적인 가치가 무시되며, 지나친 경쟁과 성과주의로 피로감이 커지고 형식주의로 흐름에 따라 반성의 목소리가 높아지고 있다. 특히 2008년부터 시작된 세계적 금융위기가 규제되지 않은 시장의 탐욕으로 인하여 발생함에 따라 이를 해결하기 위한 국가의 능력을 강화하는데 관심이 모아지고 있다. 시장만능주의를 대체할 방법으로 제시되는 것이 바로 OECD를 중심으로 한 공공개혁 연구모임이 제시한 정부현대화(Modernizing Government)에 대한 논의이다. 정부개혁의 성과는 개별 국가의 역사적, 문화적 전통에 따라 차이가 있을 수 있고, 시장중심적 개혁 뿐만아니라 시민참여에 의한 거버넌스, 법치주의적인 합리적 관료제의 복원 등 다양한 방법들이 제시되고 있다. 우리나라도 국민의 뜻을 효율적으로 실행할 국가의 능력(state capacity)을 회복하는 것이 정치개혁의 성패를 가늠할 수 있는 중요한 요소이다. 국민으로부터 받은 뜻을 정치인들이 관료제와 협력하여 공약을 실천할 수 있도록 관료제가 본연의 임무에 충실하게 하는 것이 핵심이다.

2) 대안과 방법

(1) 국민과 함께 국가목표 설정(신발전국가)

1960-80년대 발전국가는 국가주도로 목표를 설정하고 산업화시대의 경제발전을 이끌었다. 발전국가의 장점은 사회적 이익관계를 떠나

합리적으로 중장기적 국가목표를 설정하고 이를 강력하게 추진할 수 있는 역동성에 있다(정용덕, 2001; 김일영, 2008). 그러나 민주화 이후 발전국가는 신자유주의적 국가개혁으로 후퇴해 버렸다. 권위주의적이라는 이유 때문이다. 물론 발전국가 시기의 계획이 국가중심적으로 이루어졌지만 자세히 살펴보면 그 계획의 수립과정에 기업가, 전문가, 관료, 정치인 들이 모두 참여하여 지혜를 모으는 회의체의 과정이 있었다(강광하, 이영훈, 최상오, 2008). 비록 노동계의 의견이 배제되었으나 부분적으로 국민여론을 수렴한 목표설정이었고 정기적으로 추진성과를 공개적으로 점검했기 때문에 목표달성을 위한 동기부여가 지속적으로 이루어졌다.

새로운 정치에서의 국가행정은 정부에 의하여 주도되는 목표설정이 아니라 시민사회의 다양한 세력과 함께 협의하고 토론함으로써 국가 의제를 설정하고 그 의제에 대한 사회적 합의를 기반으로 강력한 추진력을 발휘하는 구조로 되어야 한다. 우리사회가 발전이 필요한 과제(예를 들어 복지, 환경, 일자리, 남북 통일대비)에 대하여 시민사회와의 협력을 통하여 국가목표의 설정이 이루어지고, 강력한 정치적 리더십과 국민적 동의 하에 이를 효과적으로 추진할 수 있는 유도적 국가기획(induced national planning)이 부활되어야 한다(유현종, 2011). 새누리당에서 제시한 야당이 추천한 인사 1/3이 포함된 국정과제협의기구는 이러한 역할을 수행하여야 한다. 대통령이 주재하고 전문가, 여야 정치인, 이해당사자인 일반 국민 대표, 관료 들이 참여하는 협의기구에서 언론을 통하여 회의내용을 공개하고, 국정과제의 방향을 설정하면, 국무총리실과 기획재정부가 이를 구체화하여 국가계획을 수립하면 될 것이다. 이러한 국가는 기존의 국가 주도로 강제되는 것이 아니라 국민의 참여와 동의에 의하여 국가기획이 수립되는 것이므로 신발전국가로 부를 수 있을 것이다. 신발전국가에서는 국가가 충분한 정보능력을 갖추고 사회의 문제점과 동향에 대하여 파악하며 사회가 잘 해결하지 못하는 부분에 대하여 선택적으로 개입할 수 있는 역량을 발휘해야 한다.

(2) 사회악에 대한 통합적 대응(통합정부)

신자유주의적인 개혁은 정부의 부문들을 단위별로 쪼개어 경쟁을 시키고 성과를 측정하기 때문에 부처간의 협조에 의하여 문제를 해결하는데 취약했다. 특히, 최근에 발생하는 성범죄, 환경오염으로 인한 사고, 학교폭력, 일자리 문제 등의 사회적 문제는 모든 정부부처가 통합적으로 해결해야 할 과제이다.

환경오염 사고만 하더라도 환경부 뿐만 아니라 국토교통부, 농축산부, 보건복지부, 산업통상자원부, 안전행정부, 총리실, 기획재정부, 소방방재청, 경찰청 등이 모두 연관되어 있으며 그 문제를 효율적으로 해결하기 위한 각 부처의 전문가들이 한꺼번에 달려들어 드림팀(Dream Team)을 구성한 후 정보를 통합적으로 이용하며 유기적인 협조관계에서 업무를 처리하면 신속하게 문제를 해결할 수 있다.

서구에서는 이런 문제에 대하여 통합정부(Joined-up government)의 형태로 접근한다. 개별부처의 경계를 허물고 서로 협력하여 문제를 해결하기 위한 구조를 만들어 주는 것이다. 그런 관점에서 볼 때 우리나라는 통합조정을 담당하는 부서가 너무 많고(총리실, 안전행정부, 기재부) 전문성이 부족하여 다른 부서간의 효율적인 협조체제 구축에 오히려 방해가 되고 있다. 그리고 부처간에 정보 교환이나 인력교류도 제대로 이루어지지 못하고 있고 서로 책임을 회피하려고만 할 뿐이다.

(3) 스마트 거버넌스(Smart Governance)

IT기술의 발달로 현대사회는 스마트한 사회로 변화하고 있다. 현장에서 직접 회의나 문서작성을 하고, 정보를 공유할 수 있다. 인터넷이나 SNS를 통하여 손쉽게 서로의 의견을 교환하고 소비자의 선호를 파악할 수 있다.

원래 공공재의 실패는 시장과 달리 적정한 가격을 매길 수 있는 선호의 표출이 쉽지 않기 때문에 발생하는데, 인터넷 홈페이지를 통하여 국민들의 정책선호를 파악하고 이를 집약할 수 있고(예를 들어 일정한 정책에 대한 인터넷 투표나 선호도 조사) 이것에 따라 자원이 배분된다면 자원의 낭비를 막을 수 있다.

다른 방법으로는 시민이 참여하여 직접 정책을 설계하는 것이다. 즉, 해당분야에 행정수요자가 직접 기획부서(Planning Cell)에 참여하고 공무원과 전문가의 도움을 받아 정책을 설계하는 것이다. 이는 국민이 원하는 맞춤형 정책이 완성되어 정책집행에서 저항을 줄일 수 있고 사회적 갈등도 줄일 수 있을 것이다. 정부가 정책을 수립하기 전에 예비적 단계로서 부처별로 국민정책자문위원회를 두고 여론을 수렴하고 아니면 아예 정책현장을 방문하여 의견을 청취하고 그 자리에서 안을 만들어서 부서의 책임자에게 보고하고 정책집행의 큰 틀에서 합의를 이루어낸다면 상당 수의 사회적 갈등을 해결할 수 있을 것이다.

(4) 적성을 찾아가는 공직 인사교류

공직에 입문하는 사람들은 모두 다 청운(靑雲)의 뜻을 품고 있다.

그러나 들어와서 보면 부처별로 형성된 수많은 칸막이에 숨이 콱 막힐 지경이다. 자신의 꿈과 적성에 맞게 부처를 선택하고 거기에서 최선을 다한다면 공무원 개인으로도 자신의 꿈을 실현하여 최고의 성과를 낼 수 있을 뿐만 아니라 국민에게도 도움이 될 것이다.

그러나 우리나라에서는 공직에 들어오면 성적순으로 부처배치가 결정되고 한번 부서가 배정되면 다른 부서로 옮기기가 매우 어렵다. 개별적으로 인사교류를 하는 방법이 있지만 이것은 양자간에 선호가 맞아야 하는 제약이 있다. 고위직의 경우에는 고위공무단이 도입되어 부처간의 경계가 없지만 한 부처에서 고위공무원으로 있는 사람이 다른 부처의 고위공무원으로 가는 경우는 거의 없다. 무늬만 통합관리이지 실제로 일반적인 관리능력을 갖춘 전문가로 양성하자는 취지와는 거리가 멀고 오히려 고위직의 신분을 불안하게 하여 보신주의만 강화시킬 뿐이다.

공직 내에서 적성을 찾기에 가장 좋은 시기는 공직에 첫걸음을 들여 놓은 몇 년간일 것이다. 3년차 이내의 공직자에 대하여 직무수행과정에서 느낀 의견서 등을 인터넷을 통하여 제출하게 하고 이동 의사가 있는 사람들을 서로 연결해 주면 원하는 적성을 찾아가기 쉬울 것이다.

적성을 찾아가는 수평적 이동 뿐만아니라 중앙과 지방간의 교류도 몇몇 힘있는 부처를 제외하고는 어렵다. 흔히들 현장을 알아야 현실성 있는 정책을 수립할 수 있다고 하는데 복지, 환경, 노동, 국토해양, 산업통상 등의 부처가 지방자치단체에 인사교류를 하는 사례는 거의 없고 안전행정부의 간부들이 인사교류를 통하여 중앙과 지방을 오가고 있다. 안전행정부는 일반적인 행정관리만을 담당하지 개별적인 행정에 대해서는 전문성이 떨어진다. 해당 지방자치단체가 취약한 부분이나 강화시킬 분야가 있을 경우 그 업무를 담당하는 중앙부처의 간부들이 지방자치단체와 인사교류를 통하여 근무하다가 다시 복귀한다면 지방의 균형발전에도 기여할 수 있을 것이다.

(5) 성과측정과 보상방식의 개선

신공공관리론은 조직과 개인을 성과를 측정할 수 있도록 과업과 연계된 개별단위로 쪼개고 주로 투입 비용 대 편익의 관계로 성과를 측정하였다. 그리고 이 과정에서 경쟁을 촉진하였다. 그러나 편익이나 성과의 측정 방법이 분명하지 않기 때문에 불완전한 면이 많았다.

공과를 따지는 것이 필요하지만 이것이 위주로 되면 조직의 인간미와 협동정신을 상실하기 쉽다. 따라서 성과측정을 비용과 편익 위주에서 목표달성이나 국민의 만족도 중심으로 바꾸어야 한다. 정부 업무에서 각 부처별로 담당하는 분야가 있고, 그 분야에서 사회경제적인 거시적 지표, 정책수요자의 만족도, 직무수행과정에서의 청렴도 등을 측정하여 종합적인 통계자료로 관리한다. 이를 위하여 통계청에 국정과제별 성과측정 지표를 연구하게 하고, 매년 조사한 후 대통령과 총리 등에게 보고하게 한다.

성과지표가 높은 부처에는 더 많은 재원과 혜택을 부여하되, 개인적인 보상으로 주로 금전적 보상보다는 인사상의 혜택을 주는 것이 바람직하고, 금전적 보상을 포함한 기타의 혜택은 단체보상으로 하는 것이 바람직할 것이다. 그러나 신공공관리론을 행정의 원칙으로 하는 것이 아니라 법규에 의한 합리적 행정을 기본으로 하되, 복잡한 사회악에 대하여 거버넌스에 의한 협업적 문제해결을 확대하고, 보충적으로 성과측정을 통한 객관적인 신상필벌의 보상체계를 확립하여야 할 것이다.

(6) 관료제에 대한 위임과 재량, 갈등해결

관료제를 기계적으로 집행만을 하는 도구로 볼 것이 아니라 자율성과 책임에 따라 정책을 집행하는 전문인으로 인정하고 정치와 행정의 관계를 다시 설정할 필요가 있다. 정치와 행정의 관계에서 어느 한 쪽을 우위에 두거나 각각의 영역을 단절하는 이원론 보다는 기능적으로 상호존중하는 제한된 정치-행정일원론으로 변화하는 것이 바람직하다. 이는 국민의 선호를 집약하고 대표하는 정치적 영역과 전문성을 바탕으로 구체적인 정책을 입안하고 집행하는 행정적 영역 간에 기능적으로 서로 장점이 있는 영역은 존중하여 개입을 자제하거나 제한한다는 의미이다. 주인-대리인(principal and agent)의 관계에 따라 계산적인 통제가 아니라 서로를 공익의 증진이라는 목표를 달성하기 위하여 기능적으로 필요한 공동의 협력자로 보는 전체적인 관점이 필요하다. 정치적 영역이 잘 할 수 있는 영역은 국민의 선호를 집약하고 시대적 환경의 변화에 따른 다양한 요구에 대응하여 국가전체의 운영에 관한 거시적 정책결정을 하는 것이며, 관료제의 분할과 부처이기주의로부터 발생하는 병리를 감시・통제하는 것이다. 이러한 시스템이 정치적 영역에서 제대로 수행되지 못하는 경우 대대적인 정치개혁이 필요하며, 특히 정치적 영역이 사회적 갈등을 제대로 해결하지 못하고 오히려 갈등을 유발하는 상황에 있다면 그러한 사회적 갈등해결의 일정 부분을 민간의 전문가를 포함하여 중립적 전문성을 갖춘 관료제에 위임하고 그 결과를 사후적으로 평가하고 확인하는 것도 하나의 방법이 될 수 있다(Meier and O'Toole, 2006).

국회 운영과정에서도 행정부가 제출하는 법안 및 예산안, 정책에 대하여 국회의원들이 선거와 관련된 정치적 활동이나 시간 및 정보의 제약 때문에 심도 있게 검토할 수 없는 경우 국회의 관료인 입법조사관들이 행정부와 이해관계자의 의견을 취합하고 조정하기도 하기도 한다. 그러나 이들의 조정능력도 정치인이 일정한 권한을 인정하는 범위 내에서만 발휘될 수 있는 것이며, 최종적인 결정은 정치인이 하게 되는 것이다.

정치인은 행정에 위임하는 법률을 제정하면서 전문성과 정보능력 등을 고려하여 행정부가 처리할 수 있는 사항에 대하여 명확한 한계를 정하여 국민 선호를 공무원이 직접 파악하게 하고 소소한 정책결정은 행정부가 직접 하도록 하는 것을 위임할 수 있다. 왜냐하면 현장정보에서 공무원들이 보다 잘 알 수 있는 영역이 있고 재량에 대하여 어느 정도 면책이 이루어진다면 공무원들이 소신껏 이해관계의 조정에도 나설 수 있다.

민주화 이후 우리나라의 행정개혁은 조직인을 변화시키기 보다는 기구나 제도 중심의 개혁이었고 관료 사회 전체를 흔들고 요동치게 하였다. 규제완화를 한다고 하면서도 실제로 규제완화의 효과를 체감하지 못하는 것은 관료들 스스로가 최선의 판단에서 공익적 재량을 행사하지 못할 정도로 정치적 통제가 강하기 때문이다. 정치적 통제가 강화될수록 재량권을 가진 관료들은 책임을 회피할 수 있는 수단을 찾아내며 자율적인 동기에 의하여 성실하게 업무를 수행하기 보다는 책임회피를 위한 형식적 업무에 치중하게 되어 사회전체적인 공익을 저해할 수도 있다.

3) 이론과 외국사례

(1) OECD의 정부현대화 프로젝트

신자유주의적 공공개혁이 도입된 지 20여년이 지난 후 OECD에서는 각국의 학자들로 연구팀을 구성하여 개혁의 성과를 살펴보았다. 그런데 그 결과는 해당 국가의 역사적 맥락에 따라 다르다는 것을 발견했다. 국민을 위하여 시장자유주의적 전통이 강한 영미국가에서는 신공공관리론이 적극적으로 수용되었지만 국가주의적 전통이 강한 프랑스나 독일에서는 이를 보충적으로 활용하였고, 시장중심적인 개혁을 한 국가에서도 국가규모가 그다지 축소되지 못했다는 사실을 확인한 것이다(OECD, 2006).

그래서 그들은 더 이상 시장중심적인 개혁만으로는 정부개혁의 궁극적인 목표인 국민을 위한 효율적인 정부가 될 수 없음을 인식하고 정부의 현대화(modernising government)라는 개념을 제시하게 된 것이다. 정부 현대화에는 단순히 시장주의적인 개혁 뿐만 아니라 법치주의의 회복, 시민참여에 의한 거버넌스 등을 모두 포함하는 개념이다.

우리나라도 1990년대 후반부터 신공공관리론을 적극 도입하였는데, 워낙 정치적으로 밀어 붙이다 보니 우리의 역사적 전통을 무시한 개혁으로 제대로 정착되지 못할 뿐만 아니라 기존의 우리 관료제의 좋은 장점마저도 잃어버리고 말았다.

귤이 회수를 건너면 탱자가 된다.

과거의 우리 행정개혁은 주로 영미의 제도를 모방하여 시행하는 것이었고, 우리나라 스스로의 개혁 프로그램을 개발하지 못하였다. 이는 우리나라의 국가적 전통과 문화를 제대로 이해하지 않고 외국 것을 무분별하게 수입하여 개혁인 것처럼 일을 만들어 하는 행정개혁

담당 부처의 잘못이기도 하다. 이제는 그 부작용으로 인하여 다시 개혁을 원래대로 되돌리는 일을 하고 있다. 경쟁과 효율을 위하여 마치 개혁인 양 정부 내에 계약직을 많이 만들었다가 이제는 직업 안정성을 위하여 모두 일반직으로 전환한다고 한다. 일이 일을 만드는 것이다. OECD의 정부 현대화를 통하여 우리가 얻을 수 있는 교훈은 바로 한국 고유의 정부개혁 모델을 개발하는 것이다. 우리나라는 과거 발전국가의 전통을 이어 왔고, 국가중심적인 계획에 따라 경제발전에 기여한 바가 크다.

온고지신(溫故知新). 옛 것을 익혀서 새로운 것을 이루는 것이 바로 개혁의 출발점이다.

발전국가에서 좋은 점을 찾아내 더욱 발전시키고, 단점을 보완하여 민주적 가치와 절차를 존중한다면 더욱 좋은 성과를 낼 수 있다. 발전국가의 장점인 국가의 기획합리성, 국가능력, 법치주의적 합리성은 복원하되, 시민사회의 참여와 통제를 더욱 강화하며, 성과측정과 보상, 민간화 등 시장중심적인 개혁을 보충적으로 활용하는 것이 우리나라의 정부개혁의 방향이 되어야 한다.

(2) 열린 정부(Open Government)

시장중심적인 정부개혁에 대해서는 그 성과에 대하여 논란이 있지만 정부의 정보를 국민에 공개하여 국민들의 정부의 활동에 대하여 감시하고 정책결정에 참여할 수 있게 하는 열린 정부는 모든 국가에서 강화되는 추세이다(OECD, 2006). 열린 정부는 정부의 정보를 국민에게 공개하여 국민의 정부에 대한 신뢰를 제고함과 동시에 국민의 교육수준과 기대의 상승에 따라 공개된 행정 정보를 이용하여 정책결정과정에 적극적으로 참여하게 하는 효과도 있다. 국민들에게 정확하고 충분한 정보가 제공되게 함으로써 개별 행위 주체들이 경제적 판단과 행위를 하는데 기초로 삼을 수도 있고, 경제성장이나 고용율의 증가에도 기여할 수 있다. 높은 투명성과 효과적인 의회의 감시, 높은 수준의 기업윤리를 갖춘 국가들은 더 높은 경제성장을 한다는 세계은행의 연구도 있다(Kaufman, 2003).

민감한 정보를 공개함으로써 발생하는 사생활의 침해와 정부의 투명성간에 갈등이 존재한다. 그러나 시민이 정부를 감시하고 행정과정에 적극적으로 관여하기 위해서는 정보공개가 확대되어야 한다. 그러한 의미에서 미국의 오바마 행정부는 최근에 획기적인 정보공개 정책을 제시하였다. 오바마 대통령은 취임 첫 해에 대통령부(EOP)의 투명성에 관하여 '투명성과 열린 정부에 관한 제안'을 하면서 민주주의와 정부의 효율성 및 효과성을 제고하기 위하여 투명성(transparency), 공공참여(public participation), 협업(collaboration)이라는 세 가지 원칙을 제시하였다.

첫째, 정부 투명성은 시민들에게 정부가 무엇을 하고 있는 지를 알림으로써 정부의 책임성을 높이기 위한 것이다. 정부는 시민들이 찾기 쉽고 활용하기 쉬운 형태로 정보를 공개하도록 하며 이를 위한 인터넷 도구를 개발하도록 하고, 유권자가 많이 이용하는 정보가 무엇인지를 확인하도록 조치했다.

둘째, 정부정책 결정에 대한 공공참여를 통하여 의사결정의 품질을 높이고자 하였다. 공공참여를 통하여 정부는 사회 전반에 산재해 있는 정보를 활용할 수 있고 정부기관은 시민이 참여하여 공적 숙의(deliberation)를 할 수 있는 과정과 절차를 마련하도록 하였다.

셋째, 협업이란 국민들이 정부의 업무에 적극적으로 관여하도록 하는 것이다. 정부기관은 다른 정부기관, 비정부기구, 기업, 개인 등과 경계를 넘어 협력할 수 있는 혁신적인 도구, 절차 등을 마련하며 공공기관과 민간기관이 협업적으로 함께 업무를 할 수 있는 새로운 방식을 찾도록 노력한다.

이를 실천하기 위해 오바마 대통령 자신부터 열린 백악관을 만들기 위하여 백악관의 재정과 직원의 재산, 출입자 명단까지도 공개하고 있고, 시민들의 정책참여를 위하여 참여형 규칙제정(participatory rule making)과 같은 절차도 개발했다. 또한 열린 정부 정책의 효율적인 추진을 위하여 관리예산처로 하여금 총체적인 열린 정부지침(Open Government Directives)을 내리도록 하였고, 열린 정부를 실현하기 위한 온라인 포럼을 만들고 연방 공무원과 일반 국민들로부터 다양한 제안을 받도록 하였다.

정부정책에 대한 실질적인 참여와 평가를 가능하도록 하기 위하여 정부기관에게 시민들이 관심을 가지는 높은 가치의 데이터를 정부데이터(Data.gov.)이라는 홈페이지에 올리도록 하였다. 이를 통하여 시민사회의 다양한 행위자들이 분석하고 평가함으로써 정부의 책임성과 대응성을 높일 수 있을 뿐만 아니라 정부기관에 대한 시민들의 지식을 확충할 수 있다. 2011년 1월 현재 총 305,088개의 데이터 셋을 다운로드 할 수 있지만 대부분의 통계는 통계국(U.S. Census Bureau)과 지질조사국(he U.S. Geological Survey)으로부터 게시된 것이다. 자료게시가 저조한 기관으로는 특허기술청(the National Institute of Standards and Technology), 법무부 인권국(the Civil Rights Division), 연방항공청(the Federal Aviation Administration) 등이다.

그림 4-4 미국의 데이터 정부 홈페이지

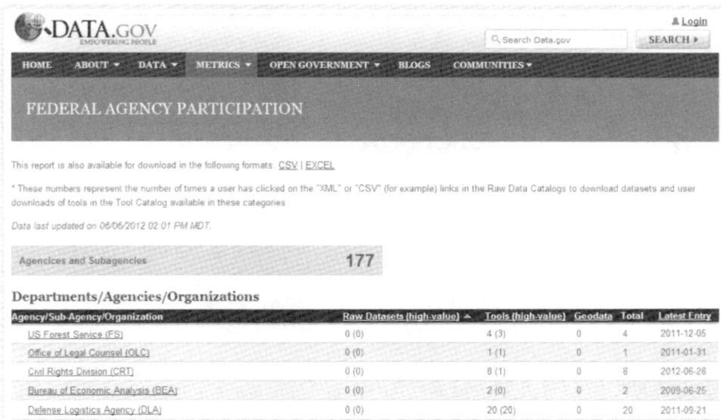

(3) 통합정부(Joined-up Government)

현대 사회의 복잡한 문제는 어느 한 부처의 대응만으로는 효과적으로 해결될 수 없다. 특히, 그것이 국민 안전에 중대한 영향을 미치는 성범죄, 테러, 아동유괴, 마약, 환경사고 등일 경우에는 모든 관련 부처가 하나의 부처처럼 똘똘 뭉쳐 신속하게 대응해야 한다. 이처럼 기존 부처의 경계를 넘어 협력을 요구하는 문제에 대하여 정보를 공유하고 부처간에 긴밀한 공조를 유지할 뿐만아니라 민간과의 협력을 모색하는 정부 유형을 통합정부라 한다. 이는 영국 토니 블래어 정부에서 학교폭력과 같은 사회악에 대하여 범 정부적 차원에서 조정과 협력을 한 것에서 비롯된다(Bogdanor, 2005; Rhodes, 2006).

이러한 범 정부적 대응은 과거 우리나라에도 많이 있었다. 기능적으로 서로 독립된 부처만 모여 있기나 조정을 담당하는 부서가 너무 많을 경우에는 오히려 통합적 대응에 장애가 발생할 수 있으므로 문제가 발생하면 총리실이 관련 부처를 소집하여 조정기능을 담당하되,

관련 부처의 정보를 모두 공유할 수 있는 시스템이 마련되어야 할 것이다.

(4) 협업적 거버넌스(collaborative governance)

과거 우리나라에서도 새마을 운동을 통하여 마을 공동체를 정비하고 근면, 자조, 협동정신에 따라 마을의 공동작업을 하여 공동체의 부를 일구어 냈다. 그러나 민주화 이후 개인주의와 경쟁이 강조되면서 이러한 공동체의 가치, 즉 사회적 자본이 모두 쇠퇴해 버렸다. 현재 농어촌에 가면 공동으로 작업을 하기 보다는 대규모 기계화에 의하여 기업농이 증가하고 있는 현실이다. 도시 공동체도 개인주의화된 지 오래이다.

서구에서는 신자유주의적인 경쟁 대신에 협업적 거버넌스를 통하여 서로가 윈윈(Win-Win)하는 방법을 찾아내는 것을 연구하고 있다. 소위 협업(Collaboration)에 대하여 자유주의적 입장에서는 사익추구적인 협상을 통하여 개인의 선호를 집합적인 선호로 집약하는 과정으로 보는데 반하여 공화주의적 입장에서는 상호이해, 집단적 의지, 신뢰, 공감에 이르기 위하여 숙의를 통하여 차이점을 해소하는 과정으로 이해한다(Thompson and Perry, 2006).

협업이 이루어지기 위한 5가지 조건으로 첫째, 참여자들이 공동으로 일하게 되는 목적과 규칙에 대하여 이해하고 합의해야 하고, 둘째, 공동의 목표를 달성하기 위하여 필요한 조정, 역할과 책임의 명확한 부여, 무임승차자를 감시할 수 있는 시스템 등의 행정장치가 필요하며, 셋째, 협업에 참여하는 개인적인 이익과 공동의 이익이 조화를 이루며 어느 하나에 의하여 압도되지 않아야 하고, 넷째, 협업을 통하여 정보를 공유하며 상호 이익을 볼 수 있어야 하며, 다섯째, 상호작용을 반복함으로써 신뢰와 협력 체제를 구축할 수 있어야 한다(R. J. Stillman II, 2010: 291).

과거 새마을 운동은 잘 살아보자는 목표가 분명하게 제시되었고, 행정기관을 통하여 새마을 운동을 지도하고 명확한 역할이 부여되었으며, 상호협조를 통하여 공동의 이익을 얻을 수 있었기 때문에 성공하였으나 그 이후의 관주도의 바르게 살기운동, 제2 건국운동 등의 국민운동은 이러한 요소들이 충족되지 못했기 때문에 성공하지 못하였다. 우리나라의 협업 체제는 국가와 시민사회가 함께 분명한 목표를 설정하고, 주민센터 등을 거점으로 하여 공동체의 조직화가 이루어지게 하며, 서로 협조함으로써 함께 이익을 볼 수 있고, 무임승차자를 방지할 수 있는 사업을 찾아냄으로써 성공할 수 있을 것으로 본다. 예를 들어 농어촌에서는 친환경 생태농업과 전원주택단지 건축을 들 수 있고, 도시에서는 공동보육사업을 들 수 있다.

과제 7. 청지기 행정과 공직부패의 방지

1) 필요성

국민에게 봉사하는 행정이 되기 위해서는 공직자가 좌고우면하지 않고 우직하게 자신의 업무를 천직으로 생각하고 일하고, 절대로 뇌물이나 향응을 받지 않으면서 정직하게 일할 수 있어야 한다. 민주화 이후 공직자들에 대하여 민주적 통제가 강화되었으나 지역주의와 공직의 줄세우기, 정치화가 심해지면서 무소신, 무사안일 등의 폐해가 발생하고 있다. 이를 해소하기 위하여 공무원이 소신을 가지고 전문가들이 우대를 받는 인사제도의 개혁이 필요하며 직급 중심의 조직을 탈피하여 모두가 원하는 업무를 사명감을 가지고 일할 수 있도록 하여야 한다. 민주화와 신자유주의적 개혁을 거치면서 공직자는 부패와 통제의 대상으로 전락해 버렸다. 공익보다는 자신의 사익을 추구하고, 가만히 두면 복지부동하기 때문에 경쟁을 시키고, 성과에 따라 보상 또는 처벌을 하는 불신의 존재였다.

그러나 고래도 칭찬을 하면 춤을 춘다. 공무원을 불신의 대상으로 여기고 통제에만 중점을 두다 보면 의욕이 감소하고 시키는 일만 하게 된다. 우리에게 진정으로 필요한 것은 주인인 국민을 위하여 성심을 다하여 봉사하는 청지기(steward)와 같은 공직자이다. 자신의 일에 만족하고 자신의 재능을 최대로 활용하여 업무에 매진함으로써 자신과 가족, 그리고 사회와 국가를 위하여 봉사하는 그런 공직자가 가득할 때 국민 모두가 행복해질 수 있다.

2) 대안과 방법

(1) 전문성 위주의 대탕평 인사

자신이 가진 재능을 최대한 발휘하여 최대의 효과를 내기 위해서는 공직자가 자신의 일에 만족하고 그 일을 반복하면서 전문성을 획득하여야 한다. 지역이나 학벌, 연줄에 따라 인사가 좌우되는 것이 아니라 전문성과 능력에 따라 이루어짐으로써 자신의 분야에서 누구나 묵묵히 일하면 대접받는 공직문화를 만들어야 한다.

이를 위하여 인사제도의 쇄신이 필요하다. 현행 인사제도는 공무원이 자신이 원하는 업무를 찾아가기 매우 어려운 구조로 되어 있다. 조직 내에서 인기 있는 직위는 공모제나 투표에 의하여 결정하는 것도 바람직하다. 과거에는 중앙인사위원회가 독립되었으나 현행은 인사실로 격하되어 있고, 인사로 인한 잡음이 끊이지 않고 있다. 밀실인사를 하다 보니 동향 출신이나 정치권과 가까운 사람들이 승승장구를 하고 바보같이 묵묵히 일하는 사람들은 별로 빛을 보지 못하는 경우가 많다.

인사가 만사다. 누구든지 자기가 가진 탈렌트(talent)를 알고 그것에 몰입하여 근무함으로써 존경을 받을 수 있으려면 현행 직급 중심적인 조직문화가 개선되어야 한다. 또한 인사 후보를 추천하기 전에 그 사람이 그 자리에서 가장 적합한지 여부가 우선적인 고려가 되어야 할 것이다. 이와 함께 도덕성과 주변의 평판 등도 고려하여 인사를 하여야 한다.

인사제도의 혁신은 대통령의 고위직 인사로부터 시작된다. 총리에게 3배수 장관추천권을 부여하더라도 총리가 자의적으로 3명을 추천할 것이 아니라 야당을 포함한 국민들로부터 추천받은 사람, 해당분야의 전문가들로부터 추천받은 사람, 총리가 개인적으로 선발한 사람들을 각각 중앙인사위원회의 검증을 거쳐 1명씩 추천하고 대통령이 이를 임명하는 것이 바람직하다. 또한 더 이상 낙하산 인사라는 것이 없어져야 한다. 공직자가 퇴임 후에 산하기관으로 가더라도 해당 분야에 충분한 전문성이 있다면 가능할 것이나 선거운동을 도와주었다는 이유로 논공행상 차원에서 공기업에 내려가는 것은 지양되어야 한다.

인사비서관은 공정하고 중립적이며, 두루 인재를 찾을 수 있는 능력있는 사람으로 임명하여야 한다. 인사비서관은 더욱 엄정한 도덕성이 요구되므로 공직자 윤리법을 엄격하게 적용하고 사소한 편의제공도 받지 않도록 하며, 필요한 경우 별도로 감찰대상이 되도록 한다. 인사비서관은 조선시대 이조전랑(정5품의 이조정랑과 종6품의 이조좌랑)에 해당한다. 당시 관원의 천거는 정승도 이조판서도 아닌 정랑과 좌랑이 가지고 있었고, 국왕에게 경연과 간언을 담당하고 관리들을 규찰하는 홍문관, 사간원, 사헌부 등 3사의 관원은 이조전랑만이 추천할 수 있었다. 이로 인하여 이조전랑은 왕도 이조판서도 임명하지 못했고, 스스로가 후임자를 자천하도록 하였다. 이러한 취지는 그만큼 권력의 개입없이 공정하게 인재를 발굴하고자 한 것이다.

그러나 인사행정을 1인에게 맡기기 보다는 인사행정을 담당하는 위원회 형태로 독립시키는 것이 바람직하다. 독립된 위원회에서 중요한 인사정책을 결정하고, 국무총리, 대법원장, 헌재소장, 감사원장, 장차관을 비롯한 중요한 직위에 대한 추천과 검증을 담당하게 한다. 장관의 검증 후 국무총리를 통하여 대통령에게 추천하도록 한다. 인재를 추천하는 조직과 이를 검증하는 조직을 구별하는 것도 필요하다. 인재를 찾는 사람은 일단 선입견을 가질 수 있으므로 해당 직위에 맞는 전문성을 가진 사람을 찾아내는데 집중하고 검증하는 팀에서는 도덕성과 평판에 대하여 집중적으로 검증하고 일정한 기준을 넘지 못한 경우에는 제외시키도록 한다.

부처 내부의 인사는 장관에게 자율권을 부여하되 고위공무원과 과장급 중의 일부는 인사교류 차원에서 다른 부처에 개방하도록 한다. 고위공무원은 희망보직원을 받아 전 부처를 통합적으로 관리하여 칸막이를 허물고 유능한 인재가 적재적소에 배치될 수 있게 한다. 민간과의 인사교류도 활성화하여 공직의 경쟁력을 높이고 공직수행 중 민간에서 쌓은 경력으로 인하여 손해를 보지 않도록 한다. 다만, 이해관계나 피규제기관에 취업하여 편의를 제공하는 것은 엄격하게 통제한다.

과장급 이상의 관리자로의 승진은 공채기수나 서열에 얽매이지 않고, 승진연한이 넘은 사람 중에서 가장 능력있는 사람이 배치될 수 있게 한다. 능력이 있으면 젊은 나이에 초고속 승진을 할 수도 있고, 민간과의 인사교류를 통하여 민간에서도 활동하여 국가 전체의 동량으로 성장할 수 있도록 한다. 그러나 과장급 이상의 중요 보직을 특정 지역의 인사가 독식하는 것은 엄격하게 차단하여야 한다.

(2) 채용에서 공직적성 검증 강화

공직을 수행하는데 능력도 중요하지만 공익지향적인 마음이 중요하다. 금전적 이익을 탐내지 않고 사명의식을 가지고 자신이 맡은 분야에서 국민에게 봉사하는 마음으로 업무를 수행할 수 있는 사람이 필요하다. 공익지향적인 정신을 가진 사람일수록 직무에 보다 전념할 수 있고, 부패를 저지를 확률도 줄어든다. 공무원의 공익정신을 높이기 위하여 우선 채용단계에서 공익지향적인 마인드를 가진 사람들을 공무원으로 충원하는 것이 필요하다. 공직에 대한 동기부여(public service motivation) 정도를 측정할 수 있는 설문문항을 설계하여 공무원 채용시 면접 등에서 활용하도록 한다. 그러나 공직동기부여가 부족하다고 하여 채용에서 탈락하기는 어렵다고 본다.

(3) 고위직의 리더십 강화를 위한 교육

국민들에게 공약한 대통령의 국정과제를 실제로 집행하는데 고위공직자의 적극적인 협조와 헌신이 필요하다. 박정희 정부 때 새마을운동을 정착시키기 위하여 고위공직자를 중앙공무원교육원에 입소시키고 정신교육과 실습을 하지 않았던가? 미국에서는 대통령이 정권이 바뀌면 고위직들을 자신에게 충성하는 사람으로 임명하는 정치화를 통하여 행정조직을 장악하고자 하였다. 그러나 정치적 임용의 폐해는 오히려 그 득보다 실이 크므로 오히려 교육을 통하여 대통령의 국정철학을 이해하고 그에 따라 창의적인 아이디어로 국민과 함께 정책을 개발하도록 하는 것이 바람직하다.

현재 중앙공무원교육원에서 고위정책과정을 운영하고 있으나 승진한 지 얼마되지 않는 소수의 국장급 인원에 대하여 안식년 차원에서 교육을 실시하고 있다. 주요 내용은 정책현장학습, 소양강의, 외국어, 정보화 교육 등이 중심이 되고 있고, 대통령의 국정과제를 실현하기 위하여 필요한 역량을 발굴하고 그에 맞는 교육은 이루어지지 못하고 있다. 또한 그 인원도 적기 때문에 전체 공직자에게 그러한 내용과 취지가 충분히 전달되지 못하고 있다.

국정과제의 조기 실현을 위하여 인수위나 청와대에서 새 정부의 국정과제를 실현하기 위하여 필요한 역량(competence)을 찾아내게 하고 그에 맞는 단기 교육프로그램을 설계한 뒤 중앙공무원교육원을 통하여 공직자들을 교육하는 것이 필요하다. 장차관급 연찬회의만 할 것이 아니라 고위공직자들을 모아 놓고 대통령이 직접 특강과 토론을 하고 나라를 운영하는 지혜를 모으는 것도 필요하다.

(4) 공직부패에 대한 처벌강화

공직부패는 국민에 대한 정부의 신뢰를 좀 먹는 폐해가 크다. 그리고 사회 전체적으로 공정한 경쟁의 분위기를 저해하기 때문에 반드시 뿌리를 뽑아야 한다. 공직부패만 제대로 통제하더라도 경제성장율이 1% 더 성장할 수 있다고 하니 정부로서는 새로운 정책의 발굴을 위하여 동분서주하기 보다는 오히려 부패만이라도 확실하게 뿌리뽑겠다는 의지를 보여주는 것이 더 효과적일 수 있다.

현행 공무원의 보수는 꾸준히 현실화되어 왔고, 풍족하지는 않더라도 안정적인 생활을 누리면서 공익 지향적인 정신으로 사회의 존경을 받으며 성실하게 근무할 수 있도록 하는 수준에서 보수가 결정되어야 한다.

그 대신 부정부패에 대해서는 사전예방을 위한 교육과 엄벌주의를 통하여 철저하게 차단하여야 한다. 특히, 시민과 함께 하는 행정을 위하여 행정에 재량을 부여하는 동시에 공무원에 대하여 행정윤리에 대한 체계적인 교육이 필요하다. 행정윤리는 시대에 따라 변화하고 다차원적인 개념이지만 헌법과 법률에 대한 충성, 전문성에 대한 존중, 민주주의와 사회에 대한 봉사 등의 내용을 포함하며, 다양한 학제적 연구를 통하여 가치들을 추출할 수 있다(Waldo, 1980:103-109). 결국은 수기치인(修己治人)이라는 정신에 따라 공직을 통하여 자신의 인격을 쌓고 타인에게 봉사하는 마음가짐을 갖도록 해야 한다. 공직부패에 대한 처벌로서 공직자윤리법상의 재산등록과 비리에 대한 처벌 이외에 공직비리를 신고한 경우 포상금의 금액을 상향조정하고, 비리적발시 받은 금액의 5배에 해당하는 금액을 해당 공무원으로부터 환수하게 한다. 또한 비리로 퇴직한 공무원의 신상정보를 공개하여 연관 기업체에 재취업하여 원래 근무하던 부처에 로비를 벌이는 일이 없도록 감시체계를 강화하여야 한다.

3) 외국사례

인적자원의 관리방식에 대해 경력중심과 직위중심 방식으로 나눌 수 있다. 경력중심(career-based) 방식은 공채나 학위에 따라 일괄채용되어 교육을 받고 부처를 배치받아 계급구조 속에서 평생직장으로 근무하는 것으로 프랑스, 한국, 일본, 그리스, 스페인 등이 채택하고 있으며, 직위중심(position-based) 방식은 일정한 직위에 가장 적합한 사람을 내외부적으로 채용하는 방식으로서 핀란드, 뉴질랜드, 스웨덴, 스위스 등에서 채택하고 있다. 경력중심 방식은 공직사회의 안정성과 같은 동질의식을 형성할 수 있는 장점이 있으나 인사의 유연성과 전문화된 인재를 선발할 수 없다는 단점이 있다.

프랑스의 경우에는 고위관료들이 집단(corp)을 형성하고 강한 인적 네트워크를 통하여 정보의 공유와 협조를 하고 있는데 반하여 우리나라는 고위공무원단을 만들었지만 공무원들간의 교류가 부족하고, 정치적 영향 때문에 신분의 불안을 느끼고 있다. 경력제의 단점을 보완하기 위하여 우리나라도 개별 직위에 대하여 개방형 임용을 더욱 확대하고, 고위공무원단 내부 뿐만 아니라 민간기관과의 인사교류도 활성화하여야 한다.

인사기구에서 우리나라는 독립된 기구(인사위)와 관리기구(행정자치부)의 두 기관이 담당하였다가 현재는 하나의 기구(안전행정부)로 통합되었으나 인사의 독립성과 전문성을 강화하기 위하여 하나의 독립된 기구로 전환하는 것이 바람직하다. 미국, 독일, 프랑스, 호주, 뉴질랜드, 노르웨이 등 대부분의 선진국에서 독립적인 인사기구를 두고 있으며 인사기구를 2개 기관으로 하는 경우에도 별도의 조직담당 부서를 독립된 기구로 두는 국가는 우리나라와 일본 밖에 없었다. 캐나다와 아일랜드는 인사기구를 2개로 하더라도 조직관리는 재무부에서 담당하도록 하였다(OECD, 2006).

현장 정보를 잘 아는 관리자급 고위공무원에게 권한을 부여하는 대신에 성과를 내기 위하여 리더십과 전문성을 강화하는 시도가 이루어지고 있다. 고위공무원에 대해서 공무원단과 같이 통합적으로 관리하고 환경변화에 대응하는 리더십을 육성하는데 초점을 두고 있다. 영국에서는 내각부에서 고위공무원이 필요한 역량을 발굴해 내고, 고위공무원 리더십 프로젝트라는 교육을 실시하였으며, 미국에서는 인사관리처를 중심으로 고위공무원의 역량에 대한 리스트를 발굴해내고, 필요한 역량에 맞춘 교육을 실시하고 있다. 교육내용을 예를 들자면 창조적 사고능력, 협상능력, 직원과의 친화력, 정보통신기술의 활용능력, 사업능력의 제고 등이 제시되고 있다. 또한 인사관리처 내에 고위공무원관리국을 신설하여 성과평가, 교육훈련 등의 업무를 수행하고 있다.

과제 8. 정책중심의 선거문화와 시민의식의 개선

1) 필요성

정치개혁의 궁극적인 목표는 유권자의 의식을 변화시키고, 깨끗하고 공정한 선거를 통하여 유능한 인재를 선출하며, 통합과 상생의 정치문화를 이룩하는 것이다. 그러나 우리나라에서는 선거 때마다 인신공격이나 허위사실 유포 등의 흑색선전이 난무하고 있으며, 이로 인하여 정책대결 중심의 선거문화가 실종되고 있다. 이번 대선에서는 후보자의 확정이 늦추어지는 바람에 유권자가 후보자의 공약에 대하여 제대로 검증조차 할 수 없는 '깜깜이 선거'가 되고 말았다.

앞으로는 기존의 선거환경을 반성하여 인신공격 중심의 네거티브

선거가 아닌 정책선거의 분위기 속에서 생산적인 정책경쟁이 가능한 환경을 만들어야 한다. 이러한 문화를 실현하기 위해서는 언론의 적극적인 역할이 필요하며, 제도개혁과 교육을 통하여 시민의식을 변화시킴으로써 성숙된 정치문화를 이룩하여야 한다.

2) 대안과 방법

(1) 정당의 공약제출 법정화와 공약검증

유권자의 선택이 인물중심 또는 정책중심으로 되는지는 유권자가에게 제공되는 정보의 형태에 달려 있다. 언론이 정책중심으로 보도하면 할수록 유권자는 더욱 정책중심적인 선택을 하게 되는 것이다. 언론이 공약에 대해 집중적으로 보도하기 위해서는 사전에 충분한 시간을 두고 공약이 발표되어야 한다. 따라서 정당이나 후보자가 공약검증을 피하기 위하여 공약제출을 미루는 것을 방지하기 위하여 최소한 선거일 전 60일까지는 선거공약의 공표를 의무화함으로써 정책중심의 선거가 되도록 한다.

공약의 품질을 높이기 위하여 정당 정책연구소의 공약연구에 대한 예산지원을 확대하고 선거운동과 관련된 업무보다는 공약개발에 집중하도록 한다. 각종 단체가 후보자나 관련자를 초청하여 공약에 대하여 토론회를 자유롭게 할 수 있도록 하고, 유권자의 공약에 대한 판단을 돕기 위하여 공약에 대한 서열화에 의한 평가도 가능하게 한다.

(2) TV 토론과 언론의 검증방식의 개선

포스트 모던 시대에서는 IT기술과 미디어기술의 융합으로 도처에서 담론이 발생하며 그 중에서 유권자가 올바르고 충실한 정보를 얻을 수 있도록 토론의 구조를 설계하는 것이 중요하다. 각계의 전문가들이 지식과 경험에 따라 프레임(frame)을 만들고 이를 통하여 상대방과 토론하고 반박하고 그러면서 상호 자신의 입장을 성찰하면서 가장 바람직한 대안을 찾아나가는 협동적 작업이 되어야 한다.

선거에서 효과적인 담론공간은 바로 TV 토론이다. 정책중심의 선거문화를 위해서는 TV 토론의 참여방식과 토론절차, 기법 등이 유권자들의 선택에 중요하게 영향을 미칠 수 있다. TV 토론의 내실화를 위하여 참여기준을 보다 강화할 필요가 있다. TV 토론의 참여자격을 보다 강화하되, 지지율이 낮은 후보들에게 기회균등 차원에서 유권자들에게 알릴 기회를 보장하는 것이 바람직하다. 최소한 15%이상의 지지율을 얻은 후보나 국회에서 20석 이상의 의석을 가진 정당의 후보자들로 참석대상을 제한하고, 토론방식의 다양화를 통하여 후보자간에 공방을 통하여 자질과 공약이 자연스럽게 검증되도록 하여야 한다.

언론도 후보자간의 선거운동 모습을 경마식으로 보도하는 대신에 후보자가 제시한 공약의 철학적 이념적 근거에서부터 시작해서 공약의 내용, 실행방법, 재원 등에 대하여 비교내용을 체계적으로 제공해야 한다. 후보자나 정당에서 제기하는 의혹에 대해서는 곧바로 톱 기사로 다루기 보다 상대방의 해명과 시민사회의 검증을 보아가며 무엇이 사실인지를 확인해 가는 객관적이고 중립적인 태도를 취할 필요가 있다.

(3) 민주시민정치교육의 제도화

민주정치의 핵심은 깨어있는 시민의식이다. 수십년 전부터 시민의식을 강조해 왔으나 현재까지도 획기적인 개선이 이루어지지 못했다.

시민의식의 개선을 위해서는 가정, 학교에서부터 교육이 이루어지는 것이 바람직하지만 입시위주의 교육으로 인하여 제대로 된 민주시민 정치교육이 이루어지지 못하고 있다.

민주시민으로 시민의 권리와 의무, 국가정책에 대한 관심제고, 참여 방법, 사회적 불의에 대한 저항 등 건강한 시민정신을 육성하기 위해서는 학교 교육과 함께 성인이 된 이후에도 꾸준한 교육과 참여가 필요하다. 이를 위하여 민주시민정치교육법을 제도화하는 것이 필요하다. 특히, 통일에 대비하여 자유민주적 기본질서에 대한 흔들리지 않는 국민의식을 공고히 하기 위해서는 민주시민교육에 대한 투자가 필요하다.

민주시민정치교육법을 제정하여 민관이 공동으로 참여하는 민주시민정치교육원을 설립하고 민주시민의 덕성 함양과 관련된 교육계획 수립, 선거 및 정치교육 프로그램 편성 및 교육, 교과서 검증 및 편찬 등의 업무를 수행하게 한다. 또한 시 · 도 단위의 민주시민정치교육센터를 설치하고 민주시민정치교육원과 민주시민교육 네트워크를 형성하도록 하며 교육에 관한 지식과 정보를 공유하도록 한다. 학계 및 시민교육관련 단체들과 협력 하에 민주시민교육협회를 구성하고 상호 업무교류를 통하여 시민교육 네트워크를 형성하도록 한다.

3) 외국사례

(1) 매니페스토 정책 검증

선거과정에서 후보자와 정당간의 경쟁이 치열해지고, 유권자들의 교육수준이 증가함에 따라 실현가능한 구체적인 공약을 유권자에게 제시하고 그 재원 및 실현가능성에 대하여 검증하는 매니페스토

(Manifesto) 공약실천 운동이 도입되었다. 매니페스토 실천운동은 영국에서 1997년 토니 블래어 노동당 후보가 노동당과 국민의 계약(Contract between Labor Party and People)이라는 공약집을 발표하여 집권하였고 매년 연차보고서를 통하여 공약의 달성도를 공표한 것으로부터 시작되었다. 일본에서도 2003년 지방선거부터 매니페스토 공약실천 운동이 도입되었으며 언론, 시민단체, 싱크탱크를 중심으로 공약의 실천여부를 평가하고 있다(유현종 · 최연태, 2011).

매니페스토는 선거과정에서 립서비스 차원에서의 공약(空約)에 그치는 것이 아니라 당선되면 구체적 실행계획에 따라 이행을 점검하고, 다음 선거에서 그 성과에 대하여 유권자의 심판을 받는 신뢰할 만한 공약(公約)이 되어야 한다. 반드시 실천할 수 있는 공약만 제시하고, 실행하지 않을 경우는 유권자의 준엄한 심판을 받게 하는 것이 그 취지이다. 선거과정에서 유권자는 제시된 매니페스토를 분석하여 앞으로 어떻게 정책을 실행할 것인지를 평가하게 되어 전망적 투표(prospective voting)를 하게 되고, 다음 선거에서 매니페스토의 이행여부를 검토하는 회고적 투표(retrospective voting)를 통하여 현직자의 지지 여부를 결정하게 된다. 이 과정에서 유권자에게 충분하고 객관적인 정보가 제공되어야 합리적인 판단을 내릴 수 있게 된다.

영국의 경우 매니페스토는 정당차원에서 선거가 있기 전부터 충분한 시간을 두고 작성 발표되며, 미국의 경우 4년을 주기로 대통령선거가 있을 때마다 주별 대표를 포함한 200명 정도의 당원으로 구성된 공약(platform)준비위원회가 충분한 논의와 토론을 거쳐 전당대회에서 투표로써 공식적으로 채택한다. 이러한 매니페스토는 유권자에게 정책중심의 선택을 하게 하는 장점이 있으나 합리적 선택을 위해서는 충분한 정보가 제공되도록 하여야 하는데, 그만큼 정당, 언론, 시민단체의 역할이 중요하다.

(2) TV 토론의 외국사례

TV 토론의 내실화를 위하여 외국에서는 대통령선거에서 일정한 자격제한을 두고 있다. 미국은 여야가 참여하는 대통령토론위원회(the Commission on Presidential Debates)를 두고 토론을 관장하고 있다. 이번 대선에서 대통령토론위원회는 2011년에 이미 대통령 선거 TV 토론의 일정을 발표했다. 이에 따르면 2012년 10월부터 미국의 전역에서 4번(3번은 대통령 후보간 토론, 1번은 부통령후보간 토론)에 걸친 TV 토론을 치른다. 그리고 토론에 참여할 자격기준에 대해서도 발표했는데 헌법적으로 피선거권이 있고, 잠정적으로 270개 선거구 투표에 이를 수 있도록 주별 투표용지에 충분하게 노출되어야 하고, 전국적인 여론조사 지지율이 15%이상을 충족해야 한다(http://www.debates.org/index.php? page=candidate-selection-process). 이런 조건에 충족하는 후보로는 민주당의 오바마와 공화당의 롬니 밖에 없어 양자토론이 성사되었다. 그리고 TV 토론의 진행방식은 양자간의 합의에 의하여 결정하였다.

대통령선거에서 결선투표제를 채택하고 있는 프랑스는 1차 투표에서 과반이 나오지 않을 경우, 1위와 2위 후보 간에 양자 TV 토론을 한다. 영국은 전국적으로 의석을 가진 주요 3개 정당(노동당 · 보수당 · 자민당)의 대표가 TV 토론에 참석하고, 일본은 객관적으로 주요 정당으로 여기는 정당 가운데 주최 측에서 선정하도록 하고 있다. 다만, 일본의 경우 지지율에 따라 발언시간에 차이를 두기도 한다.

(3) 외국의 시민교육

시민교육과 관련하여 영미국가에서 사회를 중심으로 한 시민교육이 이루어지고 있는 반면, 독일, 호주, 프랑스에서는 국가기관이 투표참여와 시민의 정치의식 제고를 위한 시민교육을 실시하고 있다. 독일의 경우는 과거 나치시대에 인간의 존엄성을 탄압한 전체주의에 대한 반성으로 시민정치교육이 체계적으로 이루어지고 있다. 독일연방정치교육원(BPB)은 여야 합의에 의하여 초당적으로 설치된 연방내무부 산하의 독립기관이고 2001년 연방정치교육원법이 개정되면서 원장과 부원장으로 이루어진 사무처 이외에 9명의 전문가로 구성된 학술자문단과 22명의 연방하원의원으로 구성된 감독위원회를 두고 있으며, 별도의 독립적인 기구인 주 단위의 민주시민교육원과 연계를 맺고 있다(http://www.bpb.de/die-bpb/138852/the-federal-agency-for-civic-education).

2012년 현재 연방정치교육원에는 약 200명의 직원이 있으며 예산규모는 총 3천 5백만 유로이다. 호주는 선거위원회 산하의 국가선거교육센터(NEEC)가 1987년 개설된 이래 의회와의 협력하에 학교방문교육 및 프로그램 개선, 선거교육센터 교육 강화, 교과과정 및 교사의 전문성 개발에 집중하고 있다. 또한 지역에도 맬버른, 브리스베인, 퍼스, 아델라이드 등에 지역교육센터가 설립되어 있다.

CHAPTER

05 제도개혁

1. 제도가 중요하다.

유권자가 주인이 되는 새로운 정치의 목표를 달성하기 위해서는 제도를 변화시키는 것이 중요하다. 단기적으로 시민들의 의식과 문화를 변화시키기 어렵기 때문에 제도를 개혁함으로써 사람들의 생각과 태도를 변화시킬 수 있는 것이다. 제도(institution)는 행위자의 선호를 형성하고 제약하는 조건이기 때문에 매우 중요하다(D. C. North, 1990). 제도가 어떻게 되어 있는지에 따라 사람들은 합리적으로 판단하여 어떤 행위를 할 수도 있고 하지 않을 수 있다. 또한, 한번 형성된 제도는 지속되는 경향이 있기 때문에 제도변혁을 위해서는 기존의 권력자원의 배분을 바꾸는 급진적 개혁이 필요할 때도 있으며 그 결과, 본래대로 의도하지 않았던 결과를 낳을 수도 있다(Krasner, 1984; Hall and Taylor, 1996; Mahoney, 2000; 정용덕 외, 1999). 제도는 궁극적으로 사람들이 당연하다고 받아들이는 문화와도 관련이 있으며 이러한 문화적 변화를 통하여 조직의 관습과 구성원의 인식과 행위에 영향을 미칠 수 있게 된다.

사람들에게 영향을 미치는 제도는 하나로만 구성되어 있는 것이 아니라 여러 가지 요소들이 연관되어 있고, 복합적으로 영향을 미치고 있다. 정치제도만 하더라도 선거, 정치자금, 정당, 국회, 대통령, 관료제 등의 제도가 서로 맞물려 있고 어느 한 영역에서의 변화가 다른 영역에 영향을 미치게 된다. 즉, 하나의 영역에서 효과를 인정받는 제도의 속성은 다른 영역에서도 모방이 이루어지고 확산되어 진다. 따라서 제도는 하위 요소들이 기능적으로 결합되어 있는 체제(regime)로서 이해되어야 한다(Streeck and Thelen, 2005). 기존의 제도가 좋지 않음에도 불구하고 계속적으로 유지되는 경우에는 그 제도가 유지되는 이유를 찾아내고 핵심적인 요소를 제거해 버림으로써 개혁을 달성할 수 있고, 이를 통하여 다른 영역에까지 그 파급효과가 미치게 할 수 있는 것이다.

우리가 바라는 새로운 정치가 제자리를 찾기 위해서는 국민, 대통령, 국회, 정당, 관료제의 행위를 바꿀 수 있는 제도들이 무엇인지를 찾아내고 이를 변혁하는 것이 필요하다. 제도에는 헌법과 법률과 같이 공식적인 규범 뿐만 아니라 조직의 표준운영절차, 구조, 관행 등의 비공식적인 규범도 포함된다. 국민이 주인이 되는 새로운 정치와 행정을 위하여 법령과 같은 공식적 규칙 뿐만 아니라 조직 내부의 업무구조와 문화까지도 바꿀 필요가 있는 것이다.

2. 제도의 지속성과 변화

제도는 한 번 도입되면 행위자의 생각과 행위를 제약하게 되고 이를 통하여 관행이 형성되기 때문에 좀처럼 바뀌기 어렵다. 하나의 제도가 더욱 강화되면서 긍정적 피드백이 지속되는 경우를 제도적 지속성(institutional persistence)이 존재한다고 한다. 제도가 지속되는 이유로서 ① 그 제도가 존재함으로써 얻는 편익이 비용보다 더 큰 경우에 지속된다는 공리적인 설명, ② 전체 체제의 일부로서 제도가 필수불가결한 기능을 수행하기 때문이라는 기능적 설명, ③ 특정한 제도가 그 사회의 지배자인 엘리트로부터 지지를 받기 때문이라는 권력적 설명, ④ 특정 제도가 사회 구성원으로부터 당연한 것으로 받아들여지기 때문이라는 정당성의 설명이 있다(Mahoney, 2000: 508-10). 이를 반대로 해석하면 제도가 변화하게 되는 것은 이 중의 어느 하나 이상이 충족되지 못할 때 발생할 수 있다. 즉, 현재의 제도로부터 사회가 얻는 편익보다 비용이 더 큰 경우, 또는 특정 제도가 사회 체제 내에서 필요한 기능을 수행하지 못하는 경우, 또는 특정 제도가 그 사회의 엘리트로부터 지지를 받지 못하는 경우, 또는 특정 제도가 사회적 정당성을 얻지 못하는 경우에 제도변화가 이루어지게 된다.

보다 구체적으로 제도변화를 설명하는 입장은 크게 3가지로 살펴볼 수 있다. 우선, 사람들이 비용과 편익을 따져서 합리적으로 행동한다고 생각하는 합리적 선택 제도주의(rational choice new institutionalism)자들은 제도를 변화시킬 수 있는 사람들에게 그 제도가 비용에 비하여 더 이상 편익을 제공할 수 없을 때 더 편익을 제공할 수 있는 제도로의 새로운 선택이 이루어진다고 설명한다(Weingast, 1996). 제도를 역사적으로 분석하는 것에 관심을 두는 역사적 신제도주의(historical new institutionalism)자들은 권력투쟁을 통하여 실권을 가진 사람들이 기존의 지배적인 가치와 이념으로서 제도를 새로운 가치와 이념을 함유하는 제도로 변화시킨다고 주장한다. 특히, 경제적 위기나 우연적 사건이 발생하여 권력투쟁이 발생하는 경우 기존 제도가 급변하게 된다(S. Krasner, 1984; Collier & Collier, 1999). 한편, 제도가 사람들에게 지키는 것이 당연한 것으로 간주되는 제약이라고 넓게 정의하는 사회학적 신제도주의(sociological new institutionalism)자들도 법제의 변화와 같은 외부적 충격이 발생하면 그 법에 연관된 과거에 당연한 것으로 여겨지던 관행과 절차 등의 다른 규범에 대한 생각에도 영향을 미치고 조직적 학습과 모방을 통하여 결과적으로 사회적 행위의 변화를 가져온다고 설명한다(Edelman, 1990; Clemens, 1993). 이들은 모두 제도변화를 위한 특정한 계기를 중시하며 제도변화는 우발적이면서도 단절적인 형태로 나타나게 된다. 한편, 제도가 행위자의 합리적 선택에 따라 일단 도입되면 수확체증에 따라 지속성을 유지하게 되며, 행동에 의한 학습을 통하여 점진적으로 제도가 변화하는 것을 강조하는 입장도 있다(D. C. North, 1990; Clemens & Cook, 1999). 그러나 실제로 제도변화는 이러한 두 가지 측면을 모두 포함하고 있으며 다음과 같은 네 가지의 상황으로 나누어 볼 수 있다(Streeck and Thelen, 2005). 제도변화의 결과가 기존 제도와 비교하여 연속적(continuous) 또는 단절적(discrete)인지 여부에 따라 나눌 수 있고, 제도변화의 과정이 급진적(abrupt)인지 또는 점진적(incremental)인지로 나눌 수 있다.

구분		변화의 결과	
		연속적	단절적
변화의 과정	점진적	적응을 통한 재생산(A)	점진적 변화(B)
	급진적	생존과 복귀(C)	붕괴와 대체(D)

출처: Streeck and Thelen, 2005

제도변화의 과정이 천천히 점진적으로 이루어지고 기존 제도의 성격을 근본적으로 유지하면서 연속적으로 이루어진다면 기존의 제도가 소규모 변화라는 적응과정을 거쳐 다시 재생산될 뿐이다(A). 제도변화의 과정이 점진적이기는 하지만 기존 제도와 다른 새로운 제도로 변화하게 된다면 점진적 변화의 형태를 나타내게 된다(B). 이것은 기존 제도의 핵심 내용이 바뀌거나 기존 제도와 다른 새로운 제도가 도입되는 것으로 비교적 장기간에 걸쳐서 이루어진다. 변화의 과정이 신속하게 이루어지고, 제도변화의 결과가 기존 제도와 동일성을 유지한다면 기존 제도에 반하는 다른 요인들을 제거함으로써 원래의 제도로 다시 되돌아오는 것을 의미한다(C). 전통적으로 유지되어 온 제도에 대하여 정치적으로 개혁이 이루어져 부작용이 발생했다가 다시 이를 원래대로 되돌리는 개혁을 예로 들 수 있다. 끝으로 제도변화의 과정이 신속하고 급진적으로 이루어지는데 반하여, 제도개혁의 결과가 기존과 전혀 다른 새로운 것으로 바뀌는 경우는 과거 제도가 붕괴되고 새로운 제도로 대체되는 것을 의미한다(D). 앞에서 제도변화를 외부적이고 우연적인 사건에 따라 설명하는 입장은 이것과 관련이 있다. 그러나 제도변화가 반드시 단절적으로만 이루어지는 것은 아니다. 점진적인 변화를 통해서도 다양한 제도변화가 이루어질 수 있다. 점진적 제도변화의 종류로 대체(displacement), 겹치기(layering), 표류(drift), 전환(conversion), 소진(exhaustion) 등 5가지가 제시되고 있다(Streeck and Thelen, 2005: 30-2). 첫째, 대체(displacement)는 기존의 지배적인 제도에 대하여 종속적이었던 제도가 점차 우위를 차지하게 되어 기존의 제도를 대신하는 것을 말한다. 기존의 제도로서 해결할 수 없는 문제가 발생하고 이를 해결하기 위하여 기존의 제도 속에서 잠재해 있던 제도적 자원을 재발견하거나 외국 제도를 도입하는 등의 과정을 통하여 이루어진다. 둘째, 겹치기(layering)는 기존의 제도에 새로운 요소가 겹쳐져서 점차 기존 제도의 지위와 구조를 바꾸는 것을 말한다. 기존 제도의 한 모퉁이에서 새로운 제도가 첨가되지만 새로운 제도가 더욱 빨리 성장하게 되고 과거 제도의 핵심적인 영역도 침범하게 되며 결과적으로 과거 제도와 새로운 제도의 협상을 통하여 과거 제도가 쇠퇴하는 것을 말한다. 셋째, 표류(drift)는 외부의 변화에도 불구하고 기존 제도의 적용을 의도적으로 회피하거나 무시함으로써 기존 제도가 현실과 겉돌게 되는 것을 말한다. 넷째, 전환(conversion)은 과거의 제도를 새로운 목적으로 재이용하는 것을 말한다. 기존 제도를 설계할 때 예상하지 못한 결과가 발생할 수 있고, 타협에 따라 의도적으로 제도를 모호하게 규정함으로써 상황적 조건이 변하게 되면 제도가 달리 이용되는 것이다. 다섯째, 소진(exhaustion)은 제도가 시간이 지남에 따라 소멸하게 되는 것을 말하는 것으로 제도가 존재의 근거가 되는 목적을 달성하였거나 제도로부터 얻는 이익이 줄어들거나 한계지점까지 제도가 지나치게 확대된 경우에 발생한다.

이런 제도변화에 관한 다양한 이론들이 제도개혁에 지니는 함의는 무엇인가? 제도는 상황적 조건에 따라 다양한 형태로 변화할 수 있다는 것이다. 근본적인 변화는 환경이 급변함에 따라 제도개혁의 주체들이 급진적으로 제도를 변혁시킬 때 발생하지만 점진적인 변화의 경우에도 기존 제도가 새로운 제도로 대체되는 것이 가능하다. 그렇다면 무엇보다도 제도변화의 시점에서 사회적 여론이 어떠한 변화를 원하고 있으며 실제 제도개혁을 위임받은 정치적 대리인들이 환경에 대한 인식과 기존 제도의 정당성에 대하여 어떤 문제의식을 가지고 있는지에 따라 제도개혁의 여부와 정도가 달라지게 될 것이다. 일반 국민들의 여론이 전반적인 변화를 원하고 그것이 확실하게 표출되며 정치인들이 그러한 변화의 요구에 대응하기 위하여 당연하게 받아들였던 기존의 제도의 정당성과 효과성에 대하여 근본적인 의문점을 지니게 될 때 제도변화는 시작된다고 할 수 있다.

3. 기존 정치 제도개혁의 반성

정치·행정의 제자리 찾기를 위하여 과거의 개혁과정을 살펴보고 교훈을 찾을 필요가 있다. 정부마다 수많은 개혁들이 이루어져 왔고, 그것들이 쌓여 현재 우리에게 영향을 미치고 있지만 그 방향이 바르지 못하여 현재의 나쁜 상황을 탈피하는 것을 방해하기도 하고, 시대와 환경의 변화에 따라 필요한 제도는 갖추어지지 못한 경우도 있다.

앞에서 말한 바와 같이 제도가 한 번 도입되면 자체적인 지속성을 가지고, 그것이 현재에서는 비록 순기능을 지니고 있지 않더라도 유지되는 경향이 있다. 이러한 제도를 변혁하는 방법은 크게 두 가지로 나눌 수 있다. 역사적 결단에 의하여 과감하게 가지치기를 하여 근본적 변화를 이루어 내거나 아니면 기존 제도를 다양한 방법에 의하여 점진적 변화로 유도하는 것이 그것이다. 국민들이 바라는 새로운 정치를 위하여 개혁의 대상이 되는 대표적인 제도로서 규제중심적인 정치관계법제, 제왕적 대통령제, 지나치게 중앙집권적인 통제, 국회와 정당의 취약성을 들 수 있다. 구체적인 제도개혁 방안을 제시하기에 앞서 이런 제도들이 어떤 역사적 변화를 거쳐 현재와 같은 상황에 이르렀는지를 살펴볼 필요가 있다.

절대왕권에 대하여 시민사회가 저항하면서 자유를 쟁취했던 서구 민주주의와 달리 우리나라는 1948년 일제 식민지배로부터 해방되어 미군정의 영향에 따라 입법의원이 설립되었는데, 입법의원의 선거법 기초안은 미국 측이 제공한 안에 따라 마련된 것이다. 제헌 국회의원을 구성하기 위한 국회의원선거법(군정법령 제175호)도 입법의원의원선거법(군정법령 제5호)을 기초로 하여 제정되었는데(선거사, 1971: 71) 그 내용은 미국식 민주주의를 수용한 자유주의적인 선거법제였다. 그러나 미국과 같은 다원주의적 정치문화가 성숙되지 못했기 때문에 미국식 정치제도는 우리나라의 현실과는 부합하지 못했다. 후보자의 난립으로 인하여 혼란이 발생했고, 관에 의한 선거개입이 노골적으로 이루어졌다. 대법관이 선관위원장을 맡고 있었지만 선거관리의 집행은 내무부 소속 공무원을 통하여 이루어졌기 때문에 관권개입에 의한 투·개표 조작은 공정한 선거관리를 통하여 주권자의 의사가 왜곡됨이 없이 선거결과에 반영되게 하는 민주적 선거의 이상에 가장 큰 위협요인이 되었다.

초기에는 자유주의적인 정치관계법제를 도입하였으나 남북의 대치, 일본 식민지배를 경험한 중앙집권적인 관료제의 존재, 시민의식의 미성숙 등으로 정치관계법제는 다원주의와는 거리가 먼 중앙집권적인 국가주의로 나아가게 된 것이다. 1952년 제2차 개헌을 통하여 대통령 직선제 개헌이 이루어지고 이승만 대통령에게 권한이 집중되어 제왕적 대통령 체제의 단초가 형성되었다. 대통령에게 집중된 권한으로 인하여 집권세력들은 관료제를 선거에 이용함으로써 장기집권을 도모하게 된다. 이승만 대통령 주변의 세력들은 주로 중앙집권적인 통제기구인 내무부와 치안국을 선거에 이용함으로 투개표를 조작하려고까지하였다.

또한 정당정치가 성숙되지 못한 상황에서 무소속 후보가 난립하여 금품이나 향응 제공 등 선거불법이 증가하였고 진보적 세력이 성장하여 국회에 진출함에 따라 집권당인 자유당 뿐만 아니라 보수야당인 민주당까지 서로 합의하여 선거운동에 대한 포괄적 규제를 도입함으로써 신진 정치세력의 성장을 차단하고자 하였다. 그리하여 1958년 민의원・참의원선거법(법률 제470호)을 개정함으로써 현행과 같은 포괄적 선거운동규제와 선거운동 공영제의 기틀이 마련되었다(송석윤, 2005; 심지연・김민전, 2006). 민의원선거법은 1925년 일본의 보통선거법과 유사하게 선거운동을 포괄적으로 제한하게 되었다. 이러한 제도변화는 기존의 자유주의적 정치관계법제가 지배 엘리트의 지위를 안정적으로 유지하는데 장애가 되었을 뿐 아니라 내무부와 치안국을 중심으로 한 중앙집권적 통치체제와 부합하지 않으므로 여야의 보수정당이 연합하여 새로운 정치제도를 기존 제도와는 단절적인 형태로 도입한 것이다. 대통령으로 집중된 권한을 이용하여 선거를 효과적으로 관리하기 위해서는 선거공영제 차원에서 국가중심적인 선거관리체제가 필요하게 된 것이다. 그러나 기부행위나 선거비용 규제를 집행할 기관에 대하여 조사권 등의 실효적인 권한이 부여되지 못하였고 선거관리위원회가 행정부로부터 실질적으로 독립되지 못하여 선거에의 관권개입도 확실하게 차단하지 못하였다. 그 결과 선거에서 금품이나 향응 제공 등은 여전히 이루어지고 있었으며 집권여당은 장기집권을 위하여 투개표를 조작하는 등 선거부정이 자행되어 4・19혁명으로 집권당이 몰락하게 되었다.

1960년 3・15 정부통령 선거에서 투개표 부정으로 자유당 정부가 몰락하고, 헌법개정을 통하여 의원내각제가 도입되었다. 그리고 공정한 선거관리를 헌법적 차원에서 규정하게 된다. 관권개입에 의한 투개표 조작에 대한 반성으로 제3차 개정헌법에서는 중앙선거위원회를 신설하여 대법관 중에서 호선한 3인과 정당에서 추천한 6인의 위원으로 조직하고 위원장은 대법관인 위원 중에서 호선하도록 하였다(헌법 제75조의2). 중앙선거위원회는 이때부터 헌법기관이 되었고, 1963년 제5차 개정헌법에서 중앙선거관리위원회로 이름을 바꾼 후 현재까지 유지되어 오고 있다. 민주당 정부의 집권으로 민주주의가 다시 시작되는 듯 했으나 박정희 장군에 의하여 5・16 군사정변이 발생함으로써 민주당 정부는 종말을 고하게 된다. 민주당 정부에서 사회 각층의 다양한 목소리가 터져 나왔으나 이를 수용하는 민주당의 역량이 부족하였고, 결국 사회 혼란을 수습하기 위하여 군부가 나서게 된 것이다.

이러한 정치적 급변사태도 제도변화를 이룰 수 있는 계기가 될 수 있었으나 실제로 제도변화의 결과는 기존 제도의 확대・재생산의 형태로 나타났다. 즉, 1958년 억압적 선거법제가 그대로 존속하면서 자기강화적으로 보다 확대되었다. 지배 권력이 바뀌었음에도 기존의 제도가 유지되는 것은 기존의 제도로부터 얻는 편익이 비용보다 크거나 보수적 지배엘리트의 전환으로서 기존 제도가 당연하다고 인식되어 변화의 필요성을 느끼지 못했기 때문이다. 군사정변에 의하여 집권한 박정희 정부는 국가 재건을 위하여 정치를 효율적으로 관리하고 자신들의 권력 획득 가능성이 높은 제도가 필요하였다. 제5차 개정 헌법부터는 선거운동 법정주의와 선거공영제의 원칙이 최초로 헌법에 규정되게 된다. 즉, 선거운동은 각급 선거관리위원회의 관리하에 법률에서 정한 범위 안에서 하되 균등한 기회가 보장되도록 하고, 선거에 관한 경비는 법률이 정하는 경우를 제외하고는 정당 또는 후보자에게 부담시킬 수 없도록 하였다(헌법 제108조). 이러한 헌법규정에 따라 선거운동은 국가에 의하여 엄격하게 관리되었는데 선거운동 주체로서 후보자・선거사무장・연설원 등 법이 인정하는 사람 이외에는 선거운동을 하지 못하게 제한하였고, 선거운동의 시기에 대한 제한도 유지되었으며, 선거운동 방법에서도 선거사무소와 연락소의 설치, 벽보, 공보, 후보자의 성명 등의 게시, 신문광고, 합동연설회, 후보자 연설회, 정당연설회 이외의 선거운동 방법은 모두 금지되었다. 또한 선거운동과 관련된 위반행위에 대한 처벌규정을 위반양태마다 규정함으로써 선거법의 형사법화가 더욱 가중되었다.

한편, 이승만 정부에서 한 번 형성된 대통령으로의 권한 집중은 그 후 의원내각제를 실시한 장면 정부에서 잠깐 완화되었다가 5・16 군사정변 이후 박정희 정부에서 다시 대통령제를 취하게 됨으로써 부활하게 되었다. 특히, 박정희 정부는 행정부 주도의 경제발전을 추진하게 됨에 따라 대통령에게 더욱 권한이 집중되었고, 1972년 유신체제를 선포함으로써 권위주의적 대통령제로 변질되기도 하였다. 행정부의 권한 강화에 따라 국회의 권한은 축소가 불가피하였다. 이로 인해 국회가 민주적인 역량을 향상시킬 수 있는 기회를 상실하게 되었고 대정부 투쟁 일변도의 국회 문화가 형성되는 원인이 되었다. 억압적인 정치관계법제와 권위적이고 제왕적인 대통령제와 중앙집권적이고 지시적인 행정체제는 상호 연관이 있으면서 같은 방향으로 진화하게 된 것이다.

그리고 이러한 제왕적 대통령제는 박정희 정부를 이어 전두환 정부에서도 계속되었다. 대통령의 권한이 강화될수록 이를 뒷받침할 대통령의 참모부서의 권한도 비대해졌고, 중앙집권적 권위주의도 강화되었다. 건국 이후 민주화가 될 때까지 우리나라의 정치와 행정은 이러한 제도적 지속성 속에서 지내왔다.

1987년 전두환 정부는 단임제의 임기가 끝나고 정권은 이양하되 대통령간선제의 헌법을 유지하겠다는 호헌을 발표하였다. 이에 대하여 시민사회는 6월 항쟁을 통하여 대통령직선제 개헌을 쟁취하였다. 직선제에 의한 대통령선거가 실시되었으나 야권의 분열로 인하여 민정당의 노태우 정부가 출범하였다. 민주화라는 시대적 과제를 돌이킬 수 없었으며 선거가 정기적으로 실시되었고 지방자치제의 부활도 추진되었다. 1987년 헌법에서 대통령 직선제의 개헌이 이루어졌지만 선거관리에서는 그 이전의 헌법과 큰 차이가 없었다. 선거관리위원회의 구성방법이나 법정선거운동주의는 변화 없이 유지되었다. 따라서 선거법제에서 근본적인 변화를 모색하는 것은 한계가 있었다. 그 결과 과거의 선거제도에 대한 근본적인 변화는 이루어지지 못하고 선거결과에 직접적 영향을 미치는 선거구제를 1선거구 1인대표제로 바꾸고 선거운동 부분에서는 선거운동 방법의 자유를 확대하는 방향으로 개정이 이루어졌다. 이러한 상황에서는 선거경쟁은 더 치열해지는 대신에 선거운동 방법의 확대에 따라 과열, 혼탁의 사례가 속출하게 되었다.

민주화라는 역사적 사건 속에서도 정치관계법제가 근본적인 변화를 하지 못한 이유는 기존의 제도의 지속성이 남아 있었고, 다른 경로로 진화하려는 동기가 부족했기 때문이다(유현종, 2011). 권위주의 체제하에서 수십 년을 생활하였기 때문에 이에 맞지 않는 자유주의적 새 옷을 갈아입는 것이 불편하였기 때문이다. 민주화 이후 제왕적 대통령제도 근본적으로 포기되지 못하였다. 오히려 3김으로 대표되는 카리즈

마적인 인물이 대통령을 맡게 됨에 따라 대통령으로의 권한 집중은 그대로 유지되었다. 민주화 이후 국회나 정당의 역량 강화도 더뎠다. 정당의 총재를 대통령이 겸하고 공천권을 행사했기 때문에 문민대통령의 말을 거역할 수 없었다. 그리고 그러한 제왕적 대통령제를 보좌하는 참모조직도 대통령의 주변에서 자신들의 핵심 권한을 유지하며 중앙집권적인 통제권한을 계속 유지하게 된 것이다.

민주화라는 급격한 환경의 변화에도 불구하고 우리나라의 정치개혁은 점진적 변화의 방향으로 방향을 잡게 되었다. 앞에서 점진적 변화를 통해서도 대체(displacement), 겹치기(layering), 표류(drift), 전환(conversion), 소진(exhaustion) 등의 제도변화를 통하여 기존의 권위주의적이고 억압적인 제도가 민주화에 걸맞는 자유주의적이고 참여적인 정치관계법제로 변화될 수 있다고 설명하였는데(Streeck and Thelen, 2005), 현실에서는 그 변화의 속도가 빠르게 진척되지 못하였다. 우선 민주화 이후 선거가 상시화되기 시작하였지만, 혼탁한 돈 선거로 인하여 보궐 및 재선거가 빈발하게 실시되고 깨끗하고 공명한 선거를 위한 제도개선 요구가 제기되었다. 그 결과 천문학적 규모의 정치자금이 소요되는 선거제도를 개혁하기 위하여 1994. 3. 26. 공직선거 및 선거부정방지법이 제정되었다. 이 법은 선거운동의 자유를 원칙으로 하고 제한을 예외로 한다고 천명하였으면서도 실제로는 제한금지 사유를 방대하게 규정함으로써 본래 입법의 취지가 퇴색되었다. 이 법은 기존의 개별법으로 되어 있던 선거법을 하나로 통합하였으며 선거일의 법정화 및 선거운동의 자유 확대, 선거공영제의 확대, 선거비용 수입 및 지출의 투명성 제고, 선거사범에 대한 제재 강화(재정신청제 도입, 처벌규정 강화 등) 등이 주요 내용으로 포함되었다. 돈 선거를 차단하고 선거의 공정성을 확보하기 위하여 선거운동 규제는 다시 강화되었고, 선거법이 매우 복잡하게 되었다. [그림 5-1]에서 보는 바와 같이 선거운동과 제한금지규정은 1958년 이후 대폭 확대되었으며 1987년 민주화 이후에도 오히려 확대되는 경향이 나타나고 있다. 자유주의적이고 참여적인 정치관계법제로의 전환이 이루어지지 못하고 국가중심적인 선거관리 체제가 돈 선거와 정치부패를 차단하기 위한 목적으로 제도의 전환(conversion)이 이루어진 것으로 볼 수 있다. 그러나 이러한 제도적 목표의 전환은 그 목표가 달성되면 수명을 다하게 되는 한계가 있다.

그림 5-1 공직선거법상 선거운동규제 규정 수의 변화

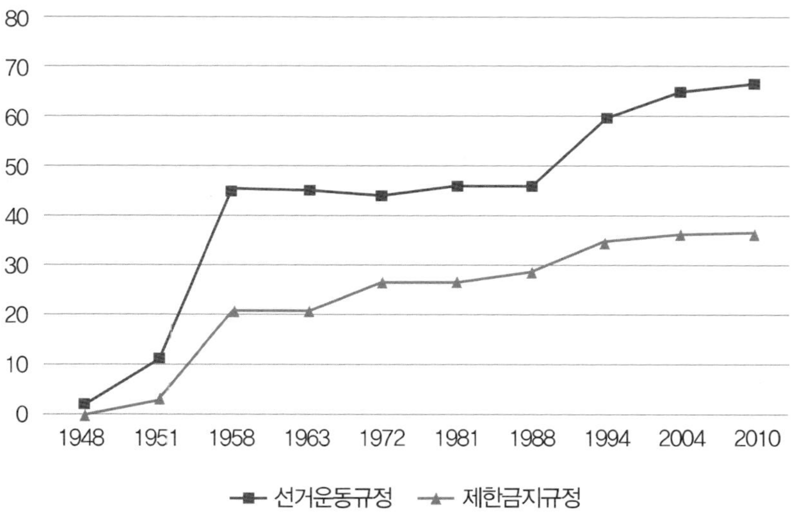

출처: 유현종(2011)에서 재인용

돈 선거를 차단하고 정치부패를 방지하기 위한 엄격한 정치관계법제는 당시에 필요성이 인정되었다. 정당정치가 제대로 성숙되지 못하고 당지도부에게로 권력이 집중되며 거대한 선거조직을 유지하게 되자 많은 정치자금이 소요되었다. 이러한 자금들은 주로 당의 총재가 기업인을 통하여 마련한 것이다. 특히 2002년 제16대 대통령선거가 끝난 이후 대선자금에 대한 수사를 통하여 천문학적인 불법정치자금이 조달되었다는 것이 검찰 수사결과로 확인되었다. 그 중 대부분은 정당 집회나 지구당의 조직가동비로 지출된 것으로 드러났다. 외부의 시민단체를 중심으로 고비용 저효율의 선거관행을 타파하도록 요구하는 목소리가 커지게 되었고 이에 따라 국회의원을 배제한 채 각계 인사로 범국민정치개혁협의회가 구성되어 중앙선거관리위원회와 협력하에 선거법 개정의견을 국회에 제출하였고 우여곡절 끝에 2004. 3. 12. 선거법 개정이 이루어졌다. 이 법에 따라 기부행위 금지가 상시화되었으며 위반시에는 준 사람 뿐만 아니라 받은 사람에게도 50배의 과태료를 부과할 수 있게 되었다. 또한 정당법과 정치자금법을 개정하여 과다한 정치자금이 소요되는 원천으로서 집회에 의한 선거운동이나 정당의 하부단위로서 지구당을 폐지하였다. 정치자금의 원활한 조달을 위한 소액다수의 기부가 도입되었고 정치자금 위반행위에 대한 조사권과 투명성 확보를 위한 공개제도가 강화되었다.

깨끗한 선거를 위한 시민사회와 함께 정치관계법제를 개혁할 무렵에 제왕적 대통령의 권한을 내려놓기 위한 노력도 있었다. 분권화, 지방화와 함께 대통령에 대한 격식을 줄이자는 노무현 대통령의 시도였는데 주로 대통령의 업무스타일에서 소탈함을 추구하였을 뿐 제도적 측면에서 제왕적 대통령제를 변화시킨 것은 많지 않았다. 총리에게 실권을 부여하고 분권형 대통령제를 운영하거나 행정자치부가 통제하던 지방자치단체에 대한 인사 및 정원권을 이양한 것 등은 주요 개혁사례로 볼 수 있다. 국회 자체적으로도 입법조차처나 예산정책처 등을 설립하여 정책보좌기능을 강화했으나, 한 번 형성된 의원 자신들의 기득권과 권위주의 문화는 개선되지 못하였다. 정당도 국민참여경선을 도입하면서 과거의 보스 중심의 일인지배체제에서 많이 탈피되고 있으나 정책정당으로서의 역량을 부족한 편이다. 민주화 이후 시간이 많이 지났음에도 불구하고 억압적인 정치관계법제, 제왕적인 대통령제, 중앙집권적이고 지시적인 행정체제, 허약한 정당체제 등이 개선되지 못하는 것은 이러한 제도들이 상호 연관되어 있으며, 지배엘리트의 통치에 기여하고 특권을 형성할 수 있게 하기 때문이다. 한편, 2000년대부터는 정보통신기술이 발달하고 유권자의 교육수준이 상승됨에 따라 규제중심의 선거법에 대한 비판의 목소리가 높아졌다. 선거관리위원회에서도 선거운동 규제의 방향을 전환하여 선거의 자유와 공정이 조화를 이루도록 선거법제를 개선하도록 노력하였으며 최근에는 인터넷 선거운동에 대하여 공직선거법 제93조를 적용하는 경우 한정위헌이라는 헌법재판소의 결정에 따라 인터넷을 통한 선거운동을 상시화하는 의견을 제시한 바 있다. 이에 따라 국회에서 개정입법이 이루어져 선거일을 제외한 인터넷 선거운동이 상시적으로 가능하게 되었다. 그러나 여전히 표현의 자유를 제한하는 규제들이 많이 있으며, 정당재원에 대한 국가의존도는 오히려 더욱 강화되었다. 인터넷상의 선거운동이 상시적으로 허용된 것은 제도변화의 측면에서 억압적인 선거운동규제에 자유로운 요소를 겹치기(layering)한 것으로 볼 수 있다. 이러한 새로운 제도가 기존의 억압적 선거규제를 잠식하고 대체시킬 것인지는 국민 대다수가 이를 어떻게 평가하고 정치권이 국민의 뜻을 어떻게 받아들이는 지에 달려 있다.

이처럼 우리나라의 정치관계법제는 과거 권위주의 정부 시대에 보수세력의 합의에 의하여 한번 형성된 이후 권위주의 시대를 통하여 보다 확대되었다. 또한 일제 식민지 시대의 잔재로서 중앙집권적인 통제장치인 내무부가 그 이후에도 계속 존속하여 선거에 개입하였고, 국가중심의 경제발전을 거치면서 대통령의 참모조직으로서 강화되었다. 민주화 이후 제도변화의 계기가 마련되었지만 규제중심의 선거제도가 수십 년간 반복되어 제도가 그 자체적으로 지속될 수 있는 속성이 있었고, 과열 혼탁한 선거분위기 속에서 억압적 선거운동 규제를 폐지하기에는 불확실성이 있었기 때문이다.

흥미롭게도 이러한 정치관계법의 억압적 성격이 제왕적 대통령제와 그 참모조직이 명령적이고 지시적인 형태로 핵심 업무영역을 유지하는 것과 유사하다는 것이다. 민주화 이후에 민선으로 당선된 대통령도 기존에 존재하던 권위주의 정부에서의 대통령의 특권을 내려놓지 못하고 대부분 그대로 유지하고 있었다는 점이다. 대통령비서실이나 그 참모조직도 발전국가 시대로부터 내려오던 보고를 받고 지시를 내리는 형태의 운영이 계속되었고 그러한 핵심기능은 정부조직개편에도 불구하고 그대로 유지되고 있다. 민주화 이후 내무부는 그대로 유지되다가 1998년에 총무처를 끌어안고 행정자치부로 되었으나 기존에 가지고 있던 조직심사와 인사기능, 지방자치단체에 대한 행정적 또는 재정적 통제기능의 핵심은 절대 내놓으려고 하지 않았다. 오히려 그 기능을 활용하여 자신들의 자리를 늘이고, 행정부처의 위의 상급부처로 자리를 잡고 있다. 국회나 정당도 억압적인 정치관계법제로부터 자유롭지 못했고, 선거를 통한 권력획득의 경쟁에 더 관심을 두는 바람에 민주화 이후 수십 년이 지나도록 스스로 정책역량을 강화하고, 통합과 상생의 정치문화를 이룩하지 못하고 있는 것이다.

민주화 이후 3김으로 대표되는 정치엘리트들은 제도변화의 방향으로 점진적 변화의 길을 선택했다. 그러나 점진적 변화를 통해서도 궁극적으로는 민주적이고 참여적인 제도로의 전환이 이루어져야 했는데 기존의 억압적이고 권위적이며 특권적인 제도들이 대체되거나 소진되지 못하고 아직도 유지되고 있는 것은 왜 그런 것일까? 그것은 기존의 억압적이고 권위주의적인 제도들이 그들에게 더 많은 편익을 제공해 줄 수 있기 때문이다. 선거 때는 국민의 뜻에 따르겠다고 하지만 실제로 당선되고 나면 권력으로부터 얻는 이익이나 특권을 포기하기가 쉽지 않기 때문이다. 또한 대통령의 명령에 따라 일사불란하게 움직이는 관료제가 자신의 정치적 목적을 달성하기 위하여 굉장히 효율적인 존재가 되기 때문이다. 기존의 권위주의적 잔재를 청산하기 위하여 관료제를 권위적으로 명령하여 민주주의의 목표를 달성하는 역설적인 현상들이 나타난 것이다. 그러나 유권자의 교육수준이 올라가고 의식수준도 향상되었고, IT기술의 발달로 의사소통이 빨라짐에 따라 기존의 억압적이고 권위적인 규제와 특권들이 더 이상 유권자의 순응을 이끌어 내지 못하는 상황에 이르렀다. 더 이상 기득권에 안주하거나 개인의 자유를 억압하는 형태로 관리하는 제도는 유권자의 인내의 한계에 다다르게 되었고, 새로운 변화를 바라는 갈망이 매우 크다. 따라서 유권자의 눈높이에 맞는 제도개혁이 필요하며 그것은 국민의 뜻을 받들어 국민과 함께 하는 개혁이어야 한다.

4. 제도개혁의 범위와 방법

그렇다면 어떤 제도를 어떻게 바꾸어야 하는가? 무엇보다도 환경변화와 선거과정을 통하여 나타난 국민의 뜻을 읽고 이를 반영하기 위한 제도개혁이 되어야 한다. 우선적으로 국민 위에 군림하며 기득권을 유지하기 위한 제도를 폐지하여야 한다. 대표적으로 제왕적 대통령이라 불릴 만큼 대통령과 국민과 멀어지게 하는 권위주의적 잔재와 불통을 유발하는 인의 장막들, 국회의원과 힘 있는 정부부처와 관료들의 사익추구를 유발하는 제도들을 들 수 있다. 둘째, 일제시대부터 내려오는 국민 참여를 억압적이고 통제하는 제도적 잔재이다. 대표적으로 표현의 자유를 억압하는 정치관계법제와 행정의 비밀주의를 들 수 있다. 셋째, 제도개혁의 파급력이 큰 제도를 먼저 개혁해야 한다. 기존의 억압적이고 권위주의적인 체제 내에서 감추어져 있던 제도와 관행 중 핵심적인 것을 개혁해야 제대로 목표를 달성할 수 있다. 넷째, 신뢰에 기반한 참여와 협치를 위하여 반드시 필요한 제도는 신설하여야 한다. 소통의 진정성을 확보하기 위한 제도나 예산, 법제, 정책 등 다양한 행정과정에 정책의 수요자로서 국민이 참여하고 자신들이 원하는 정책이 실행될 수 있도록 의견을 개진할 수 있는 과정이 마련되어야 한다.

다음으로 어떻게 제도를 개혁할 것인지가 문제된다. 제도개혁의 방법으로 어느 것을 선택할 것인지는 환경으로부터 변화의 요구와 시대정신과 같은 상황적 조건들이 개혁을 위한 권력과 자원을 가진 행위자의 생각과 어느 정도 일치를 하는지에 따라 달라질 수 있다. 변화를 요구하는 상황적 조건과 개혁의 주체의 마음이 일치한다면 일단 변화는 일어나게 되는데, 개혁주체가 미래에 대하여 불확실하거나 시간적 여유를 가지고 있어 서두를 필요가 없다고 생각하는 경우는 점진적 개혁으로 가게 되고, 현재의 상황에 반응하여 기존 제도를 바꾸어야겠다는 의지가 강한 경우는 급진적이고 단절적인 개혁으로 가게 될 것이다. 한편, 환경으로부터의 변화 요구도 낮고, 개혁 주체도 현실에 만족하는 경우는 현재의 제도가 확대 재생산될 수 있고, 환경으로부터의 요구가 과거의 영광으로 돌아가자는 것이고 개혁 주체 또한 과거회귀적인 사고를 지니고 있을 때에는 과거 제도로의 복귀가 이루어지게 되는 것이다.

현재의 상황에서 국민들이 새로운 변화를 바라는 열망은 매우 높다. 따라서 집권여당에서 국민의 뜻을 받들어 획기적인 개혁을 추진한다면 국민의 동의를 얻어 추진력을 얻을 수 있다. 그러나 현재의 제도에 만족하고 그대로 유지하거나 과거의 제도로 회귀하고자 한다면 국민의 신뢰를 저버리는 것으로서 저항이 발생할 가능성이 있다. 점진적 변화를 선택하는 경우에는 사회적 논의를 활성화하여 점진적이지만 가급적 빠른 속도로 기존 제도를 대체하거나 새로운 요소들을 부분적으로 겹치기 함으로써 기존 제도의 잘못된 부분을 잠식할 수 있게 하여야 한다. 제도변화의 속도에서 견해 차이는 있지만 제도를 변혁해야 하는 마음만은 정치지도자가 국민의 뜻에 일치시켜야 한다.

율곡 이이가 제시한 시무론(時務論)에서도 하나의 체제는 창업(創業), 수성(守成), 경장(更張)의 과정을 거치게 된다고 한다. 창업은 덕이 있는 사람이 시대의 요청과 하늘의 명령(天理와 人心)에 따라 할 수 있는 것으로 매우 어려우며, 수성은 위대한 임금과 현명한 신하들이 이루어 놓은 바를 지키기만 하면 되는 것으로, 이것은 누구나 쉽게 할 수 있다고 한다. 한편 경장은 나라의 융성기 다음에 오는 자연적인 폐해와 고루한 인습을 개혁하여 제2의 창업을 하는 것이다. 마땅히 수성하여야 할 때인데도 경장에 힘쓴다면, 이것은 병도 없는데 약을 먹는 것과 같아서 도리어 병을 얻게 되는 것이지만 마땅히 경장하여야 할 때인데도 수성에 집중한다면, 이것은 어린 아이가 병에 걸렸는데도 약을 물리치는 것과 같아서 누워서 죽음을 기다리는 격이라고 하여 시대와 환경을 정확히 파악하여 대처할 것을 주장하였다(『栗谷全書(Ⅴ)』「聖學輯要」: 334, 한국정신문화연구원, 1987; 한국행정학회, 행정학용어사전).

그렇다면 현재의 상황은 무엇인가? 이번 선거를 통하여 확인된 바와 같이 국민들의 변화에 대한 열망은 어느 때보다 큰 편이다. 보수와 진보 어느 쪽도 이러한 국민적 열망을 더 이상 거부할 수 없다. 그렇다면 새로운 정치를 위한 제도개혁은 기존 제도와 다른 단절적 형태로 나아가야 하고, 제도변화의 과정은 개혁의 주체가 현실을 보는 마음에 따라 달라질 수 있을 것이다. 개혁의 주체가 급진적 개혁을 원하고 개헌을 포함하는 근본적인 개혁을 수용하는 경우에는 합리적이고 총체적인 개혁으로 나아가게 될 것이다. 그러나 개혁의 주체가 점진적 개혁을 바라는 경우에는 단계적 개혁으로 나아가게 될 것이다. 새 정부가 출범한 후 국민의 여론을 수렴하여 국민들이 개헌을 원하는 경우에는 헌법을 포함한 정치관계법제 전반에 관하여 총체적이고 광범위한 개혁을 실시하는 것이 바람직하다. 그러나 국민의 뜻이 그러하지 않는 경우에는 시급한 단기과제와 장기과제로 나누어 개혁을 진행할 수 있다. 단기과제는 대선과정에 발생한 문제점의 반영, 지방선거에 대비한 선거법제 개혁 등을 들 수 있다.

앞에서 제기된 처방을 바탕으로 난이도와 실행절차의 복잡성 등을 고려하여 헌법사항과 법률사항으로 나누고 헌법과 정치관계법제의 개혁을 동시에 진행하여야 한다. 정치개혁에 있어서는 선진국의 제도를 무조건 다 수용하기 보다는 우리의 정치현실과 함께 제도들간의 상호보완성(institutional complementarity)을 고려하여야 한다. 정치자금 규제가 완벽하지 않은 상황에서 선거운동에 대한 행태적 규제마저 없애는 경우에는 후보자의 난립이나 과열 및 혼탁선거가 발생한다는 것은 과거의 우리의 역사적 경험으로부터 알 수 있다. 그러나 정치자금 규제를 강화하는 다당에 선거운동에 대한 행태적 규제까지도 강화하는 경우 표현의 자유의 일환으로서 선거운동의 자유를 지나치게 제한할 수 있는 것이다. 그렇다면 어떻게 정치제도를 설계하여야 할까? 어차피 정치개혁은 정치지도자의 관심과 그에 대응하는 국민적 여망, 그리고 언론의 집중적인 보도가 어우러져야 실천을 위한 모멘텀을 받을 수 있다. 그리고 그러한 기회는 기존에 해결되지 않은 과제들을 체계적으로 일거에 해결할 수 있다.

5. 유권자가 주인이 되는 정치관계 법제 개혁

1) 헌법개정사항

유권자가 나라의 주인이 되는 정치개혁을 위하여 정치관계법제의 개혁이 필요하다. 국가의 기본법인 헌법에서는 법정선거운동주의를 재검토할 필요가 있다. 이 규정은 1963년 제3공화국에서 헌법개정을 도입한 것으로 선거운동을 국가가 관리하며 법에 정하는 범위 내에서만 하도록 직접 규정하여 표현의 자유인 선거운동을 헌법 자체에서 제한함으로써 위헌의 소지를 없애고 있다(헌법 제116조 제1항). 현행 '법률이 정하는 범위 내에서'를 '법률에 반하지 않는 범위 내에서' 자유롭게 할 수 있다는 원칙을 제시할 필요가 있고, 선거운동은 법률에 반하지 않는 범위 내에서 자유롭게 하되, 균등한 기회가 보장되도록 개정되어야 한다.

대통령선거 때마다 후보단일화 문제가 반복되고 있으며 선거 막판에 후보자가 등장함으로써 유권자가 후보자를 제대로 검증할 수 있는 기회를 상실하고 있다. 따라서 프랑스처럼 결선투표제를 도입할 필요성이 있다. 즉, 대통령은 1차 투표에서 1위와 2위를 차지한 후보를 대상으로 2주 후에 2차 투표를 실시하며 2차 투표에서 다수표를 획득한 후보가 대통령으로 선출되도록 한다. 현행 헌법은 대통령은 국민의 보통·평등·직접·비밀선거에 의하여 선출한다고 규정하고 있고(헌법 제67조 제1항), 대통령 후보자가 1인일 때에는 그 득표자가 선거권자 총수의 1/3이상이 아니면 대통령으로 당선될 수 없으며(제3항), 그 밖에 대통령 선거에 관한 사항은 법률로 정하도록 하고 있다(제5항). 따라서 결선투표제를 도입한다면 그 밖에 사항으로 보아 법률로 정할 수 있다고 보는 견해도 있을 수 있으나, 대통령 선거결과에 영향을 미치는 중요한 사항이고 대통령 후보자가 1인일 때 1/3이상 득표를 당선요건으로 하고 있으며, 최고득표자가 2인 이상일 때 국회에서 선출하는 규정의 취지를 볼 때 결선투표제의 도입시 헌법개정이 필요하다고 본다.

2) 행태적 선거운동규제에서 비용규제로 패러다임 전환

일본 보통선거법의 영향을 받아 1958년 이래로 도입된 억압적인 행태적 선거운동규제를 폐지하고 선거문화와 유권자의 의식수준 등을 고려하여 비용규제로 패러다임을 전환하는 것이 필요하다. 우선, 공직선거법 제58조의 행태적 선거운동의 정의 규정을 폐지하는 대신 미국처럼 비용적 측면에서 선거운동의 개념정의 규정을 신설한다. 현행 선거운동은 당선되거나 되게 하거나 되지 못하게 하기 위한 행위로서 주어가 없어 문법적으로 맞지 않을 뿐만아니라 선거운동과 관련된 모든 행위를 감시하고 처벌하기 위하여 도입된 개념이다. 이것을 폐지하는 대신에 선거에서 '특정 후보나 정당의 당락에 영향을 미치는 모든 행위'로 비용적 측면의 선거운동 개념을 새롭게 정립한다. 참고로 미국 연방선거운동자금법에서는 비용중심의 선거운동개념을 정립하고 선거운동에서 제외되는 예외적 행위들을 열거하고 있다(미국 연방선거운동자금법 제431조 참조).

이와 함께 선거운동의 시기, 방법과 관련된 규제를 대폭적으로 폐지하거나 완화할 필요가 있다. 비용규제로 전환하게 되면 선거운동에 대한 시기를 현재처럼 짧게 잡을 필요가 없다. 그리고 사전선거운동과 관련된 제한도 폐지되어야 한다. 인터넷 부문에서는 사전선거운동이 사실상 무력화되었는데 행태적 부문에서 선거운동규제를 유지하는 것은 조화롭지 못하다.

사전선거운동 폐지에 따라 기존의 예비후보등록 시점부터 후보자는 후원회를 결성할 수 있게 하고 후원회를 선관위에 등록한 후에는 선거비용 제한액의 범위 내에서 법률에 반하지 않는 범위 내에서 자유롭게 선거운동을 할 수 있게 한다. 그리고 비용지출 이후 48시간 이내 선관위가 제공한 회계프로그램에 따라 신고하면 이를 인터넷을 통하여 공개하도록 한다. 선관위가 제공하는 회계프로그램은 국가회계

프로그램에 준하여 마련하되, 인터넷을 통한 보고를 원칙으로 하고 수입지출 일자, 성명, 동까지의 주소, 거래내역 등에 관한 자료를 사본을 첨부하여 공개한다. 후원회를 둘 수 있는 기간은 현행 제60조의2(예비후보자 등록)기간에 맞추어 대통령선거는 선거일전 240일, 국선 및 시도지사 선거는 선거일전 120일, 지역구 시도의원 및 자치구시군의 장은 선거일전 90일, 지역구시군의원은 선거일전 60일부터 후원회를 두고 선거운동을 할 수 있게 한다.

다만, 후원회를 설치하기 전에는 자금이 소요되지 않는 면대면(face to face), 인터넷 선거운동을 중심으로 선거운동이 이루어지고, 자금이 소요되는 선거운동은 후원회 설치 이후부터 가능하도록 한다. 한편, 선거비용제한액은 후원회를 설치할 수 있는 시기로부터 30일 전까지 공고하도록 한다. 당내경선에 참여하는 후보자를 위하여 당내경선비용 제한액을 별도로 공고한다. 사전선거운동 폐지에 따라 선거기간(제33조), 후보자 등록기간(제48조) 조정도 필요하다. 제3자에 의한 후보자 또는 정당을 위한 지출도 선거비용에 포함시키되, 선거에 영향을 미치지 않는 쟁점에 대한 홍보는 독립적 지출로 가능하며 선관위에 회계 보고를 하도록 한다. 선거공영제 차원에서 선전벽보, 선거공보, 선거공약집, 신문광고, 방송토론 등에 관한 규정은 시기나 횟수의 제한을 유지할 필요가 있다.

둘째, 선거운동의 주체에 대한 제한도 완화되어야 한다. 사전선거운동이 폐지됨에 따라 예비후보자제도도 폐지(제60조의2 내지 4)하고 현행법은 유급 선거운동관계자의 인원을 한정하고 있으나(법 제62조) 선거비용 제한액의 범위 내에서 선거운동의 방법과 인원의 선택은 후보자의 자율에 맡길 사항이므로 유급 선거운동원에 대한 제한도 폐지

그림 5-2 사전선거운동 폐지에 따른 선거운동 조정

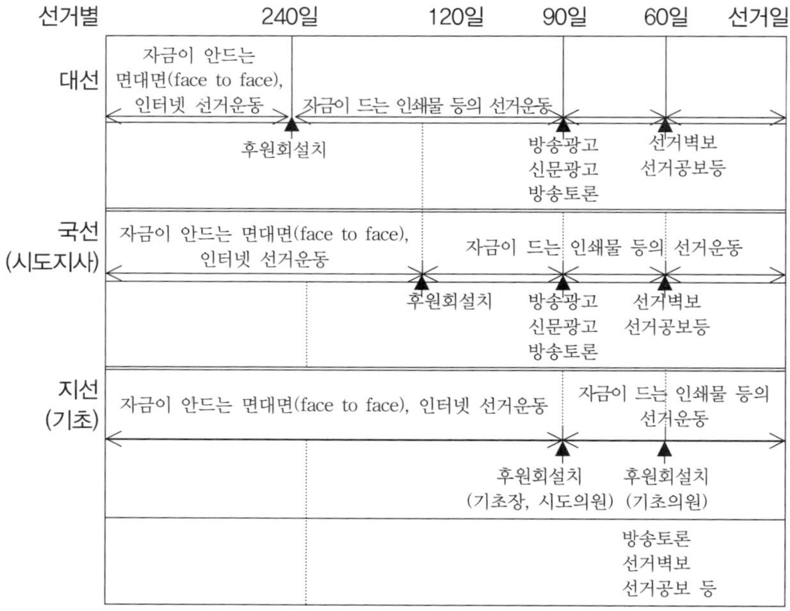

한다. 다만, 관권선거의 방지를 위하여 선거운동을 할 수 없는 자에 대한 제한(제60조)은 유지한다.

셋째, 선거운동방법에 대한 복잡한 제한도 폐지한다. 공직선거법상 법정화된 선거운동방법과 제한금지 행위들 중에서 공공복리나 질서유지의 관점에서 존치가 필요한 규정이 아닌 것들은 모두 폐지하도록 한다. 현수막(제67조), 어깨띠(제68조), 공개장소에서의 연설대담(제79조), 단체의 후보자등 초청 대담토론회(제81조), 언론기관의 후보자등 초청 대담토론회(제82조), 정보통신망을 이용한 선거운동(제82조의4), 인터넷언론사 게시판 · 대화방 등의 실명확인(제82조의6), 단체의 선거운동 금지 중 개인간 사적 모임(제87조제1항제3호), 유사기관설치금지(제89조), 시설물의 설치금지(제90조), 확성장치와 자동차등의 사용제한(제91조), 영화등을 이용한 선거운동금지(제92조), 탈법방법에 의한 문서・도화의 배부・게시등금지(제93조), 신문・잡지 등의 통상방법 외의 배부금지(제95조), 타연설회의 금지(제101조), 각종집회등의 제한(제103조), 행렬등의 금지(제105조), 호별방문의 금지(제106조), 서명・날인운동의 금지(제107조), 정책・공약에 대한 비교평가결과의 공표제한등(제108조의2), 서신・전보등에 의한 선거운동의 금지(제109조) 등 및 이와 관련된 형벌규정을 폐지하여야 한다.

특히, 표현의 자유에 중대한 영향을 미치는 인쇄물(제93조) 및 시설물(제90조)의 포괄적 제한을 폐지하되, 이에 대한 대책으로 선거에 영향을 미칠 목적으로 한 후보자의 성명이나 사진 등이 포함된 인쇄물을 선거비용 제한액에 포함시켜 규제하여야 한다. 다만, 이러한 규정들의 폐지시에는 표현의 자유에 미치는 영향에 대한 기준표를 만들고 전문가에 의한 평가과정을 거치는 것이 바람직하다.

(1) 비용규제 도입에 따른 선거의 공정성 확보를 위한 대안들

선거운동방법에 대한 포괄적 제한을 폐지하더라도 공공복리나 질서유지를 위하여 존치할 필요가 있는 규정들이 있다. 연구나 치료 목적으로 평온이 요구되는 연설금지장소(제80조)와 확성장치 사용에 대한 제한은 그대로 유지하되 구체적인 수치(일정 수준의 음량 이하)로 명시할 필요가 있다.

선거에 영향을 미치는 문서 및 도화의 배부는 자유롭게 허용하되, 의사에 반하는 강제적 배부나 선거인쇄물로 인한 공해를 방지하기 위

하여 투입이나 살포는 금지한다. 정보통신망을 이용한 선거운동에 대하여 선거운동 정보 및 수신거부 방법을 명시(제82조의5)하거나, 야간 연설의 제한(제102조), 야간 전화선거운동의 제한(제109조제2항), 구내방송의 제한(제99조) 규정은 그대로 유지한다.

또한, 유권자에게 객관적이고 정확한 정보제공을 위하여 필요한 규정들도 있다. 선거벽보(제64조), 선거공보(제65조), 선거공약서(제66조), 신문광고(제69조), 방송광고(제70조), 후보자등의 방송연설(제71조), 방송시설주관 후보자연설의 방송(제72조), 경력방송(제73조), 방송시설주관 경력방송(제74조), 선거방송토론위원회 주관 대담토론회(제82조의2), 선거방송토론위원회 주관 정책토론회(제82조의3), 인터넷광고(제82조의7), 타 후보자를 위한 선거운동금지(제88조), 허위논평 보도등의 금지(제96조), 후보자등의 비방금지(제110조) 등의 규정은 유지될 필요가 있다. 이러한 규정들은 유권자가 접하는 선거홍보물과 신문, 방송에서 제공되는 정보가 객관적이고 진실되게 제공되도록 최소한의 방법을 정하고 있고, 선거공영제 차원에서 후보자간의 기회균등을 도모하기 위해서라도 유지될 필요가 있다.

금권과 관권개입을 차단함으로써 선거의 공정성을 확보하기 위한 규정들도 남겨둘 필요가 있다. 예를 들어 공직선거법상 지위를 이용한 선거운동금지(제85조), 공무원등의 선거에 영향을 미치는 행위금지(제86조), 특별법에 의하여 설립된 단체의 집회금지(제103조제1항), 기부행위금지(제112조 내지 제118조) 등의 규정은 유지하는 것이 바람직할 것이다.

(2) 사전적 선거비용보전 도입

금전적 능력이 부족한 정치신인들도 선거에 출마하여 유권자에게 선택을 받을 수 있도록 선거비용보전제도를 개선할 필요가 있다. 현행은 입후보예정자가 정치자금 후원금 또는 사비로 비용을 마련한 후 선거를 치르고 선거결과 득표율에 따라 선거비용을 보전하고 있으나(법 제122조의2), 정치 신인들의 참여를 확대하기 위하여 일정한 수준이상의 기부금을 모금한 입후보예정자에게 국가에서 선거비용의 일부를 미리 보전해주고 선거비용 제한액 내에서 선거운동을 한 뒤 10% 또는 15% 이상의 득표율을 초과할 경우 지급한 선거비용 보전액을 반환하지 않아도 되도록 개정하는 것이다. 미국의 몇몇 주에서 실시되고 있는 공명선거법(Clean Election Act)은 이러한 사전적 선거비용 보전제도를 도입하고 있다.

(3) 선거비용제한 위반행위자에 대한 제재 강화

행태적 규제를 축소하고, 비용규제를 강화하는 대신에 공고된 선거비용제한액을 초과하여 지출한 자에 대한 제재를 강화한다. 선거비용 제한액의 1/100을 초과한 경우 당선무효로 하고, 선거비용에 대하여 허위보고 및 누락 등으로 벌금 300만원 이상을 선고받는 경우 당선무효로 한다. 선거비용 제한 위반행위자나 불법 정치자금 수수 등으로 일정한 형량이상으로 처벌된 자는 향후 10년간 피선거권을 제한하도록 한다.

3) 상향식 공천절차의 의무화

유권자가 주인이 되는 정치개혁의 핵심은 공천권을 유권자에게 돌려주는 것이다. 당내의 실력자나 계파가 공천을 좌지우지하는 것이 아니라 아래로부터 지지를 받는 사람이 공천이 되고 유권자의 선택을 받는 구조로 되어야 한다. 물론 전략적으로 인재를 영입하여 공천하는 경우도 있을 수 있고, 해당 분야의 전문가를 정치권으로 영입할 필요성도 있다. 이런 경우에는 비례대표제가 이용되는데 최종적인 명단의 확정은 다수의 의견이 모여서 결정되는 형태로 되어야 한다. 따라서 정당이 대통령, 국회의원, 시도지사, 광역의원을 추천하고자 하는 경우 당원총회, 당원과 당원이 아닌 유권자가 참여하는 경선, 당원 이외의 일반 유권자에게 개방된 완전 국민참여 경선 중에서 택일할 수 있게 하고, 완전 국민참여 경선을 실시하고자 하는 경우에는 역선택을 방지하기 위하여 정당별로 동일 날짜에 동시 실시하도록 법정화한다.

정당의 당내경선과정에서 민주주의의 원칙이 지켜지도록 하기 위하여 선관위의 위탁관리를 의무화하고, 선거범죄조사권에 준하는 권한을 부여하여야 한다. 현행은 선관위가 단순히 투·개표만 위탁관리하고 있기 때문에 정당 내부의 당내경선 부정행위에 대하여 효과적으로 대응할 수 없었다. 본 선거의 예비단계에서 이루어지는 당내경선도 본 선거의 일부로 볼 수 있고, 유권자의 선택에서는 오히려 더 중요하다고 볼 수 있으므로 장소출입, 임의적인 조사, 자료수거권 등의 조사권이 인정되어야 한다.

상향식 경선의 효과성을 확보하기 위하여 독일처럼 상향식 공천규정에 위반한 경우 관할 선관위가 후보등록의 수리를 거부할 수 있게 하고, 추후에 경선부정이 발견된 경우 후보등록을 무효로 한다.

4) 선거제도와 선거구 획정의 공정성 확립

유권자의 표심이 왜곡없이 선거결과로서 의석의 배분에 반영되도록 하기 위하여 인구편차가 2:1이 되도록 지역구 국회의원 선거구를 조정하고, 비례대표 국회의원 정수를 늘이고 권역을 단위로 선거하도록 개정한다. 혼합형 비례대표제가 제대로 정착되기 위하여 지역구와 비례대표 간의 비율을 6:4로 하되, 대통령제인 통치구조를 고려할 때 비례대표 방법은 독일식의 비례대표제 보다는 지역구와 비례대표를 분리시키는 일본식 비례대표제가 보다 바람직하다.

선거 때마다 선거구 획정이 지연되는 것을 방지하기 위하여 독립된 기구로서 선거구 획정위원회를 설치한다. 선거구 획정위원회에서 국회의원과 광역 시도의원의 선거구 획정업무를 담당하되, 선거일 6개월 전까지 선거구 획정안을 마련하여 국회의장에게 보고하고 국회의장은 1회에 한하여 재의를 요구할 수 있되, 다시 수정하여 제출한 선거구 획정안에 대해서는 거부할 수 없도록 한다.

국회의원이나 당원협의회 위원장이 지방자치 선거에 개입하여 공천권을 행사하는 것을 방지하기 위하여 자치구시군의 장 및 의원선거에서 정당공천제를 폐지한다. 이는 여야 대선후보들의 공통된 공약사항으로서 지방정치에서 계파정치(machine politics)를 없애고 정파를 떠나 지역에서 봉사할 사람을 선출하기 위한 것이다.

5) 정치자금 조달의 적정성과 투명성의 조화

행태적 규제를 철폐하는 경우 기존의 선거운동 규제들이 모두 정치자금 규제체계로 편입된다. 이에 따라 기존의 정치자금 규제에서 미비한 점을 보완할 필요가 있다. 정치자금 수입 측면에서 기존에 규제

체계 밖에 존재하던 출판기념회나 차명에 의한 쪼개기 기부금 등을 모두 정치자금 규제 체계 내로 포함시켜야 한다. 또한 실제로 정치자금 지출액을 조사하여 정치자금 기부제한액의 규모를 결정하고, 지킬 수 없는 법을 정치인들에게 강제하여 편법이 발생하게 되는 것을 방지한다.

정치자금의 조달을 보다 원활하게 하기 위하여 후보자가 개인적으로 모금하는 펀드(차입금)에 대한 근거규정을 신설한다. 또한, 선거운동규제의 완화에 따라 후원금의 모금방법에 대한 규제를 완화하되, 모금비용은 연간 정치자금 지출제한액에는 포함시킨다(제14조). 정치자금의 투명성을 확보하기 위하여 회계보고는 분기별로 하되, 회계보고서, 수입 및 지출 내역, 영수증 등을 인터넷을 통하여 상시적으로 공개하고, 선거비용에 관한 회계보고는 주(week) 단위로 보고하도록 한다(제40조). 선거비용이나 정치자금 조사를 상시적으로 하며, 선거과정에서도 선거비용 실사 및 불법정치자금에 대한 조사를 병행할 수 있게 된다.

정치자금의 투명성의 핵심은 공개가 얼마나 철저하게 이루어지는가에 달려있다. 300만원 이상의 고액기부자에 대해서는 이름, 주소(동까지), 소속회사 등을 공개하도록 하되, 10만원 미만의 소액기부자에 대해서는 인적사항을 공개하지 않을 수 있게 한다. 정치자금 제재의 실효성을 확보하기 위하여 중요한 정치자금법규 위반자에 대하여 피선거권 제한을 강화하고, 정치자금 범죄에 대한 내부고발 및 신고포상금을 상향할 필요가 있다. 정치자금 위반 행위에 대하여 적발 가능성을 높이기 위하여 1회 50만원 이상, 연간 300만원 이상 기부자에 대하여도 선거관리위원회에 신고를 의무화하고 선거관리위원회가 발급한 영수증을 통하여 세금환급을 받도록 함으로써 기부자와 기부를 제공한 자 모두에게 신고의무를 부과하여 상호 점검이 가능하도록 한다.

6. 대통령의 소통과 약속 실천을 위한 제도개혁

1) 제왕적 대통령제의 청산

권위주의 시대로부터 내려오던 제왕적 대통령의 문화를 청산할 필요가 있다. 대통령과 그 보좌조직은 국가안보나 신속하고 효율적인 의사결정을 위하여 제도화가 불완전한 측면이 많다. 제도적 규율이 부족하다 보니 자의가 개입될 여지가 있다. 대통령도 법 앞에서는 국민과 같이 평등하게 대우받기를 원하고 가지고 있던 특권을 내려놓아야 한다. 대통령이 먼저 특권을 내려놓으면 사회의 다른 특권을 가진 권력기관들도 특권을 내려놓게 될 것이다.

대통령의 소통의 시작은 주변의 참모들과 함께 하는 것에서부터 시작되어야 한다. 대통령의 집무실을 위민관 행정동으로 이전하여 비서실장, 수석비서관들과 함께 근무하는 환경을 만들어야 한다. 국민과 소통하는 대통령이 될 수 있도록 다양한 소통의 장을 마련하여야 한다. 대통령이 반드시 챙겨야 할 공약에 대하여 공약점검기구와 함께 다양한 국민의 의견을 수렴할 수 있는 기구들을 만들어야 한다. 대통령의 소통은 국민들에게 일방적으로 국가정책의 방향을 제시하는 것이 아니라 국민의 의견과 뜻을 지속적으로 듣는 과정에서 진정으로 나타나는 것이다.

제왕적 대통령제의 원인으로 대통령에게 권한이 집중되는 것을 제시하기도 한다(정정길 외, 2006). 외치와 내치의 모든 국가정책의 권한이 대통령에게 집중되고, 인사 및 예산편성권, 사면권을 좌우할 수 있게 되니 제왕적이라고 불리는 것이다. 이것에 대한 대안으로 프랑스의 이원집정부제가 제시되고 있다. 대통령과 총리가 모두 국민으로부터 정당성을 인정받고, 헌법상의 권한을 행사하는 이원집정부에서는 대통령은 국방, 외교, 그리고 보다 중요한 국가적 의제에 집중할 수 있게 되고 총리는 일반적인 내치업무를 담당하게 되는 것이다.

우리나라도 프랑스와 같이 이원집정부제를 도입하기 위해서는 헌법개정이 필요하다. 현행 헌법상 국무총리는 국회의 동의를 얻어 대통령이 임명하고, 국무총리는 대통령을 보좌하며, 행정에 관하여 대통령의 명을 받아 행정각부를 통할하도록 되어 있다(헌법 제86조). 국무총리의 권한 행사는 대통령의 명을 받아 이루어지는 것이므로 자체적으로 민주적 정당성과 헌법적 권한을 가지고 있지 못하다. 헌법개정에 따라 이원집정부제를 도입한다면 대통령은 국민 직선으로 선출하고 외교, 안보, 통일, 국가의 존립과 관련된 중대한 사안을 처리하되, 내치업무 중 자신이 관심을 두고 있는 중요 공약 사안에 대해서는 총리에게 충실하게 반영될 수 있도록 협조를 요구할 수 있게 하고, 총리가 거부하면 국회를 해산하여 내각을 다시 구성하게 할 수 있다. 총리는 국회의 다수의석을 차지한 정당에서 선출하고 통상적인 내치 업무를 담당하되 업무에 대한 책임은 국회에 직접 지도록 한다.

보통 대통령과 총리가 같은 정당에서 나오게 되면 대통령의 입지가 보다 강화되지만 대통령과 총리가 서로 다를 경우에는 이른 바 동거정부(cohabitation government)가 형성되며 대통령이 총리의 업무수행을 존중하여 개입을 자제하되, 대통령의 중요한 제안이 총리에 의하여 거부될 경우에는 의회해산권을 행사하여 국민의 심판을 직접 받게 된다. 이를 통하여 대통령과 총리가 상호 업무영역을 존중하여 협조함으로써 대통령으로의 권한 집중을 해소할 수 있을 것이다.

그러나 이원집정부제로 헌법개정이 이루어지지 않는 경우에는 대통령이 총리에게 내치의 권한을 위임하는 명령을 하고, 각 부처를 총리가 통할하게 하며 총리가 내린 결정들을 존중해 줌으로써 이원집정부제와 유사한 방식으로 운영할 수 있다. 노무현 정부에서 이해찬 총리가 실세 총리로 권한을 행사한 경우를 예로 들 수 있다. 이렇게 되면 대통령은 주로 외치를 담당하면서 자신이 관심을 두는 중요한 공약사항에 집중할 수 있게 된다. 한편, 대통령이 총리의 업무에 대하여 사후적으로 평가하되, 국민의 여론과 국회의 의견을 존중하여 총리교체가 필요한 경우에는 총리를 해임함으로써 책임을 추구할 수도 있다.

2) 합리적 의사결정을 위한 비서실의 조직화

대통령의 합리적 의사결정에 영향을 미치는 요인으로는 대통령의 자질과 성향, 참모진들의 구성과 상호작용, 조직구조, 시간과 정보의 양 등으로 나누어 볼 수 있다(J. Burke, 2008; Hult and Walcott, 1987). 이 중에서 제도적 측면에서 중요한 것은 참모진의 구성과 비서실의 조직구조이다.

참모진의 구성에서는 비서실장의 역할이 중요하다. 비서실장의 역할은 비서실의 전반적인 관리업무를 담당하는 것으로 전통적으로 총무, 의전, 공보, 인사, 민정과 같은 비서기능에 충실한 관리형 비서실장이 있고, 정책조정과 대통령이 부족한 영역에서의 조언까지도 담당하는 정책참모형 비서실장이 있을 수 있다. 두 가지 역할을 모두 충족시킬 수 있는 사람을 찾으면 금상첨화이겠으나 쉬운 일은 아니다. 비서실장은 대통령의 의중을 파악할 수 있고, 있는 듯 없는 듯 대통령실의 모든 업무를 총괄하며 대통령의 가장 약한 부분을 보완해 줄 수 있는 사람이어야 한다. 박정희 대통령 시절 김정렴 비서실장은 장기간 근무하면서 대통령의 경제정책을 보좌했고, 전두환 대통령 때는 주로 외교전문가가 비서실장 역할을 담당했다. 민주화 이후에는 정치적 역경을 같이 해 온 정치가 출신의 비서실장이 주로 임명되었다가 이명박 대통령 때는 전문가 출신이 비서실장으로 기용되고 있다.

대통령의 권한이 강하다 보면 대통령의 뜻을 받들어 한 방향으로만 논의를 전개하는 집단사고(Group think)의 오류에 빠질 수 있는데 이를 방지하기 위하여 비서실장은 다양한 의견들 중에 대통령이 판단해야 될 사항이 왜곡됨이 없이 대통령에게 전달될 수 있는 정직한 중개자(honest broker) 역할을 담당해야 한다.

비서실장이 모든 정책을 총괄하기에는 해야 될 역할이 너무 많다. 관리기능 이외에 중요한 정책기능으로는 경제와 안보가 있다. 비서실장이 경제나 안보분야의 전문가일 경우에는 이 중의 하나를 총괄해서 담당할 수 있다. 그러나 비서실장이 두 분야에 비전문가일 경우에는 경제나 안보분야를 총괄하는 전문가가 필요하다. 따라서 대통령의 비서실장은 대통령의 취약점을 보완해 줄 수 있고 경제나 안보 중에 어느 하나에는 전문가를 기용하는 것이 바람직하다. 비서실장이 장관급이고 차관급인 경제수석, 안보수석 체제로 갈 경우에는 비서실장을 통한 조정도 가능하다. 그러나 비서실장 이외에 국내 정책을 총괄하는 정책실장(보통은 경제수석이 겸임)과 외교·안보정책을 총괄하는 안보실장의 트로이카 체제로 가는 경우 비서실장의 역할이 상당부분 축소될 수 있고, 국내정책과 안보정책은 각각 자율성을 갖고 업무를 처리하게 될 것이다. 물론 보고는 정책실장과 안보실장 체제라 하더라도 대통령에 대한 보고는 비서실장을 거쳐서 가는 것이 바람직하다.

이처럼 3두 체제로 가는 경우 앞에서 말한 비서실장의 다양한 의견의 정직한 중개자로서의 역할은 상당히 줄어들 것이다. 이를 해결하기 위해서는 경제 분야와 안보분야에서 대통령이 회의체 형식의 소그룹 토론을 활용하거나 별도의 경제와 안보분야의 특별보좌관을 두어 다양한 의견을 들어 보는 것도 하나의 방법이다. 쿠바 미사일 위기 때 미국의 케네디 대통령은 안보회의체를 주재하며 안보담당 공식적 참모 뿐만 아니라 자문의 자문역할을 담당하던 사람들까지도 참석시켜 다양한 대안을 논의하여 미소 핵전쟁을 피할 수 있었다. 의사결정을 합리성을 높이기 위해서 대통령 비서실이 무조건 슬림한 것이 좋은 것이 아니라 정책의 실패를 방지하기 위하여 어느 정도의 가외성(redundancy)은 필요하다. 정책결정의 합리성을 높이기 위해서 수석 밑에 비서관들의 구성을 다양하게 하여 수석실 내에서 활발한 의견개진을 통하여 복수의 안이 마련될 수 있게 하고 이러한 대안들이 대통령께 보고되어 선택할 수 있게 한다.

대통령의 합리적 정책결정을 위하여 보고되는 정보의 양과 다양성도 중요하다. 일방적인 경로를 통하여 보고가 이루어지고 이러한 정보에만 의존해서 정책결정을 하면 집단사고의 오류에 빠지기 쉽다. 정보보고 기관으로 해당 수석실 이외에 다른 정보원도 있어야 한다. 국가정보원, 감사원 등이 그러한 역할을 수행할 수 있고, 대통령이 국민과 직접 소통하며 듣는 과정에서도 별도의 정보를 얻도록 노력해야 한다.

대통령비서실 내에 공약이행을 점검하는 조직도 필요하다. 과거에는 이 기능을 주로 국무총리실에서 담당하였는데 대통령이 직접 자신의 공약을 챙겨야 성공가능성을 높일 수 있다. 정무, 경제, 안보, 교육 문화, 사회복지 등으로 나누어져 있는 경우 해당 분야의 업무에만 집중하게 되므로 전체적인 공약이행을 평가하고 책임질 부서로 국정과제수석실을 신설하고, 대통령의 공약을 정부의 아젠다로 관리하여, 공약이행에 관한 평가와 공표, 고위공직자 교육, 통합적으로 관리해야 할 사안을 담당하게 한다.

3) 정부조직법과 통칙의 개정

행정관리형 부서가 지나치게 많은 문제점을 해결하여 현장위주의 행정을 구현하고 인사의 전문성을 강화하기 위하여 안전행정부의 기능 중 정부조직과 정원, 정부혁신과 행정능률 기능은 기획재정부로 이관하여 예산기능과 통합한다. 즉, 예산심사와 조직심사가 함께 이루어지도록 하여 불필요한 절차를 줄인다. 또한 국가와 지방자치단체의 재원을 통합적으로 관리하기 위하여 지방재정·세제기능도 기획재정부로 이관한다. 이를 통하여 국가 전체의 재정건전성을 측면에서 지방자치단체의 재정을 감독할 수 있다. 정부청사의 관리도 기획재정부로 이관하여 국고국에서 담당하게 한다. 인사기능의 전문성과 독립성을 강화하기 위하여 인사·윤리·복무·연금·상훈 등의 기능은 중앙인사위원회를 신설하여 이관한다.

기타 국무회의 서무, 지방자치제도, 낙후지역등 지원, 지방자치단체간 분쟁조정, 선거, 국민투표, 안전관리정책 및 비상대비, 민방위, 재난관리, 기타 다른 부처에 속하지 않는 업무 등은 국무총리실 직속에 차관급 기관으로 행정처를 신설하여 통합적으로 관리하게 한다. 끝으로 법령 및 조약의 공포는 법제처 업무를 국무총리실 내에 설치되는 법제실로 이관하고 여기에서 담당하게 한다. 이와 함께 '행정기관의 조직과 정원에 관한 통칙'을 전면적으로 개정한다. 예산의 범위 내에서 부처별로 조직과 정원의 관리에 자율성을 부여하고, 국민에 대한 행정서비스의 질로 판단하여야 하는데, 안전행정부가 정한 통칙에 따라 개별 부처가 제약을 받는 것들이 너무 많다. 물론 정부조직의 방만한 운영을 방지하기 위하여 중앙행정기관에서 개별 부처의 조직 확대 요구들을 통제할 필요성은 있다. 그러나 통제하는 부처가 너무 지나치게 부처의 자율성을 침해하거나 국민이 진정으로 원하는 방향이 아닌 자신의 조직의 이익을 추구하는 경우에는 문제가 더 크다.

현행 행정기관의 조직과 정원에 관한 통칙에 따라 안전행정부 장관이 국무총리의 승인을 받아 정부행정조직의 관리방침과 기구개편안, 소요정원의 작성에 필요한 기준을 작성하여 중앙행정기관에 통보하는 것을 폐지하고(통칙 제8조), 기획재정부 내에 외부전문가와 행정공무원의 참여하는 정부조직관리심의위원회를 두고 매년 행정에 대한 국민의 수요를 조사하고, 외국의 사례 등을 참고하여 기관별 소요예산의 범위와 정원을 확정한 후 하부 조직은 개별 부처에서 자율적으로 결정하게 한다. 다만, 조직의 이익을 위한 부서의 증설을 방지하기 위하여 보조기관, 보좌기관, 한시적 조직, 자문기관 등의 최소한의 기준은 시행령 자체에서 직접적으로 정할 필요가 있다.

끝으로 정부의 예산과 조직을 담당하는 기획재정부가 스스로의 예산과 조직을 결정하도록 하는 것은 고양이에게 생선을 맡기는 격이 되므로 외부인사로 구성된 심의위원회에서 결정한 것을 토대로 대통령이나 국무총리가 최종적으로 확정하게 한다. 국무총리실이나 감사원 등의 나머지 통제부처에 대해서도 이와 유사하게 정원과 조직을 결정하는 것이 바람직하다.

7. 숙의하고 학습하는 상생 국회를 만들기 위한 제도개혁

1) 국회담론 구조의 개선: 진지한 숙의의 공간으로

국회가 더 이상 정쟁의 장소가 아니라 여야가 상대방을 인정하면서 토론하고 상대방의 장점에 대해서는 인정할 수도 있고, 자신의 입장에 대하여 성찰해서 바람직한 대안을 찾아가는 숙의(deliberation)의 장으로 만들기 위하여 제도적 개선이 필요하다. 우선 위원회 논의방식을 개선할 필요가 있다. 현재 국회의 상임위원회는 너무 많은 인원이 배정되어 있기 때문에 의원 개인별로 심도 있는 토론을 위한 시간이 배정되기 어렵다. 따라서 보통은 특정 안건의 심사를 위하여 소위원회를 둔다(국회법 제57조제1항). 그러나 소위원회는 의결로 공개하지 않을 수 있기 때문에(제57조제5항) 보통 여야가 지정한 소수 의원들이 수석전문위원이 작성한 자료를 토대로 안건을 심사한다. 수석전문위원은 부처에서 미리 자료를 받아 토론해야 할 의제와 범위를 정하기 때문에 제한된 범위 내에서 의견이 제시되고, 현장의 목소리를 제대로 듣기 어렵다.

이를 개선하여 소위원회를 공개하는 것을 원칙으로 하고 속기록도 작성한다. 그리고 예외적으로 국가의 안전보장, 개인의 사생활에 대한 명백한 침해, 국가기밀에 해당하는 사항, 기업의 영업상 핵심적 비밀 등 공개하지 않을 수 있는 사유를 예외적으로 열거한 후 여기에 해당되는 경우에만 공개하지 않을 수 있도록 개정한다. 논의할 의제를 전문위원이 미리 작성하기 보다는 의원들이 질문과 논의사항을 작성하여 일반국민, 전문가, 이해관계자 등 사실의 실체에 대하여 정확하게 판단할 수 있는 모든 사람을 증인이나 참고인으로 소환하여 질문을 하고, 이를 토대로 대안을 마련할 수 있게 한다.

소위원회를 마치면 회의결과를 위원회에 보고하게 되는데 논의된 내용 중 소수의견이 있더라도 이를 보고서에 포함시키도록 한다. 위원회에서도 소위원회에서 논의한 결과를 단순히 보고만 받을 것이 아니라 쟁점사항에 대하여 다시 논의하고, 여기서도 소수의견이 있는 경우에는 별도로 첨부를 하여 법사위나 본회의에 보고되고 지속적으로 토론이 이루어질 수 있게 하여야 한다.

2) 전문위원 제도의 개선

위원회에 위원장 및 위원의 입법활동 등을 지원하기 위하여 의원이 아닌 전문지식을 지닌 위원과 필요한 공무원으로서 입법조사관을 두고 있다(국회법 제42조). 전문위원은 정치적 중립성이 요구되며, 위원회에서 의안과 청원의 심사, 국정감사, 국정조사 기타 소관사항과 관련하여 검토보고 및 관련자료의 수집 · 조사 · 연구를 담당하고, 필요한 자료의 제공을 정부 · 행정기관 기타에 대하여 요구할 수 있다. 또한 전문위원은 위원회에서 발언할 수 있고, 본회의장에서는 본회의의결 또는 의장의 허가를 얻어 발언할 수 있다.

전문위원은 본래 의원의 전문성 부족을 보완하기 위하여 도입되었으나 그 권한은 의원과 버금가는 막강한 것이다. 전문위원은 국회사무총장의 제청으로 국회의장이 임명하지만 보통은 국회 공무원 중에서 임명된다. 의원들은 선거 때마다 국민의 심판을 받기 때문에 신분이 불안정하지만 이들은 직업공무원으로 신분이 보장되기 때문에 국회의원 보다 더 국회업무에 대하여 잘 알 수 있다. 문제는 이들에 의하여 국회 논의과정이 주도되고 민주적 대표성이 없는 사람들에 의하여 법안이나 정책이 결정될 수 있다는 것이다.

전문위원은 위원회에서 검토보고를 해야 하고, 의원들은 이를 들어야 한다. 의원들이 토론을 하기에 앞서 전문위원이 검토보고를 하기 때문에 전문위원은 의제설정자의 역할을 할 수 있다. 이들이 주로 직업공무원이다 보니 해당 사안에서 전문가는 아니고, 해당부처로부터 자료를 받아 정리하고 평가한 내용을 보고할 뿐이다. 위원회의 논의가 찬반 양론에 대한 숙의과정으로 진행되기 위해서는 전문위원을 해당분야의 최고의 전문가로 위촉해야 한다. 예를 들어 환경분야에는 민간을 포함하여 최고의 환경전문가를 위촉하고, 과학기술분야에서는 실제로 과학자나 엔지니어가 전문위원으로 위촉되어야 하지 행정직만을 전문위원으로 임용하는 것은 바람직하지 못하다. 한편, 전문위원 이외에 3인 이내의 전문가를 심사보조자로 활용할 수 있으나 임시적인 보조자에 지나지 않으므로 실제 전문가들이 잘 응하지 않을 것이다. 따라서 현행 전문위원에 대한 인사제도를 개선하여 외부공모를 확대하되, 국회 내의 인사위원회를 통하여 능력과 자질을 검증한 후 국회의장이 임명하도록 개정하는 것이 바람직하다. 또한 1명의 전문위원이 보고하는 것이 아니라 각각의 전문위원들이 자신의 전문성에 기반하여 검토의견을 개진하고 의원들은 그러한 대안들 중에서 토의를 하며 바람직한 대안을 모색해나가는 형태로 운영되어야 한다. 또한 국회의 논의과정은 위원장과 의원이 주도적으로 운영되어야 하고, 전문위원은 의원들이 알지 못하는 사안에 대하여 질문하는 경우 전문가적 입장에서 조언을 하는 역할에 머물러야 한다.

3) 의정활동의 인터넷 공개 방식 개선

유권자가 선출한 국회의원들이 국회에서 제대로 활동을 하고 있는지를 확인할 수 있어야 다음 선거에서 심판을 할 수 있다. 이에 따라 의원들도 국회 내에서 법안과 예산심의, 국정감사 등에 보다 책임감을 가지고 임하고, 의정활동과 관련된 말과 행동이 국민들에게 일목요연하게 공개되어야 한다. 특히, 인터넷을 활용하면 국민들이 의원들의 의정활동을 보다 손쉽게 찾아보고 감시할 수 있게 된다. 그러나, 현행 국회법은 국회의원의 의정활동에 대한 인터넷 공개에 대하여 규정을 두고 있지 않다.

미국 의회에서는 매일 위원회 또는 본회의에서 어떤 의안이 논의되고 어떤 의원이 무슨 발언을 하였으며 어떻게 표결되었는지에 관한 결과가 시간대별로 소상하게 공개되고 있다. 또한 의원 개인별로 블로그를 만들어 연결하고, 법안에 대한 의견, 예산활동, 만난 사람들에 대하여 소상하게 공개하고 있다. 우리 국회도 홈페이지를 통하여 속기록을 공개하고, 의정활동을 TV로 중계하고 있으나 쟁점이 되는 법안이나 정책에 대하여 의원 개인이 어떤 입장인지에 대해서 제대로 알기가 어렵다. 의안이 들어오면 번호를 부여하고 그것에 대하여 의원들이 어떤 의견을 개진하였는지를 의안처리의 진행과정에 따라 투명하게 알 수 있게 하여야 한다. 또한 의원들의 블로그를 자신들이 관리하게 하고, 이를 통하여 입법, 예산, 기타 지역구활동에 대한 의정활동 정보가 전달되도록 하여야 한다. 이를 통하여 국민들은 의원들의 국회에서의 모든 행위를 감시할 수 있게 되어 다음 선거에서 판단의 기준으로 삼을 수 있다. 대통령도 비서실 조직 내에 의원들의 정책이나 법안에 대한 성향을 파악하는 부서를 두고, 일일이 의원 개인들을 설득할 수 있게 될 것이다. 이처럼 의원 개인들이 각자의 행위에 대하여 투명하게 공개되고 책임질 수 있게 한다면, 당론에 따라 몸싸움을 벌이는 국회의 행태는 사라지게 할 수 있을 것이다.

4) 예산결산특별위원회의 상설화

예산결산특별위원회는 국회법 제45조에 따라 예산안・기금운영계획안 및 결산(세입세출결산 및 기금결산)을 심사한다. 예산결산특별위원회의 위원 수는 50인이고, 그 선임은 교섭단체 소속 의원수의 비율과 상임위원회의 위원 수의 비율에 의하여 각 교섭단체대표의원의 요청으로 의장이 행한다. 법적인 관점에서는 예결특위는 특별위원회의 활동기간에 대한 제한을 적용받지 않으므로 상시적으로 운영할 수 있다. 그러나 현실적으로 상설적으로 운영되지 못하고 결산과 예산이 정부로 제출되면 그때부터 활동하게 된다.

정부의 예산 및 기금규모가 점차 증가하고 있고, 재정적 건전성을 확보할 필요성이 증가하므로 예결특위를 상설화하자는 주장이 제기되어 왔으나 구체적인 방법에 대한 논의가 부족하다. 현행은 예산심의활동을 개별 상임위원회에서 1차 심사하고 예산결산특별위원회는 이를 종합하여 계수를 조정하는 역할을 하고 있지만 예결특위를 예・결산 활동에 집중하는 독립된 상임위로 하고 예결특위 내에 정부부처의 소관별로 소위원회를 두는 것이 전문성 확보차원에서 더 바람직하다. 또한 정부의 예산 편성단계부터 대통령과 예결특위가 함께 의견을 개진하여 국가예산을 수립하도록 한다. 이를 통하여 정부의 주요 사업에 대하여 국회가 사전에 충분히 검증하고 통제함으로써 방만한 재정운영을 방지할 수 있다. 한편, 정부도 국회와 지속적인 협의과정을 통하여 예산안을 작성하고 심의함으로써 막판 계수조정과정에서 지역구예산을 끼워넣는 것을 방지할 수 있다.

예산결산특별위원회의 독립성을 인정하게 되면 예산과 결산을 심사하기 위하여 소위원회별로 상시적으로 청문회와 공청회를 개최할 수 있게 되고, 정부부처나 기타 공공기관으로부터 자료를 요구할 있게 된다. 위원장은 예산결산업무를 처리할 수 있는 전문 인력을 사용할 수 있으며, 위원회의 의사활동에 대한 완벽한 기록을 유지하도록 한다. 위원회는 국회 예산정책처와 감사원 등에 대하여 특정 사안에 대한 조사와 검토보고를 요청할 수 있고, 예산결산 특별감사반을 운용하며 국가예산의 오남용에 대하여 조사할 수 있게 한다.

8. 민주적인 정책정당으로 거듭나기 위한 제도개혁

1) 당내민주주의 확립을 위한 제도

국가주도의 경제발전과정에서 국가관료제는 고도로 성장하였는데 반하여 정당은 상당히 발전이 저조되어 있다. 안정적인 국가공무원에 비하여 정당에 종사하는 사람들은 선거결과에 따라 생계유지가 달라지는 불안정한 위치에 있다. 대선에서 승리한 정당은 정당간부와 직원들이 대거 청와대나 공공기관으로 취업함에도 불구하고 선거에서 진 정당에 종사하는 사람들은 궁핍의 세월을 지내야 한다. 그렇기 때문에 선거과정에서 사활을 걸고 대결하는 모습을 나타내는 것이다.

정당은 정치에 관심이 있는 사람들이 참여하여 권력투쟁을 벌이는 장으로 변질되어 버렸고, 자체적으로 공직후보자를 민주적으로 선출하는 절차가 제도화되지 못했을 뿐만아니라 정책개발 역량도 취약하다. 이러한 문제의 개선책은 정당이 진성당원을 늘여서 이념과 정책노선을 가진 정책정당으로 육성하는 방법과 평상시에 외곽 정당의 기능을 대폭 축소하여 원내정당화하면서 선거에서 유권자의 참여를 원활하게 하는 선거정당으로 변화시키는 방법이 있다.

우리나라의 주요 정당들은 이념과 정책 노선에 따라 진성당원을 보유하고 있는 정책정당이라기 보다는 선거에 따라 이합집산하는 성향이 더 강하다고 할 수 있다. 그럼에도 불구하고 헌법에서 정당은 법률이 정하는 바에 의하여 국가의 보호를 받으며, 국가는 법률이 정하는 바에 의하여 정당운영에 필요한 자금을 보조할 수 있다고(헌법 제8조제3항) 규정하고 있기 때문에 선거보조금이 아닌 통상적인 경비까지도 국가가 보조를 하고 있다.

정당의 기본적인 기능은 국민이 정치적 의사형성에 참여할 수 있게 하는 것이지만 평상시에도 정책개발이나 당원육성을 담당해야 한다. 원내정당이 국회에서 국회의원을 중심으로 의정활동을 하는데 중심을 둔다면 원외정당은 중장기적인 정책개발, 당원교육 등의 기능을 담당하여야 한다. 이러한 의미에서 현행 헌법에서 정당의 목적과 활동에 관한 조항을 다음과 같이 개정할 필요가 있다. “정당은 그 목적 · 조직과 활동이 민주적이어야 하고, 국민이 정치적 의사형성에 참여하는데 필요한 조직과 절차를 갖추며, 실현가능한 정강정책을 제시하여야 한다.”

또한 정당이 전적으로 국고에 의존함으로써 도덕적 해이에 빠지는 것을 방지하기 위하여 정당보조금에 대한 보충성의 원칙도 명문화할 필요가 있다. 즉, 전적으로 정당이 국고에 의존하여서는 아니되고 국가는 정당의 운영에 필요한 자금을 ‘부분적으로’ 보조할 수 있음을 명시하여야 한다. 국고보조금에 매칭펀드제를 신설하여 상대적 상한제로서 정당이 자발적으로 모금한 당비나 기부금의 총액을 넘지 못하도록 하고 절대적 상한제로서 국가가 일정 기준 이상의 금액을 보조할 수 없도록 한다.

정당이 국민의 정치적 의사형성에 참여하는 절차는 당내민주주의의 확립과 관련된다. 정당법에 정당의 민주적 의사결정 및 상향식 공천에 관한 원칙 규정을 신설하고, 당헌 등에 상향식 공천절차와 투표의 공정성을 확보하기 위한 선관위 위탁관리와 조사권 규정을 의무화하여야 한다(제28조). 중앙당의 정원을 축소하는 대신에 상향식 공천과 관련된 업무를 처리하기 위하여 시·도당 또는 당원협의회를 지원하는 정당의 유급사무직원은 증가할 필요가 있다. 2004년 정치관계법 개정 전에서 지구당이 존재하였으나 지역구 국회의원이 지구당 관리를 위하여 엄청난 정치자금이 소요되었고, 이것이 정치부패의 하나의 원인이 되었기 때문에 사무실을 두지 못하도록 하고 임의기구인 당원협의회로 대체되었다. 그러나, 도 단위의 지역에서는 이동거리를 고려할 때 2개 이내의 거점 사무소와 유급사무직원을 설치하여 정당사무를 수행할 수 있게 하는 것이 바람직하다.

2) 정책싱크탱크의 설립과 공약제출 시한의 법정화

국고보조금의 배분대상이 되는 정당은 별도의 법인으로 정책연구와 개발을 담당하는 정책연구소를 설치하여야 하고(정당법 제38조), 경상보조금의 30/100 이상을 정책연구소에 지급하도록 되어 있다. 그러나 정책연구소가 선거기간 때는 선거전략의 수립과 여론조사를 주로 담당하는 기관으로 변질되고 있다. 정책연구소의 설립 주체가 정당이기 때문에 인사나 운영면에서 정당의 중앙당에 예속되어 움직일 수밖에 없고, 국정철학과 이념에 기반한 정책개발과는 거리가 먼 단기적 선거지원 활동에 집중하는 것이다. 따라서 정당과는 완전히 독립된 기관으로 정책 싱크탱크를 설립할 필요가 있다.

정당과 거리를 두기 때문에 이러한 정책싱크탱크는 보다 자율적으로 재원을 마련하여 보수와 진보의 이념에 따라 중장기적인 집권공약을 연구할 수 있고, 그러한 자료들을 정당이 이념적 성향에 따라 활용할 수 있게 되는 것이다. 미국의 헤리티지 재단이나 브루킹스 연구소는 정당으로 완전히 독립된 민간단체이며, 독일의 정책연구재단은 정당으로부터 독립적 법인이면서도 정당과 일정한 제휴관계를 맺고 있을 뿐이다. 또한 선거에서 정당이나 후보자가 공약 제출을 늦게 하여 깜깜이 선거가 되는 것을 방지하기 위하여 최소한 선거일 전 60일까지는 선거공약의 발표를 의무화한다.

3) 정당의 정치자금의 적정성과 투명성 확보

정당이 국고에만 의존하는 것이 아니라 자율적인 수입원을 마련하도록 정당후원회를 부활하고, 국내외 법인 및 단체가 직접 정당에 기부하는 것은 금지하되 선거관리위원회에 기탁금의 배분비율을 지정하지 않는 기탁은 허용할 필요가 있다. 정당의 후원금 중 소액다수의 기부금의 액수에 비례하여 국고보조금의 지급규모가 결정되도록 매칭펀드제도 도입한다. 정당의 정치자금의 투명성 확보를 위하여 정당 및 후원회의 회계처리는 선거관리위원회가 제공한 회계프로그램에 의하여 하되 지출원인행위가 발생한 이후 2일 이내에 프로그램에 입력하고 실시간으로 공개하도록 한다. 그밖에 기탁금 및 보조금의 배분에서 교섭단체를 구성한 정당의 특혜를 폐지하고 득표율에 따라 지급하도록 한다.

4) 공무원의 정당가입과 정치자금 기부

정당의 민주화를 위해서는 당원의 수준향상도 필요하다. 이와 관련하여 공무원의 정당가입을 허용할 것인지가 문제된다. 공무원의 정치적 중립성의 필요성도 있지만 민의를 집약하여 정부의 영역으로 매개하는 정당활동에서 공무원들의 전문성을 활용할 수 있다면 정당의 정책역량을 강화할 수 있을 것이다. 현행 헌법은 공무원의 신분과 정치적 중립성은 법률이 정하는 바에 의하여 보장한다(헌법 제7조제2항)고 규정하고 있어 정치적 중립성의 문제가 헌법사항이 아닌 법률사항임을 천명하고 있다. 이에 따라 국가공무원법 제65조에서는 정당가입을 포함한 정치운동의 금지를 규정하는 한편, 공직선거법에서는 공무원의 중립의무(법 제9조)와 선거운동 금지(법 제60조제1항제4호)를 규정하고, 정당법에서는 정무직이나 그 비서관 등의 별정직을 제외한 일반직 공무원에 대하여 정당가입을 금지하고 있다(정당법 제22조). 이와 관련하여 전교조 공무원들이 민주노동당에 가입하여 당비를 납부한 것이 논란이 된 적도 있다. 공무원의 정치적 중립성은 입법재량의 문제임에도 우리나라는 과거 관권선거의 좋지 못한 기억 때문에 공무원의 정치적 활동이나 정당관여를 철저히 차단하고 있다. 그러나 정당은 민의를 매개하여 국가정책에 반영하는 역할을 하므로 정책에 전문성과 실무적 역량을 갖춘 인재의 참여가 필요하다. 특히, 민관의 협력을 강조하는 거버넌스에서는 이러한 역할이 더욱 강조되는 것이다. 외국의 경우 OECD 국가들 중 영국・미국・일본에서는 직무와 관련된 공무원의 정치적 행위에 대하여 제한규정을 두고 있지만 정당가입은 허용되고, 프랑스나 독일의 경우는 정당에 가입할 수 있을 뿐만 아니라 직을 가지고 선거에 출마할 수 있으며 낙선한 경우 다시 공직에 복귀할 수 있다(윤영미, 2009). 우리나라는 선거에서 1960년 3・15 부정선거에 의한 관권개입의 우려 때문에 공무원의 정치적 중립성을 헌법에 도입하였으나 공무원이 자유로운 의지에 따라 정당에 참여한다면 상호 견제를 통하여 관권개입을 방지할 수 있고 직무수행과 관련해서 중립성을 유지한다면 공직의 편파적인 운영은 방지할 수 있다. 즉, 직무수행과 관련된 행위에서는 공무원은 정치적 중립성을 지켜야 하지만 근무시간 이외의 사적 영역에서는 정치적 의사표시나 정당활동의 자유도 인정되어야 할 것으로 본다. 또한 공무원의 직무에 따라 공정성 및 중립성이 더욱 요구되는 직위에 대해서만 보다 강한 정치적 중립성을 요구함으로써 선거의 공정성을 확보할 수 있을 것이다. 현행과 같이 공무원의 정치적 행위를 차단한다면 비밀리에 내부문서를 유출하거나 줄서기를 하게 되고 오히려 공무원을 여당에 봉사하는 기회주의적 도구로 만들어 버리게 되며, 공무원의 정당활동을 통하여 정당의 역량을 높이고 국민의 요구에 대하여 대응성(responsiveness)있는 관료제를 양성할 수 있는 기회를 상실케 할 수도 있다(Meier, 1997).

9. 국민에게 봉사하는 공무원 제도를 위한 제도개혁

선거를 통하여 나타난 국민의 뜻이 정치인들을 통하여 제대로 실행되기 위해서는 능력있고 깨끗한 정부가 필요하다. 이는 사회의 장기적인 발전을 위하여 국가목표를 설정하는 국가자율성, 훈련된 관료제와 제도, 정책을 효과적으로 집행하는 국가능력의 향상을 의미한다(유현종, 2011). 1997년 IMF 외환위기 이후 행정개혁의 방향은 행정조직을 민간의 기업과 차이가 없는 것으로 보고 경쟁, 동기부여, 금전적 성과를 중심으로 관리하고자 하였다. 그러나, 행정조직의 핵심은 단순히 금전적 보상이 아니라 국가목표와 공익을 실현하는 사명감이다.

행정조직의 방만한 운영을 위하여 시장원리가 부분적으로 필요하지만 성과평가, 금전적 보상을 넘어 명확한 목표의 제시와 그 성과에 따른 인사상 배려, 칭찬 등이 오히려 더 효과적일 수 있다. 이른 바 주인-대리인(principal-agent) 이론에 의한 행정공무원의 감시는 행정공무원을 사익을 추구하는 부정적 존재로 인식하고 성과에 따라 처벌과 보상이라는 당근-채찍을 이용하여 공무원을 통제하기 위한 것이다. 그러나 국정과제의 실행의 핵심이 되는 행정 관료제가 모두 경제적 사익추구자로만 볼 것이 아니라 자신이 잘 할 수 있는 업무를 찾아 천직(calling)으로 인식하고 자율적으로 책임을 다하는 청지기 행정(stewardship administration)을 실현할 필요가 있다. 목표제시와 그 성과에 따른 관리와 함께 현장을 가장 잘 아는 공무원에게 재량을 부여하고 그 성과에 대하여 책임을 지고, 공직윤리를 엄격하게 지키며, 부당한 정치적 개입으로부터 흔들리지 않고 중립적 역량을 발휘할 수 있게 하여야 한다(Waldo, 1980:103-109; Meier, 1997).

원래 청지기는 성주를 위하여 음식준비와 가정 일을 돌보는 집사를 말하는데 주인을 위하여 책임을 지고 가정 일을 관리하는 것이 바로 청지기 정신이다. 현대에 와서는 환경, 교통 등에서 고객을 위하여 선량한 관리자로서 책임을 다하는 역할로서 청지기 정신이 강조되고 있다. 행정에서도 나라의 주인인 국민을 위하여 공무원이 청지기 정신을 발휘할 필요가 있다. 그것은 바로 애국애족 정신이요, 직업인으로서 투철한 사명의식인 것이다. 청지기 정신을 일차적으로 대통령이 먼저 모범을 보여야 한다. 대통령에 대한 특권을 추구하기 전에 나라의 주인인 국민에 대한 책임을 먼저 생각하는 청지기 정신에 충실한다면 공무원도 이에 따를 수밖에 없다.

1) 인사제도 개선

경쟁과 경제적 편익의 관점에서 공무원을 평가하던 인사제도에서 공익과 사명의식에 충실한 인사제도로 패러다임의 전환이 필요하다. 공직을 천직으로 여기고 사명의식에 투철하며, 깨끗한 공직사회의 기풍을 마련하고 명확한 목표제시와 성과에 따라 인사가 이루어질 수 있도록 인사기구의 전문성과 독립성의 확립이 무엇보다도 중요하다. 이를 위하여 정부조직법을 개정하여 안전행정부로부터 인사기능을 분리시켜 중앙인사위원회를 창설하는 것이 필요하다.

자신의 일을 천직으로 여기고 사명감을 가진 공직자를 양성하기 위하여 우선 채용단계에서 공직동기부여(public service motivation)가 강한 사람들을 채용할 필요가 있다. 공직동기부여란 사적 이익 추구보다 공익적 가치와 헌법에 충성, 국민에게 봉사하는 마음, 공동체 생활 등 얼마나 공직 업무를 수행할 수 있는 인성을 갖추고 있는지를 평가하는 것이다. 성적이 월등하게 높더라도 공직동기부여가 낮은 사람들은 별도로 교육훈련을 강화하든지 아니면 채용을 하지 않을 수도 있다. 공무원에 대한 신규채용자 교육에서도 교육의 중심은 공무원이 자신의 적성에 맞는 분야를 찾아가게 해주고, 그것에 맞는 전문적 지식과 기술을 익힐 수 있게 하는데 초점이 맞추어져야 한다. 이와 함께 준법의식, 민주적 소통능력, 부패방지 등 공직윤리에 대한 체계적인 교육도 필요하다. 신규로 배치되고 난 이후 3년이 지나면 자신이 배치된 부서 내의 업무에 대하여 다시 한번 성찰하게 하고, 부서 이동을 원하는 공무원은 전체적으로 신청을 받는다. 중앙인사위원회는 지원 내용을 취합하여 서로 원하는 부서로 매칭(matching)시켜 준다.

하나의 부서에서 전문성을 쌓아가되 부처의 이익에만 몰입하는 칸막이 행정을 방지하기 위하여 과장급 또는 국장급 공무원의 인사교류를 활성화한다. 서로 이해관계가 대립되는 부처들은 핵심 간부급 공무원을 상호 파견근무하게 함으로써 상대방의 입장을 이해할 수 있게 한다. 이와 함께 고위공무원의 정원과 교육훈련 등의 기회가 힘 있는 부처에 편중되지 않게 인사기구의 자율적인 규범마련과 국회, 감사원 등의 감시도 필요하다.

현장과 정책결정의 접목을 통하여 국민이 체감할 수 있는 현실성 있는 정책이 수립되도록 하기 위하여 중앙과 지방간의 인사교류도 활성화할 필요가 있다. 시·도의 행정부시장이나 부지사(1급) 자리를 현재는 안전행정부 공무원들이 독식하고 있으나 시·도가 원하는 전문성있는 중앙공무원들이 지방에 내려가 지역사회의 발전에 공헌할 수 있도록 모든 정부의 고위공무원을 대상으로 지방정부로 인사교류를 할 수 있도록 중앙인사위원회 내에 인사교류심의위원회를 설치하고 지방정부 대표, 중앙인사기구, 외부 전문가들이 참여하여 중앙-지방간의 인사교류의 방법과 범위를 결정하도록 한다.

공무원의 성과를 향상시키기 위해서는 명확한 목표가 제시되는 것이 무엇보다도 중요하다. 목표가 명확하면 성과도 계량적으로 평가하기에도 용이하다. 목표가 명확하면 공무원은 좌고우면하지 않고 목표를 달성하기 위하여 최선을 다할 것이다. 목표달성에 대한 보상은 금전적 보상보다는 인사상의 특전을 부여하는 것이 보다 공무원의 생리에 적합하다. 왜냐하면 인사에 가장 민감하기 때문이다. 인사에 반영하는 것은 해당 공무원의 명예 뿐만 아니라 금전적 혜택까지도 부수적으로 따라오게 한다. 국가목표 달성의 하나의 부분으로 공무원이 부여된 목표를 성취한 경우 공개적으로 칭찬하고, 사회적으로 널리 알려지게 하는 것도 동기부여를 위한 하나의 방법이 될 수 있다.

2) 열린 정부를 통한 투명성과 참여 확보

열린정부의 실현을 위하여 선별적인 정보공개가 아니라 정보공개를 원칙으로 하고, 예외를 최소한으로 할 필요가 있다. 현행 '공공기관의 정보공개에 관한 법률'에서 공공기관은 국민생활에 매우 큰 영향을 미치는 정책에 관한 정보, 국가의 시책으로 시행하는 공사(工事) 등 대규모의 예산이 투입되는 사업에 관한 정보, 예산집행의 내용과 사업평가 결과 등 행정감시를 위하여 필요한 정보, 그 밖에 공공기관의 장이 정하는 정보에 대하여 미리 공개의 구체적 범위, 공개의 주기 · 시기 및 방법 등을 미리 정하여 공표하고, 이에 따라 정기적으로 공개하도록 하고 있다(제7조). 그러나, 비공개사유에 대하여 정하고 있으나 그 범위가 지나치게 포괄적이고 공공기관의 자의에 따라 핵심적인 내용을 공개하지 않을 수 있도록 되어 있다.

우선 비공개 대상 정보로서 다른 법률 또는 법률이 위임한 명령(국회규칙 · 대법원규칙 · 헌법재판소규칙 · 중앙선거관리위원회규칙 · 대통령령 및 조례)에 의하여 비밀 또는 비공개 사항으로 규정된 정보, 국가안전보장 · 국방 · 통일 · 외교관계 등에 관한 사항으로서 공개될 경우 국가의 중대한 이익을 현저히 해할 우려가 있다고 인정되는 정보, 공개될 경우 국민의 생명·신체 및 재산의 보호에 현저한 지장을 초래할 우려가 있다고 인정되는 정보, 진행 중인 재판에 관련된 정보와 범죄의 예방, 수사, 공소의 제기 및 유지, 형의 집행, 교정, 보안처분에 관한 사항으로서 공개될 경우 그 직무수행을 현저히 곤란하게 하거나 형사피고인의 공정한 재판을 받을 권리를 침해한다고 인정할 만한 상당한 이유가 있는 정보, 감사·감독·검사·시험·규제·입찰계약·기술개발·인사관리·의사결정과정 또는 내부검토과정에 있는 사항 등으로서 공개될 경우 업무의 공정한 수행이나 연구·개발에 현저한 지장을 초래한다고 인정할 만한 상당한 이유가 있는 정보, 당해 정보에 포함되어 있는 이름·주민등록번호 등 개인에 관한 사항으로서 공개될 경우 개인의 사생활의 비밀 또는 자유를 침해할 우려가 있다고 인정되는 정보 등을 비공개대상으로 하고 있으나, 이 중에는 자의적으로 비공개할 수 있는 대상이 많이 포함되어 있다.

법령이 아니라 규칙에 시행령이나 규칙에 위임하여 비공개대상을 정하게 되면 상당한 내용이 비공개로 지정되어 운영될 수 있다. 국가안전이나 개인의 사생활 보호를 위하여 일정한 제한은 필요하겠지만 내부의사결정 중인 정보를 공개할 수 없도록 하는 것은 국민에게 사전적으로 정책을 예고하고 정책결정에 참여할 수 있도록 하는 열린정부의 취지에 반하는 것이다(제9조 제5호). 또한 불확정개념을 사용하여 비공개사유를 열거할 경우 행정기관의 재량이 개입될 여지가 크기 때문에 국민에게 도움이 되는 정보는 사실상 제공되기 어렵다.

정부가 보다 책임성 있게 운영될 수 있도록 하기 위해서는 미국의 관리예산처가 개발한 정부사업평가도구(Program Assessment Rating

Tool)와 같은 프로그램이 인터넷을 통하여 보급되어 국민들이 정부의 사업에 대하여 평가할 수 있게 하여야 한다. 또한 앞으로 실시될 사업의 정책결정에 대한 정보도 제공되어야 한다. 사업에 대한 전략적 기획, 입법계획, 앞으로의 의견조회 절차 등에 대하여 인터넷을 통하여 공개함으로써 이해관계자인 국민들이 적극적으로 정책결정과정에 참여할 수 있도록 하여야 한다. 핀란드의 경우 정보공개법에 따라 국민이 적극적으로 정책에 참여할 수 있도록 공개해야 할 정보를 사안별로 결정하고 국민이 참고해야 할 정보를 사전에 인터넷을 통하여 공개하고 있다. 정보공개의 확대를 통하여 국민은 보다 효율적으로 정부를 감시할 수 있을 뿐만 아니라 참여형 입법과정이나 예산과정에 적극적으로 참여하여 국민들의 선호를 반영할 수 있게 된다.

3) 부패에 대한 처벌강화

부패 없는 깨끗한 정부는 정부 신뢰의 기초이다. 공직자의 부패방지를 위하여 공직윤리에 대한 체계적인 교육을 실시하고, 위반하는 경우 강력하게 처벌하여야 한다. 공직윤리는 외부에서 감시하는 것과 함께 공무원들이 자기반성과 소통을 통하여 자발적으로 변화를 유도하는 것이 바람직하다. 공직자의 비리행위를 감시하기 위하여 감사원에 공직자 비리신고센터를 상시적으로 가동하고 국민들로부터 인터넷을 통하여 비리사실을 제보받도록 한다. 공직비리 뿐만 아니라 잘못된 행정행위나 절차로 인하여 피해를 받은 국민을 구제하기 위하여 옴브즈만(Ombudsman) 제도를 강화한다. 현재의 국민권익위원회는 대통령이 임명하지만 같은 행정부 소속 공무원이다 보니 권리구제에 미흡할 수 있다. 따라서 국민권익위원회의 구성을 확대하여 대통령과 국회가 추천한 사람을 위원으로 하고, 위원장은 국회가 추천한 사람 중에서 선출하도록 한다. 또한 국회의 예산결산특별위원회를 상시화함으로써 행정부 공무원들의 잘못된 예산지출을 상시적으로 감독할 수 있게 한다. 시민사회단체들도 공무원의 부패나 잘못된 행정행위를 감시할 수 있도록 정부정보의 공개를 확대하고, 시민사회 단체의 평가를 언론을 통하여 알려질 수 있도록 한다.

공직자윤리법을 개정하여 부패로 받은 금품의 5배에 해당하는 금액을 몰수하도록 하고, 위반행위자에 대하여 재취업의 금지는 물론 영원히 공직으로부터 배제시키도록 한다. 공무원의 비리혐의에 대하여 신고한 사람은 거액의 포상금을 지급하도록 한다. 과거 조선시대에는 비리를 저지른 공직자에 대하여 사람들이 모이는 저잣거리에서 큰 솥을 두고 끓이면서 비리 공직자를 그 앞에 무릎을 꿇게 한 후 마치 팽형(烹刑)을 당하는 듯하게 하고, 그 이후는 그 사람을 그 집의 호적에서 제외시켜 사회적으로 완전히 매장당하게 했다.

공직을 이용하여 사리사욕을 챙기는 자는 적발될 경우 엄벌에 처하고, 원칙적으로 사면을 금지하며 다시는 공직에 발을 들여놓지 못하게 하고, 공직 유관기업이나 단체에도 취업을 하지 못하게 하는 등의 특단의 조치가 필요하다. 공직자가 깨끗하면 나라의 기강이 바로 서고 정부가 신뢰를 받을 수 있기 때문에 경제 주체들이 상호신뢰할 수 있는 사회적 자본이 형성될 수 있다. 이는 보이지 않지만 사회를 지탱하는 소중한 기초인 것이다.

4) 공동체 되살리기 운동과 협업적 거버넌스

과거 박정희 정부 시대에는 새마을 운동을 통하여 '잘 살아보세'라는 가치아래 주거여건을 새롭게 하고, 농어촌의 소득을 증대하는데 기여하였다. 초기에는 관이 주도하여 주민들을 동원하였지만 점차 시간이 지남에 따라 근면, 자조, 협동이라는 가치를 공유하며 주민들이 호응해 주었기 때문에 성과를 낼 수 있었다. 그러나 그 이후의 각종 정부주도의 국민운동들은 실패의 길로 나아갔다. 정부가 내세우는 가치에 대하여 주민들이 충분히 공감하지 못했고, 형식적인 구호와 의식에 머물고 말았다.

그러는 사이 신자유주의적 개혁으로 개인주의적인 경쟁이 만연하고, 금전적 가치의 성취가 인생의 목표가 되면서 사회 공동체의 규범이 많이 쇠퇴하였다. 성폭력이나 어린이 유괴 등의 반인륜적 범죄가 증가함에 따라 도시에서는 이웃에 대해서도 잘 모르고, 불신하며 살아가게 된 것이다. 새로운 정치에서는 고립된 개인들이 금전적 성과를 위하여 경쟁하는 체제를 상생하며 함께 잘 사는 사회로 변화시킬 시대적 의무가 있다. 이를 공동체 복원의 과제로 부를 수 있을 것이다.

공동체주의자(Communitarians)들은 정치가 좌우의 극단적 대립으로 흐르는 것을 경계하고, 공동체의 이익을 위하여 행동하는 합의적 정부를 강조한다. 붕당을 조성하는 것이 아니라 민심을 받들어 대화와 합의 정치를 강조하는 것이다. 공존하며 살아가는 사회를 위해서 기득권을 내려놓고 사회에 대한 책임과 의무를 다하며, 신뢰에 기반하여 상호협력하는 사회적 자본(social capital)을 육성하고자 한다.

미국에서 활동하는 공동체 네트워크에서는 대응성 있는 공동체 공약을 제시하였는데 첫째, 가치와 인성 중심의 교육을 실시하고, 둘째, 자신의 가족공동체를 사회로 확대하여 친부모 뿐만 아니라 다른 어른들도 부모의 역할을 수행할 수 있게 하며, 셋째, 기업, 노조, 기타 사회

단체 등이 자신들의 사적 이익만을 추구하기 보다는 사회적 책임도 다하게 하고, 넷째, 사적 자금이 지나치게 정치에 유입되는 것을 방지하여 정치가 사익에 포획되는 것을 방지하는 것이다(Dryzek and Dunleavy, 2009: 278-9).

새로운 정치에서 필요한 국민운동은 바로 무너진 공동체를 되살리는 것이며, 이는 정치에서 대통합의 모습을 보여주는 것으로부터 시작된다. 행정공무원들도 공동체를 복원하는 사업들을 국민과 함께 추진할 필요가 있다. 우리사회에는 현재 공동체가 함께 해결해야 할 현안과 제들이 산적해 있다. 보육과 노인 간병, 환경보호, 치안 등은 모두 정부만의 노력으로 효과를 발휘할 수 있는 것이 아니라 관련된 개인들이 십시일반으로 품앗이 하듯이 도와주면 더욱 효과를 발휘할 수 있다.

어린이집의 운영도 부모들이 조금씩 시간을 내어 보육교사와 함께 프로그램에 참여할 수 있게 하고, 지방자치단체를 중심으로 주변 환경의 보호를 위한 프로그램에 주민들이 자원봉사자로 참여할 수 있게 하며, 치안문제도 경찰과 시민들이 협력하여 공동체 경찰(community policing)체제를 형성할 수 있는 것이다. 이를 우리는 협업적 거버넌스(Collaborative governance)로 부르고 있다.

협업적 거버넌스가 성공하기 위해서는 행정기관을 중심으로 시민단체와 개인들이 참여할 수 있는 장을 제공하고, 참여와 정보공유를 위한 매개기능을 충실하게 수행하며, 함께 협력함으로써 상호 이익을 볼 수 있는 신뢰관계가 형성되어 있어야 하고, 무임승차자를 방지하여야 한다. 위에서 제시한 사업 이외에도 협업적 거버넌스가 가능한 사업을 발굴하고 행정기관이 적극적으로 주민들의 참여를 유도함으로써 함께 할 수 있는 공동체 사업을 통하여 주민들이 자신이 사는 공동체에 애착을 느끼고, 사회적 책임을 다 함으로써 보람을 느낄 수 있도록 하여야 한다.

협업이 이루어지기 위하여 필요한 제도적 요인으로는 참여자들이 공동으로 일하게 되는 목적과 규칙에 대하여 합의해야 하고, 공동의 목표를 달성하기 위하여 필요한 조정 및 역할이 명확하게 부여되며, 무임승차자를 감시할 수 있는 시스템과 상호작용을 반복함으로써 신뢰와 협력 체제를 구축할 수 있어야 한다.

협업적 거버넌스가 성공할 수 있도록 모범적인 사례를 연구하고 지방자치법와 조례로 협업적 거버넌스의 성공적 정착을 위한 표준규약, 네트워크 내에서 조정과 역할의 명확화를 위한 기구 설치, 지속적인 협력을 위한 회의체와 사업의 종류, 무임승차자에 대한 제재 등의 규범을 신설하여야 한다.

CHAPTER 06

참여, 숙의, 시민교육을 통한 정치문화 발전

1. 시민교육과 정치발전

유권자가 주인이 되는 새로운 정치를 실현하기 위하여 제도개혁과 함께 유권자의 의식변화도 함께 이루어져야 한다. 유권자의 시민의식은 가만히 두면 자연스럽게 성장하는 것이 아니라 체계적인 교육이 필요하다. 가정, 학교에서 뿐만 아니라 사회에서도 시민교육이 이루어짐으로써 깨어 있는 시민을 양성할 수 있어야 정치가 더욱 건강해질 수 있다. 깨어 있는 시민들은 선거에 적극적으로 참여하여 자신의 정치적 의사를 표현할 뿐만 아니라 평상시에도 공적인 일에 관심을 가지고 국민참여형 정책결정과정에 참여할 뿐만 아니라 정치인과 공무원이 제대로 일을 하는지를 감시하게 되어 건전한 정치문화의 기초가 된다.

현재 우리 정치가 안고 있는 정치불신, 투표율 하락, 대립과 투쟁, 불법 정치자금 수수, 비방과 흑색선전 등의 문제점도 시민교육을 통하여 해결할 수 있다. 민주주의를 향해 가는 하나의 길은 바로 교육인 것이다(Barber, 1992: 15). 전통적인 시민교육은 학교단계에서부터 개인들에게 정치체제와 제도, 공적인 권리와 의무에 대하여 가르치는 것이었다(Dryzek and Dunleavy, 2009: 210-11). 자유주의 국가인 미국에서조차도 고등학생에게 시민교육을 강화하고 있다. 그러나 이러한 교육이 실제로 크게 효과를 발휘하는지에 대해서는 논란이 많다. 다른 대안은 학생들에게 보다 비판적인 능력을 함양시키는 것이다. 다양한 사상들에 대하여 포용하고, 진지하게 상대방과 토론할 수 있는 능력을 배양하고, 공동체를 위하여 봉사하는 것을 강조한다. 교육을 통하여 민주시민을 육성하자는 사고는 주로 미국적인 전통에 입각해 있다. 그러나 유럽에서는 일반 시민들이 보다 정치에 참여할 수 있는 역량을 기르기 위하여 물질적 혜택을 주는 것에 초점을 맞춘다. 유럽의 복지국가는 국민이 단순히 복지의 수혜자가 아니라 권리로서 보며 생활의 필요를 충족시킬 수 있는 기본적 소득(basic income)을 보장함으로써 생계에 대한 걱정이 없이 공적인 일에 참여할 수 있게 한다.

우리나라의 정치개혁도 시민교육을 통하여 건전한 시민의식을 배양하고, 복지확대에 따라 국가가 개인의 삶을 보호해 주는 대신에 개인도 국가와 사회를 위하여 스스로의 책임을 다하는 형태로 이루어져야 한다. 단순히 복지의 수혜자가 아니라 이를 통하여 스스로 사회를 위하여 봉사하는 직업을 찾을 수 있도록 국가가 개인을 교육하는 일을 병행하여야 한다.

논어(論語)의 자로(子路)편에 보면 공자가 제자 염유와 다음과 같이 대화하고 있다.

염유가 공자에게 물었다. "백성들이 많으면 또 무엇을 보태야 합니까?"(旣庶矣 又何加焉?)
공자께서 대답하시기를 "부유하게 해주어야 한다."(富之.)
염유가 다시 물었다. "이미 부유해졌으면 무엇을 보태야 합니까?"(旣富矣 又何加焉?)
공자께서 대답하셨다. "가르쳐야 한다."(敎之.)

백성들이 많으면 국가가 물질적 요구를 먼저 해결해주고 그 이후에는 교육의 중요성을 강조하고 있는 것이다. 이처럼 시민교육을 통하여 깨어있는 시민들이 육성되면 그들은 생활을 통하여 공적인 업무에 적극적으로 참여하게 되고 국민의 의사가 정책에 제대로 반영되게 할 수 있다. 참여형 예산제도, 참여형 규칙제정 등 다양한 국민참여 절차를 마련하고 누구든지 원하는 국민은 온라인과 오프라인을 통하여 정부정책 결정에 참여할 수 있게 한다. 또한, 계층, 지역, 세대로 나누어져 갈등하는 대신에 상대방의 입장을 인정하고 진정성 있게 토론하고 또는 토론과정을 지켜봄으로써 자신의 생각을 반성해 보고 바람직한 사회적 합의를 모색할 수 있는 숙의민주주의(deliberative democracy)를 활성화함으로써 사회적인 통합과 안정을 이루어낼 수 있다.

2. 시민참여 정책결정 활성화

선거를 통한 간접민주주의는 한계가 있기 때문에 국민이 직접 참여하는 방식이 보충적으로 사용될 수 있다. 선거 때 뿐만 아니라 생활정치를 통하여 민주적 가치를 실현하려는 시도들이 등장하였다. 반상회, 인터넷을 통한 접근성 확보, 국민참여배심원, 국민투표, 지방의회의 추첨에 의한 주민 참여, 보편적인 병역(공익)의무 이행, 자원봉사, 직장 민주주의, 소통과 모임을 위한 공간 구조 개선 등이 제시되었다(Barber, 1984). 이러한 것들은 사적 이익을 추구하는 개인을 강조하는 시장자유주의적인 개혁과는 달리 공동체의 가치를 강조하는 것이다. 참여민주주의를 구현하는 대표적인 제도로서 참여형 예산과 참여형 규칙제정, 참여형 정책결정을 들 수 있다.

1) 참여형 예산제도

참여형 예산제도는 일반시민이 참여하여 전문가와 함께 토론하고 투표를 통하여 공공예산의 배분을 결정하는 절차를 말한다. 이 제도는 1989년 브라질의 포르토 알레그레(Porto Alegre)에서 시작되었는데 1988년 노동당이 시장선거에서 승리하게 됨에 따라 중산층 이상에 편중된 예산배분과 파산난 시재정의 위기를 극복하기 위하여 시민이 직접 참여하여 우선순위를 정하도록 한 것이다. 참여형 예산제도에서는 유권자의 참여를 지원하는 정부기관 뿐만 아니라 시민사회 단체의 역할이 중요한 비중을 차지했다(Baiocchi, 2003). 이들은 참여한 시민들에 대하여 예산과정을 설계하고, 전문적인 조언을 하는 역할을 수행했다.

참여형 예산제도는 몇 단계의 과정을 거치는데 우선 공동체의 구성원들이 지출우선순위를 정하고 이를 반영할 대표자를 선출하고, 예산 대표자는 전문가와 함께 지출안을 개발하며, 공동체의 구성원들이 제안에 대하여 투표를 하고, 시정부가 채택된 예산안을 집행하는 것이다. 포르토 알레그레 시정부의 예산 중 부채상환, 연금과 같은 경직성 경비를 제외한 도시건설, 교육, 복지와 관련된 서비스 등이 참여형 예산에 의하여 예산배분이 이루어지고 있다.

세계은행의 보고서에 따르면 참여형 예산제도가 시의 도시환경 개선에 효과가 있다는 평가를 내렸다(World Bank, 2007). 1988년 75%에 머물렀던 상하수도 시설이 1997년에는 98%까지 보급률이 증가하였고, 학교 수도 1986년에 비하여 4배나 증가하였다. 그리고 초기에 비하여 시민들의 참여예산과정에 참여도 증가하여 연인원 40,000명이 참여하였다고 한다.

참여형 예산제도는 그 이후 다른 국가에도 전파되었는데, 구체적인 실행방법은 나라마다 조금씩 다르다. 캐나다 토론토시에서는 공공주택, 학교, 이웃집단 관련 예산에서 참여형 예산이 도입되었고, 프랑스에서는 중학교 예산배분에서 도입되었다. 그 밖에 이태리, 독일, 영국, 스페인 등의 지방자치단체에서 주로 이용하고 있으며 전국적인 규모에서 참여형 예산제도는 드물다.

2) 참여형 규칙제정(participatory rule-making)

미국의 오바마 행정부에서는 열린 정부의 일환으로 참여형 규칙제정이 도입되었다. 정부 업무의 투명성(transparency), 참여(participation), 협업(collaboration)을 높이기 위하여 규칙제정 및 개정과정에 모든 이해관계자가 정보와 견해를 공개적으로 교환할 수 있게 하고 일반 국민에게 의미있는 의견을 제시할 수 있도록 대통령 명령을 발하였다(Executive Order 13563). 이 명령에 따라 모든 행정기관은 국민에게 제안된 또는 최종 규제에 대하여 의견을 제시할 수 있는 시의적절한 기회를 제공하여야 하고, 온라인을 통해서도 법안에 대한 자료들을 이용하여 의견을 제시할 수 있게 하였다(The Obama Administration's Commitment to Open Government: Status Report, 2011). 법안에 대한 의

견제시는 규칙이 만들어지기 전 단계부터 가능하므로 규칙이 만들어져 제안된 이후에 의견을 받는 것보다 더 효과적이다. 행정기관이 규칙을 개정하는 경우에도 웹사이트를 통하여 입법계획을 공개하도록 하고, 국민들이 공개적으로 그 규칙과 부수된 자료나 통계 등을 이용할 수 있게 하였다.

3. 숙의민주주의

숙의(deliberation)란 개인이 강압이나 기만, 조작이 없는 자유로운 환경에서 다른 사람의 관점에서 자기 자신의 견해를 성찰하는 특별한 종류의 의사소통과정을 말한다(Dryzek and Dunleavy, 2009). 숙의민주주의는 담론 중심적인 민주주의가 투표중심적인 민주주의를 대체하는 것으로 중앙집권적인 통치체제를 대신하여 정부 이외에 시민사회 속의 전문가가 자유로운 담론환경 속에서 사회적 의제를 진정성 있게 토론하는 탈근대적인 시대변화 속에서 더욱 강조되고 있다. 숙의민주주의의 기본 가정은 한 개인이 다른 개인들과의 정치적 대화에 참여라는 관점에서 자신의 선호, 가치, 판단 등에 대하여 성찰할 수 있는 능력을 강조하는 것이다. 이는 단순히 자신의 주장을 상대에게 제시하는 토론과는 다른 것이며 열린 마음으로 대화하고 자신을 성찰하는 것을 포함하는 것이다.

숙의민주주의가 본격적으로 등장하게 된 것은 1990년대 이지만 그 이전에 고대 그리스 시대에도 민회에 시민들이 참여하여 토론하였고, 에드먼드 버크(Edmond Burke)와 존 스튜어트 밀(J. S. Mill)을 거쳐 민주주의에서 머리를 두들기는 대신에 토론을 중시하는 절차가 강조되었으며, 미국의 실용주의 철학의 창시자인 존 듀이(J. Dewey)는 상호 의사소통하면서 문제를 해결하는 공동체를 강조하였다. 그러나 현대적인 의미에서 숙의민주주의라는 개념이 처음 사용된 것은 최근에 와서 이며(Bessette, 1980), 유럽에서는 하버마스(Jürgen Harbermas)가 좌파적 입장에서 공론장(public sphere)을 비판적으로 분석한 소통이론을 제시하였고(Harbermans, 1996), 영미국가에서는 롤즈(J. Rawls)가 자유주의적인 관점에서 공공이성에 이르기 위한 소통을 강조한 것이다.

숙의민주주의에서는 공공정책이 숙의의 결과에 따라 영향을 받을 수 있음을 강조한다. 따라서 숙의민주주의에서 민주적 정당성은 문제되는 결정의 내용에 대하여 영향을 받는 사람들이 숙의과정에 얼마나 참여할 기회와 권리가 보장되어 있느냐에 달려있다. 그러나 오늘날과 같은 거대하고 복잡한 사회에서는 모든 국민이 참여할 수 있는 담론시스템을 설계하는데 문제가 있다. 그러나 참여규모의 문제를 해결하기 위하여 몇 가지 대안들이 제시되고 있다.

우선 대표자를 선출하여 숙의과정에 참여규모를 제한하는 방식이 필요하다. 이는 기존의 대의정치로서 정부제도 내에서의 숙의를 강조하는 것이다. 그러나 선거운동과정에서 충분히 정보가 제공되지 않고 억압적인 선거운동규제 속에 이미지 중심의 선거운동이 이루어지는 경우 선거를 통한 숙의는 매우 어렵게 될 수 있다. 그러나 숙의가 반드시 선거를 통하여 이루어질 필요는 없으며 공공의 이익을 대변할 수 있는 전문가들이 모여 바람직한 대안을 모색할 수 있는데 대법원이나 헌법재판소의 법관들이 모여 의견을 형성하는 것도 그러한 숙의의 과정으로 볼 수 있다. 그러나 이것은 민주적 정당성이 다소 부족하다는 흠이 있다. 선거에 의하지 않는 방식으로 공적 숙의에 참여할 대표자를 선출하는 방식으로 추첨에 의한 방식이 있다. 그러나 이들은 통계적으로는 국민의 여론을 대표할 수 있을지라도 정치적 책임성이 없다. 다른 대안으로는 사회의 여론에 상대적으로 영향이 큰 사람들을 중심으로 참가자를 결정하고 이들 간에 자유로운 환경에서 숙의가 이루어지도록 할 수 있다.

4. 정치개혁의 실행전략: 숙의, 참여, 시민교육을 활용한 투 트랙(Two Track)

새로운 정치를 실현하기 위한 개혁은 기존의 의회제도와 시민들의 직접참여를 보완적으로 활용하여야 한다. 국회에 개혁을 맡겨두면 스스로의 기득권을 보호하기 위한 입법에 편중되기 때문이다. 또한 포스트 모더니즘적인 시각에서 볼 때는 기존의 국가기구 내에서 입법기구 이외에 사회의 지식 네트워크로 형성된 정치개혁을 위한 담론공간을 통하여 정치개혁의 방안을 제시할 수도 있다. 기존의 정부 대신에 사회 내에 존재하는 다양한 지식인과 전문가들의 네트워크와 소통의 장을 통하여 다양한 담론들이 제기되고 이것들이 언론과 SNS 등을 통하여 국민들에게 전달되고 계속적이고 반복적으로 이루어지는 논박 속에서 결국 바람직한 방향으로 사회적 합의가 수렴될 수 있기 때문이다. 따라서 실질적 민주주의의 강화를 위하여 기존 정치제도 내에서 개혁을 진행하는 것과 병행하여 시민사회에서 다양한 행위자들이 자유롭게 논쟁을 벌이는 투 트랙(two track)의 전략이 필요하다(Habermas, 1996). 국회 내에서 진정성을 가지고 자율적인 개혁이 이루어지기 위해서는 시민사회에서 개혁을 위한 압력이 있어야 한다. 국회 내에서의 개혁은 정쟁이 아니라 서로 진지하게 숙의하며 가장 바람직한 대안을 찾아가는 통합과 상생의 국회를 위한 개혁안이다. 이는 앞에서 설명하였지만 국회를 숙의의 공간으로 변화시키기 위한 제도적 노력과 관련이 있다. 필요에 따라서는 국회 내에서 소통의 질을 분석하여 민주적 숙의 지수(Democratic Deliberation Index)를 만들 필요도 있다.

국회 밖에서의 개혁은 시민의 아이디어를 정치개혁으로 수렴하여야 한다. 여기에는 일상에서의 참여민주주의, 시민공화주의, 숙의민주주의를 확대를 위한 제도적 처방과 시민교육과 SNS를 통한 소통의 확대를 통하여 일반 유권자도 정치개혁의 주체로서 참여할 수 있는 방안이 마련되어야 한다. 정치에 관심을 가지는 일반 국민들을 대표성 있게 모집하여 전문가의 조언을 받아가며 공동작업으로(collaboratively) 시민정치개혁안을 마련하여 언론을 통하여 공론장에 발표한다. 그리고 인터넷과 블로그, 페이스북, 트위터 등의 SNS를 통하여 사회적 토론이 벌어지게 된다. 최종적으로 TV, 신문 등의 언론매체 뿐만 아니라 합의가 형성되는 안에 대해서는 국회의 정치개혁특별위원회에서 적극적으로 수용하도록 한다.

시민참여에 의한 숙의민주주의는 비정부 행위자가 참여하는 설계된 포럼(Designed Forum) 또는 숙의적 설계(Deliberative Designs)의 형태를 사용한다. 이를 조직하는 방식에는 당파적인 것과 비당파적인 것으로 나눌 수 있다. 당파적인 포럼은 하나의 쟁점에 대하여 서로 반대 견해를 가진 이해당사자들이 참여하는 것을 들 수 있다. 예를 들어 도시계획에서 환경론자와 개발론자가 모두 참여하여 숙의과정을 통하여 합의를 모색하는 것을 들 수 있다. 다른 생각을 가지고 있는 사람들이 중개자(mediator) 또는 진행자(faciliator)의 후원 아래 서로의 차이점을 한 자리에서 내어 놓고, 그들이 차이점에 대하여 이성적으로 통찰하도록 한다. 이 과정에서 중개자의 역할은 토론의 규칙을 마련하고, 기만이나 인신공격을 차단하며, 정보를 보유하고 기록하며, 위반행위자에 대하여 제재를 가하는 것이다.

이에 비하여 비당파적 포럼에서는 전체 인구 중에서 무작위로 추출된 시민들이 참여한다. 그들은 정보가 풍부한 환경 속에서 서로 다른 입장을 지닌 이해관계자와 전문가들과 상담하고 이야기를 나눌 수 있다. 대부분의 경우 시민들은 문제에 대하여 스스로 토론하고 해결방안을 권고할 수 있다. 참여하는 시민들의 수는 보통 15명에서 수백명에 이를 수 있는데 참여 시민들의 수가 많은 경우에는 몇 개의 하위 그룹으로 나눌 수 있게 한다. 시민 숙의과정에서 제기된 문제들은 주로 식품안전, 핵과 같은 위험한 기술 사용 등으로서 시민들은 정부의 입장보다 보다 민감하게 이러한 문제들에 대응하고 어떤 당파적 입장에도 속하지 않기 때문에 보다 열린 마음으로 참여할 수 있고 합리적인 주장에 대해서는 서로의 생각을 바꾸어 설득될 수도 있다. 비당파적 숙의 포럼이 사용된 예로는 덴마크 기술위원회에서의 컨센서스 회의(Consensus Conference), 미국에서의 시민배심원단(Citizen's Jury), 독일의 기획세포조직(Planning Cell), 캐나다의 시민의회(Citizen's Assembly)가 있다. 대표적인 시민참여에 의한 정치개혁의 사례를 소개하자면 다음과 같다.

1) 선거개혁에 관한 시민의회(citizen's assembly)

캐나다 브리티쉬 컬럼비아정부에서 시도된 지방 선거제도의 개혁에 관한 시민참여 집단실험이다. 기존의 상대다수결제(First Past the Past rule)를 단기이양식으로 변경하기 위하여 2002년 12월 79개 선거구로부터 2명씩 무작위로 시민들을 선택하여 시민의회를 구성하였다. 그리고 Gordon Gibson을 책임자로 임명하고 79개 선거구에서 남녀 1명씩, 또한 원주민 2명을 추가하여 160명으로 의회를 구성하였다. 대표성을 충분히 확보하기 위하여 시민의회는 3단계의 선택과정을 거쳤다. 첫째 단계로서, 브리티쉬 컬럼비아에 거주하는 15,800명의 사람들에게 무작위로 초청장을 보내고 지역적 대표성을 확보하기 위하여 200개의 초청장은 각각의 선거구에 보내졌다. 두 번째 단계로서, 관심을 표명하는 사람들을 각각의 선거구로 분류하고 성별, 연령 등을 충분히 반영하여 20명으로 구성된 79개의 후보자 집단으로 구분하였다. 이러한 후보자들은 시민의회에 관한 프리젠테이션을 듣고 참여자격과 관심 여부를 공개적으로 확인받도록 하였다. 세 번째 단계로, 긍정적으로 승낙한 후보자들의 이름을 비밀봉투에 넣고 79개 선거구로 나눈 다음 남녀 한명씩 무작위 추출에 의하여 최종적인 시민의회 구성원을 추출하였다.

시민의회의 절차를 살펴보면 2004년 1월부터 8월까지 시민의회는 전문가를 초청해서 강의를 듣고 공청회를 개최함으로써 시민의회 구성원이 선거제도에 관하여 충분히 학습할 수 있는 기회를 주었다. 2004년 9월부터 10월까지는 추천된 선거제도에 관하여 숙의(deliberation)과정을 거쳤다. 숙의과정에서 혼합식 비례대표제와 단기이양식 선거제도간에 논의가 있었고 결국 단기이양식으로 최종적인 권고가 내려졌다. 그리고 이러한 제안은 브리티쉬 컬럼비아 의회에 제출되었고 2005년 지방선거에서 주민투표안으로 함께 제출되었으나 57.7%로 60%이상의 득표율을 얻지 못하여 부결되고 말았다(http://en.wikipedia.org/wiki/Citizens'_Assembly_on_Electoral_Reform_(British_Columbia)).

그림 6-1 캐나다 온타리오주의 선거개혁에 관한 시민의회 홈페이지

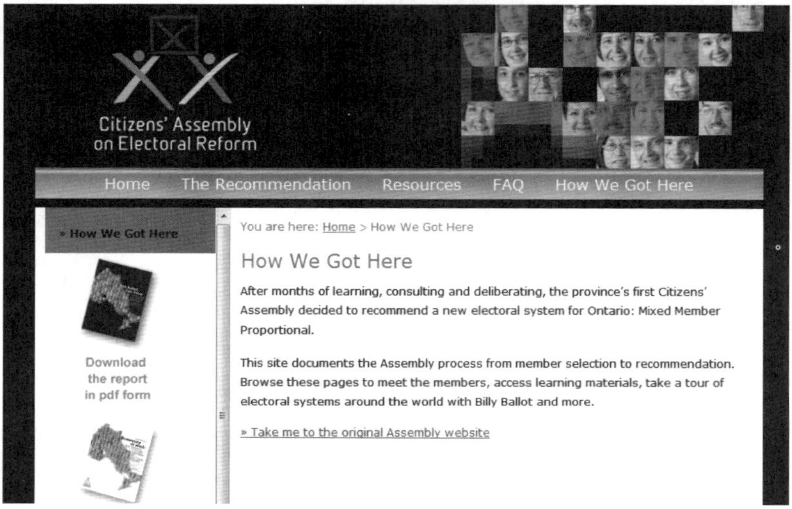

2) 유럽시민주도권(European citizen's initiative)

유럽에서는 EU 자체 또는 지방정부 차원에서 다양한 정책분야에 대하여 시민주도권이 행사되고 있다. 유럽시민주도권은 유럽회원국의 1/4 이상의 국민이 유럽연합의 집행부인 유럽평의회에 직접적으로 특정 정책을 요구할 수 있는 권리이다. 이것은 유럽연합조약 제11조제4항에 근거하고 있으며 리스본 협약에 의하여 도입되었다. 이러한 권리는 시민들을 유럽의회나 유럽평의회와 같이 입법적 제안을 할 수 있는 지위에 놓는 것이며 현대 사회에서 발생하는 문제 중 시민들이 적극적으로 해결되기를 바라는 과제들을 망라하고 있다. 현재 제기되고 있는 시민주도권으로는 미디어 다양성, 살충제 방지, 깨끗한 수질, 배아줄기세포 조작금지, 원자력 발전 추방, 동물 복지, 외국인 참정권 보

그림 6-2 유럽연합 시민주도권 홈페이지

장 등 다양한 분야에서 이루어지고 있다. 시민주도권을 행사하는 방법은 온라인을 통해서도 청원을 모집할 수 있으며 일정한 조건에 해당하는 경우 EU의 관계당국에 의하여 승인이 이루어진다(http://en.wikipedia.org/wiki/European_Citizens'_Initiative).

3) 국가의제포럼(National Issue Forum)

미국에서는 민간에서 자발적으로 국가의제를 제기하는 단체들이 나타나고 있다. 이들은 주로 민간의 기금을 활용하여 관련 단체들을 모집하여 네트워크를 형성하고 협력적으로 사업을 추진하고 있다. 대표적인 사례로 국가의제포럼을 들 수 있는데 1981년 케터링(Kettering) 기금의 책임자인 데이비드 매튜(David Mathews)가 17개 기관들과 협력하여 국내정책협회라는 비정파적이고 전국적 네트워크를 갖춘 조직을 창설한 것으로부터 시작되었다. 이 조직은 매년 마다 세 가지의 중요한 현안에 대하여 균형잡힌 다양한 견해의 정보를 제공한다. 이를 통하여 시민들을 정보화되지 않은 여론 수준에서 정보화된 공적 판단을 할 수 있게 하는 것이 이들의 목표이다. 그리고 이러한 이슈들을 취합하여 책자를 만들고 있으며 사회적 담론을 시작하기에 앞서 참고자료로 활용한다. 국가의제포럼은 현안이 되는 의제를 먼저 선정하고 이를 시민들이 담론이 가능한 프레임으로 변경하며 의견의 대립을 조정하는 포럼(moderating forum)을 통하여 참여하는 시민들로 하여금 상대방의 의견을 경청하고 다양한 의견들을 존중할 수 있으며 공통된 합의점을 모색하게 한다. 지역단위에서 이루어지는 다양한 포럼에서의 논의결과는 요약되어 정리되며 전국 포럼으로 넘어가게 된다. 국가의제포럼은 온라인을 통해서도 토론을 진행하며 그 결과를 방송과 신문을 통하여 보도함으로써 국가적 의제로 제시하게 된다.[1)]

이러한 서구의 직접민주주의를 활용한 정치개혁과 시민참여의 증진사례는 우리나라에도 참고할 가치가 있다고 생각된다. 그 과정에서 네트워크와 시민의 참여를 특징으로 하며 정보를 공유하고 소통하기 위하여 언론의 역할이 매우 중요하다. 물론 시민의 직접적인 참여에 의한 개혁이 기존의 대의민주주의를 대체하기는 어렵다. 다만, 일반시민들이 전체 국민의 대표할 수 있는 표본이 될 수 있고, 사심이 없이 진정성을 가지고 학습하고 토론하며 그 결과를 언론과 공론의 장을 통하여 제시할 수 있을 때 기존의 대의민주주의의 정치적 대리인

1) J. Gastil and Peter Levine. 2005. Deliberative Democracy and Handbook. Jossey-Bass.

들도 보다 국민의 요구에 민감하게 대응할 수 있을 것이다. 그리고 민주주의와 공화주의를 함께 증진함으로써 한국 정치의 역동성과 건강성의 증진에 기여할 것으로 생각된다.

5. 민주주의와 공동체 복원 프로젝트의 설계

유권자가 주인이 되는 새로운 정치를 구현하기 위하여 우리나라에서는 규제중심적인 정치관계 법제를 개선하여 실제로 유권자들의 정치참여를 확대하고, 민주화 이후 신자유주의적 개혁과정을 통하여 초래된 지나친 경쟁과 공동체의 가치질서가 무너져 내린 상태를 개선하고 안정되고 화합하는 공동체를 복원할 필요가 있다.

그것의 출발점은 유권자의 참여를 통한 정치개혁이다. 경제발전과정을 거치면서 국민들의 교육수준이 많이 향상되었으며, 25세부터 34세까지 고등교육 수준은 63%로서 OECD 국가 중 최고 수준이다. 또한 민주화 이후 과열 혼탁된 선거분위기도 이제는 많이 개선되고 있으며 오히려 엄격한 선거규제가 자유로운 교육을 받은 세대의 표현이나 참여를 억압하는 상태에 이르고 있다. 유권자의 교육수준의 향상과 의식수준이 향상됨에 따라 이제는 유권자가 직접 참여하여 정책을 결정함으로써 국가가 유권자가 원하는대로 움직이게 하여야 한다. 국민에게 봉사하는 정치를 만들기 위한 개혁도 마찬가지이다. 우리나라의 정치개혁도 선출된 대표자를 통한 정부 내에서의 개혁 뿐만 아니라 사심없는 국민들이 참여하는 정부 밖의 개혁을 병행하여야 한다.

그 과정을 구체적으로 보면 첫 단계로서 국민들 중에서 관심있는 유권자를 대상으로 무작위로 유권자 정치개혁 포럼에 참여할 사람들을 선정한다. 선정방식은 전체 인구구성을 반영하는 표본이 될 수 있도록 성별, 연령, 지역 등을 고려하여 무작위로 선정한다. 이와 함께 정치분야에서 조언을 할 수 있는 전문가 집단도 선정하여 참여자의 자문에 응하도록 한다. 또한 교육과 숙의과정을 전체적으로 조정할 사려깊고 유능한 조정위원도 선정한다. 참여 확대를 위하여 참여일수에 따라 일정한 수당을 지급할 수도 있다.

다음으로 참여하기로 한 유권자들을 대상으로 정치관계법제에 관한 기본지식, 숙의의 과정과 규칙, 정보활용에 대한 사전교육을 실시한다. 사전교육은 사전에 편견을 심어주어서는 아니되며 유권자가 충분한 정보환경에서 교육에 임할 수 있도록 하는 과정이어야 한다. 유권자에게 사전 교육이 이루어진 이후에는 정치관계법제에서 어떤 규정이 문제점이 있고, 이를 어떻게 개정해야 하는지에 대하여 찬반 양론을 제시하고 상호 숙의를 통하여 학습이 이루어지도록 한다. 이 과정에서 개별 참여자들은 전문가들에게 자문을 구할 수 있고, 상반된 견해들에 대하여 자유롭게 의견을 듣고 열린 마음으로 자신의 견해를 결정할 수 있다.

논의별로 조정위원은 정치개혁의 방향과 중요 과제에 대하여 참여한 유권자들끼리 합의한 내용과 견해가 다른 부분을 정리하고 다른 부분에 대해서는 표결을 하며 소수의견도 함께 첨부한다. 이를 통하여 확정된 정치개혁안은 언론을 통하여 공표되며 온라인과 오프라인을 통하여 다양한 토론이 이루어지게 한다. 유권자 주도의 정치개혁안은 선관위가 정리된 형태로 국회정개특위에 개정의견을 제출할 수도 있고, 시민단체의 입법청원을 통해서 국회에 제출할 수도 있다. 국회 내에서는 자체적인 숙의과정과 함께 유권자가 요구하는 정치개혁안을

표 6-1 고등교육 이수율

연령 / 국가	2009				
	25-64세	25-34세	35-44세	45-54세	55-64세
Australia	37	45	38	34	29
Austria	19	21	20	18	16
Belgium	33	42	37	30	23
Canada	50	56	56	45	41
Czech Republic	16	20	15	16	11
Denmark	34	45	39	28	26
Finland	37	39	44	37	29
France	29	43	32	22	18
Germany	26	26	28	26	25
Greece	24	29	26	22	15
Hungary	20	25	19	18	16
Iceland	33	36	38	32	23
Ireland	36	48	39	28	20
Italy	15	20	15	12	10
Japan	44	56	49	45	27
Korea	39	63	44	26	13
Luxembourg	35	44	38	29	25
Mexico	16	20	15	15	10
Netherlands	33	40	34	31	27
New Zealand	40	47	41	38	34
Norway	37	47	40	33	27
Poland	21	35	21	13	13
Portugal	15	23	15	11	7
Slovak Republic	16	21	15	14	12
Spain	30	38	34	25	17
Sweden	33	42	35	29	27
Switzerland	35	40	38	33	28
Turkey	13	17	11	10	10
United Kingdom	37	45	39	34	29
United States	41	41	43	40	41

출처: http://www.oecd.org/, Education at a glance, 2011

공개적으로 심의하여 최종적인 입법에 반영한다.

시민들의 참여, 숙의, 시민교육을 통한 시민의식의 개선을 통하여 우리 사회의 잠재된 에너지가 국가 전체적으로 활용될 수 있는 계기가 마련될 수 있다. 우선 대통령과 시민들이 만나서 소통하는 과정이 하나의 숙의와 시민교육의 장이 될 수 있다. 복지를 위한 증세, 비정규직 문제 해결을 위한 노사간의 타협을 유도하기 위해서는 이해관계자와 전문가, 관료들 뿐만 아니라 대통령과 여야 정치인이 머리를 맞대고 토론하고 상대방의 입장에서 자신의 견해를 서로 양보함으로써 사회적 합의를 모색할 수 있어야 한다. 대통령이 여야 국정과제 협의체를 개설하여 운영하는 경우도 그것은 숙의를 통한 타협이 본질이 되어야 한다. 스웨덴에서 매년 7월 초에 여야 지도자와 일반 시민들이 함께 모여 합숙하며 시민들과 정치인들이 현안에 대하여 소통하는 과정은 유권자의 참여를 통한 시민교육의 모범 사례이다. 우리나라도 관계 장차관들과 대통령이 중앙공무원교육원에서 연찬회를 실시하고 있으나 적어도 분기별로는 무작위로 선정된 국민대표와 전문가, 관료, 여야 정치인이 모여 나라의 현안에 대한 연찬회를 실시하는 것이 보다 바람직하다.

국회와 정당도 서로 권력을 차지하기 위하여 극단적으로 대립하는 대신에 상대방의 입장에서 타협하고 자신의 견해를 반성해 보는 숙의의 과정을 체계적으로 교육함으로써 성숙된 정당정치가 되도록 하여야 한다. 공무원들도 정부의 정책을 일방적으로 국민들에게 집행하는 것이 아니라 정책의 입안단계부터 다양한 이해관계자가 참여하는 자문위원회와 국민참여 정책결정을 활성화하고 이 과정에서 이해관계자들간의 숙의가 이루어질 수 있도록 분위기를 조성하는 촉진자로서의 역할을 수행하여야 한다.

시민의식의 개선을 위하여 민주시민 정치교육의 제도화도 필요하다. 정치불신이나 투표율 하락과 같은 민주주의의 위기를 극복하고 통일 시대에 대비하여 자유민주주의적 기본질서와 가치를 수호하기 위한 민주시민정치교육과 관련된 법안을 마련하고 이를 실현하는 기관으로서 민주시민정치교육원과 지방적 네트워크 조직을 마련한다. 민주시민정치교육원은 민주시민정치교육에 관한 총괄계획을 수립 및 조정하며, 각급 민주시민교육기관과 협력하에 교육프로그램을 설계하고 학교 및 기관에서의 민주시민정치교육을 지원하며, 정당의 요청에 따라 당원 교육 등을 실시하도록 한다. 이를 위한 재원도 국가가 지원하도록 하며, 복지혜택의 수급과 민주시민정치교육을 연계함으로써 국가로부터 혜택과 공적의무감의 고취가 함께 이루어지도록 한다.

국가전체적으로 국민의 의사가 왜곡됨이 없이 평상시에도 정책에 반영되고, 정치인과 공무원이 본연의 업무를 수행할 수 있도록 감시하기 위한 숙의시스템(deliberative system)을 설계하여야 한다. 우선 기초단위에서는 공동체의 안전과 행복을 논의하기 위한 반상회가 활성화되어야 한다. 이를 위하여 논의되는 의제를 미리 준비하고, 정보를 공유하며, 역할과 의무를 정해주는 행정적 지원이 필요하다. 필요에 따라 반상회에 행정공무원이 함께 참여하여 주민들의 의견을 경청하고, 논의된 내용을 행정에 반영할 수 있게 하여야 한다. 지방자치단체에서는 환경, 건설 등의 사업을 시행할 때 미리 일시와 정보를 공개하고 이해관계가 있는 주민들이 참여하여 의견을 개진할 수 있게 하여야 한다. 그리고 이 과정에서 문제가 되는 쟁점에 대하여 전문가의 견해를 듣고 참여자간에 토론하고 의견을 제시하게 한 후 바람직한 합의점을 모색할 수 있게 한다. 이러한 과정들은 인터넷을 통하여 공개함으로써 다른 지역으로도 전파되게 하고 중앙행정기관에서도 정책분야별로 지방에서 일어나는 실태에 대하여 현장의 정보를 얻을 수 있게 될 것이다.

중앙정부 차원에서는 국민 모두에게 영향을 미치는 보다 큰 의제에 중점을 둔다. 중앙정부 차원에서 논란이 되는 사회적 의제에 대하여 이해관계자, 전문가, 여야 정치인, 관료들이 참여하는 포럼을 구성하고, 온라인을 통하여 일반 시민의 의견도 수용하면서 상호 반대 입장에 대하여 숙의를 하는 과정을 방송사를 통하여 중계한다. 국민적 합의가 필요한 중요한 의제인 경우에는 대통령도 참석하여 논의할 수 있다. 숙의의 중개자는 사려깊고 중립적이며, 공정한 사람으로 위촉하여 토론이 정치공세나 인신공격이 되지 않도록 관리할 수 있게 한다. 이렇게 함으로써 국가 전체적으로 국민의 다양한 선호가 표출되며 각각의 영역마다 타협과 합의가 모색됨으로서 공동체의 복원과 안정에 기여할 수 있을 것이다.

CHAPTER

07 다 함께 살고 싶은 나라를 꿈꾸며

2012년 한 해는 변화를 바라는 열망으로 대한민국이 뜨거웠다. 올 초만 하더라도 기존의 정치에 염증을 느낀 국민들이 더 이상 정치권에 신뢰를 보내지 않고, 시민사회로부터 대안을 찾는 듯한 모습을 보였다. 이러한 민심의 변화를 읽은 기존 정당은 저마다 변화를 내세우며 공천을 개혁하고 복지, 일자리, 경제민주화, 권력기관의 특권 내려놓기 등 공약과 혁신방안을 내놓았다. 새누리당은 선관위 DDoS사건과 당대표 경선 때 금품제공 폭로 등으로 매우 어려운 처지에 놓였으나 당명 뿐만 아니라 당의 로고 색깔인 파란색을 빨간색으로 바꾸는 등 근본적인 변화를 택했고, 단일화라는 정치적 협상에 얽매이는 것이 아니라 국민만 바라본다는 전략으로 시종일관 나아갔기 때문에 양대 선거를 모두 승리로 이끌 수 있었다.

이번 선거가 세대간・지역간 표갈림 현상이 분명하게 나타났으나 야권 후보를 지지했던 48%도 우리나라의 국민이고, 이들 모두를 아우를 수 있어야 진정한 대통합을 이룩할 수 있다. 트위터에 누군가가 올린 글이지만 어느 한 후보를 나의 대통령으로 인정하고, 다른 사람이 대통령이 되면 이민가겠다고 하기도 한다. 그에게는 자기가 지지하지 않은 대통령 치하에서 사는 것이 싫고 그래서 자신이 살고 싶은 나라를 찾아 떠나려고 하는 것인지도 모른다. 그러나 선거에서 어느 한 정당이 승리하였다고 하여 우리나라를 좌지우지하는 것은 진정한 민주주의가 아니고, 그러한 시대는 지나갔다. 대한민국의 주인은 바로 국민이며 국민 모두가 함께 살고 싶은 나라가 되어야 하는 것이다.

그렇다면 우리 모두가 살고 싶은 나라는 어떤 나라인가? 그것은 바로 새로운 정치를 바라는 국민들이 염원하는 나라이기도 하다. 새로운 정치의 비전은 국민이 실질적인 주인으로 참여하는 정치이고, 정치인과 공무원들이 특권을 내려놓고 국민의 뜻을 받드는 정치이다. 「대한민국은 민주공화국이다. 대한민국의 주권은 국민에게 있고, 모든 권력은 국민으로부터 나온다.」는 헌법 제1조의 정신이 실제적으로 구현되는 것이 바로 새로운 정치의 출발점이다. 이때의 국민은 대통령 선거에서 승리한 후보를 지지한 51.6%의 국민만이 아니라 대한민국의 국적을 가진 100%의 국민을 말한다.

국민이 실질적으로 주인이 되기 위해서는 선거과정에서 유권자들이 충분한 정보환경 속에서 후보자의 자질과 공약을 판단할 수 있어야 하고, 유권자의 선택을 받은 후보자는 약속한 공약을 실천하여야 한다. 그리고 주기적인 선거뿐만 아니라 평상시에도 유권자들이 정치인들이 하는 행위들을 알 수 있고, 때로는 적극적으로 자신이 관심이 있거나 이해관계가 달린 문제에 대하여 정책과정에 참여할 수 있어야 한다. 국가가 체계적인 시민교육을 통하여 깨어있는 시민을 육성하고, 정책과정에 대한 다양한 참여절차와 자유로운 숙의가 보장될 때 유권자는 평상시에도 주인으로서의 권리를 행사할 수 있게 된다.

우리가 살고 싶은 나라의 대통령은 특권을 내려놓고 국민과 소통하며, 국민의 기쁨과 슬픔을 함께하는 대통령이다. 우리 사회의 가장 낮은 위치의 사람들을 방문하여 손을 잡고 그들의 눈물을 닦아줄 수 있는 사람이다. 청년층과도 함께 어울려 밥도 같이 먹고, 커피도 한 잔 하면서 그들의 실제적인 고민을 듣고 해결방안을 함께 고민하는 친절한 대통령이 필요하다. 이를 위하여 제왕적 대통령제의 관행과 문화를 철폐하고, 청와대의 업무방식을 협조적이고 정보의 소통을 통한 합리적 의사결정이 이루어질 수 있는 구조로 바꾸어야 한다. 국민의 뜻이 제대로 대통령에게 전달되고, 유능한 참모진들의 보좌를 받으며 중요한 정책결정을 내리며, 능력있고 신망을 받는 총리와 장관들이 책임을 지고 자신이 맡은 역할을 수행할 수 있어야 한다. 또한 대통령 주변에서 지원하고 보좌하는 조직도 특권을 내려놓고 다른 부처 위에 군림하는 대신에 대통령의 업무를 보좌하는 본연의 기능에 충실하게 정예화되어야 한다.

우리가 살고 싶은 나라의 국회의원은 국민의 뜻을 충실히 대변하여 의정활동을 하고, 권위를 내세우지 않으며 특권을 내려놓고 봉사하는 사람이다. 국민의 입장에서 법안을 만들고, 예산을 심의하며, 공무원의 잘못된 일들을 국민을 대신하여 따끔하게 꾸짖고 바른 길로 갈 수 있도록 인도하는 국민의 대표로서 일하는 사람이다. 대중교통이나 자전거를 타고 국회 사무실에 출근하여 지역구 인사를 비롯해 다양한 사람들과 만나서 소통하고, 호통치는 대신에 행정공무원과 이야기하며 실제로 국민에게 도움이 되는 정책을 입안하는 겸손하고 유능한 정치인을 필요로 한다. 또한 국회의 운영에서도 소수의 실력자들이 비밀리에 국민에게 중요한 영향을 미치는 사안들을 결정하는 대신에 이해관계자인 국민이 참여하여 의견을 개진하고, 정확한 정보 하에서 상대방을 인정하며 숙의가 이루어지는 생산적 정치의 장으로 전환될 필요가 있다.

우리가 살고 싶은 나라의 정당은 소수의 직업정치인이 지배하는 정당이 아니라 국민이면 누구나 참여하여 의견을 제시하고, 공정하고 합리적인 규칙에 따라 중요한 의사결정에 권리를 행사하는 열린 정당이다. 국민이 진정으로 원하는 것이 무엇인지를 제대로 알고 국민의 가려운 곳을 긁어줄 수 있는 정당이다. 그리고 무엇보다도 다양한 국민의 참여와 재능의 기부를 통하여 국민이 바라는 정책을 생산해 낼 수 있는 능력 있는 정당을 원한다.

우리가 살고 싶은 나라의 공무원들은 자신의 업무를 천직으로 생각하는 청지기로서 국민에게 봉사하는 깨끗하고 능력 있는 전문가들이다. 국민의 대표자로서 정치인들의 감독에 대해서는 겸허하게 경청하고 수용하되, 자신의 자리보전이나 승진을 위하여 정치인들에게 휘둘리거나 눈치를 보면서 복지부동하지는 않는다. 공직을 통하여 단순히 금전적 이익을 얻는 것이 아니라 자신의 적성에 따라 꿈을 실현하고, 국민에게 봉사함으로써 더욱 큰 기쁨과 보람을 느낄 수 있어야 한다. 정책을 입안할 때는 국민의 입장에서 생각하고, 국민이 참여할 수 있는 절차를 적극적으로 활용함으로써 국민의 뜻에 가장 부합하는 정책을 입안하는 민주적 행정가이어야 한다. 또한 뇌물을 보기를 돌같이 하고 부정에 대하여 단호하게 거부할 수 있는 청렴하고 강직한 공직자들을 원하는 것이다.

우리가 꿈꾸고 살고 싶은 나라, 그것은 가만히 있는다고 해서 실현되는 것이 아니다. 국민이 실질적인 주인으로 참여하고 상생하는 정치 문화를 이룩하기 위하여 국민이 깨어있고, 정치권력을 감시하고 꾸짖어야 한다. 새로운 정치를 바라는 국민의 열망은 어느 때보다도 뜨겁다고 할 수 있다. 이러한 불씨가 사그라들지 않게 하려면 기득권을 가진 정치와 행정의 권력자들부터 특권을 내려놓아야 한다.

무엇이 정치인가? 정치란 바른 것이다. 덕으로 정치를 하는 것은 북극성이 제자리에 있고, 다른 별들이 그것을 둘러싸고 도는 것과 같다(論語, 爲政).

또한, 정치란 먼저 솔선수범하고 백성들을 부지런하게 만드는 것이다(論語 子路).

바른 정치를 하기 위해서는 국민을 내 몸과 같이 사랑하는 마음으로 도덕정치를 베풀고, 그것을 정치인 자기 스스로가 솔선수범하여야 한다.

이것은 바로 성경에서 제시한 황금률과도 같은 것이다. "그러므로 남이 너희에게 해 주기를 바라는 그대로 너희도 남에게 해주어라(마태 7, 12)." 또한, "너희 가운데에서 가장 높은 사람은 가장 어린 사람처럼 되어야 하고, 지도자는 섬기는 사람처럼 되어야 한다(루카 22, 26)."

빅토르 위고의 소설 「레미제라블(les miserable)」은 우리 사회의 법이 약자들에게는 얼마나 가혹하리만큼 엄격하고, 권력자에게는 관대한지를 잘 보여 준다. 배고파하는 조카를 위하여 빵을 훔친 죄로 감옥에 들어가 탈옥을 시도하다가 결국 19년 동안 감옥생활을 하게 된 장발장. 출옥한 후에도 경찰의 감시 속에서 직업도 가지지 못하고 생활하다가 결국 다시 성당의 촛대를 훔치게 되는데 경찰에 잡혀서 오게 되자 신부는 이를 자신이 준 것이라 거짓말을 하고 장발장을 풀어준다. 그 후 장발장은 사회에 대한 증오 대신에 새로운 삶을 시작하여 한 마을의 시장까지 되었지만 엄격한 법의 감시망은 죄를 뉘우치고 새로운 사람이 된 장발장에게 다시 과거의 잘못을 들추어 내 그를 옭아 매려고 한다. 그러나 그 법을 만든 사람들은 백성들의 고통은 외면한 채 자신들의 기득권을 지키기 위해 법을 더욱 엄격하게 정하며 자신들은 치외법권을 누리면서 호화롭게 살아간다.

권력자 자신에게는 한없이 관대하면서 국민에게는 지키지도 못할 엄격한 잣대를 들이대고, 자신의 사리사욕은 추구하면서 아파서 고통받는 국민을 외면하는 정치는 더 이상 정치가 아니다. 엄격한 규정을 만들어 백성을 구속하면서 이를 이용하여 권력을 누리는 행태는 인류 역사에서 늘 있어 왔고, 율법주의자인 바리사이들에 의하여 예수님이 십자가에 못박히기도 하였다. 자신들의 잘못에는 눈을 감으면서 약한 백성들의 작은 잘못들은 눈에 잘 보이고 걸리면 엄격한 법의 잣대를 들이대는 것이다.

새로운 정치를 통하여 우리가 꿈꾸는 세상은 정치와 행정이 원래 있어야 할 본연의 제 자리를 찾는 것이다. 자기가 있어야 할 자리를 벗어난 상태를 우리는 '방종하다'라고 한다. 인간은 불완전한 존재이기 때문에 때로는 방종할 수도 있다. 문제는 이를 뉘우치고 본래의 모습으로 되돌아오려는 마음가짐이 있는가이다.

어떤 사람에게 두 아들이 있었는데 작은 아들은 아버지에게 자기 몫의 재산을 받아 먼 고장으로 떠났다. 그러고는 그곳에서 방종한 생활을 하여 자기 재산을 허비하였다. 재산을 탕진하여 먹을 것도 없게 되자 아버지에게로 다시 돌아가기로 결심하고 가서 이렇게 고백했다. "아버지, 제가 하늘과 아버지께 죄를 지었습니다. 저는 아버지의 아들이라고 불릴 자격이 없습니다." 그러나 아버지는 잃은 아들을 되찾은 것이 너무나 기쁜 나머지 가장 좋은 옷을 내어 주고, 살찐 송아지를 잡아 잔치를 벌였다. 이를 본 큰 아들은 화를 내며 종처럼 늘 아버지를 섬겼는데 아버지는 자신에게 아무 것도 해준 것이 없다고 투덜거렸다. 그러자 아버지는 "애야, 너는 늘 나와 함께 있고 내 것이 다 네 것이다. 너의 저 아우는 죽었다가 다시 살아났고 내가 잃었다가 되찾았다. 그러니 즐기고 기뻐해야 한다."고 했다고 한다(루카, 15: 11~32).

정치인과 행정인 중에 이런 작은 아들처럼 방종한 사람이 있다면 자기를 생각하고 염려하는 아버지 곁으로 돌아오려고 뉘우치고 반성해야 한다. 그러면 아버지께서 아들을 위하여 연회를 베푼 것처럼 국민들이 용서하고 받아 줄 것이다. 그러나 큰 아들처럼 아버지 옆에서 혜택을 다 받으면서도 고마워 할 줄 모르며 특권의식에 사로잡혀 있는 사람들은 이미 그 상을 다 받았다고 국민들은 생각할 것이다.

새로운 정치의 참 의미는 바로 정치와 행정이 본래 있어야 할 제자리를 찾는 것이다. 그것은 국민을 위하는 진정성의 회복과 특권의 내려놓기로 실현된다. 국민의 마음과 정치인의 마음을 같이 하는 것, 그것이 바로 민본정치의 본래 의미이며 국민에 대한 진정성을 확인하는 것이다. 다양한 국민들과 만나서 소통하고 서로의 갈등을 해결하고, 상호 양보하고 합의해서 함께 잘 살 수 있는 사회를 만드는 것이다. 국민 모두가 자신의 소질에 따라 능력을 발휘할 수 있는 일을 가지고 근면하고 성실하게 일한다면 그에 따른 보상을 받을 수 있는 공정한 사회를 만들어야 한다. 또한, 가진 자가 조금씩 양보하고 가난한 자를 희생하여 자기 욕심을 끝까지 채우지 않는다면 훈훈하고 따뜻한 공동체를 만들 수 있다. 옛날의 만석꾼 집안에서는 일부러 추수를 하더라도 이삭을 모두 줍지 않고 들판에 남겨두었다. 그 이삭을 주워 가난한 이들이 양식으로 사용할 수 있었고, 짐승들도 이를 먹이로 사용할 수 있었다. 금전적 보상을 찾아 경쟁하는 사회가 아니라 함께 하는 공동체를 복원하기 위해서는 정치인부터 먼저 특권을 내려놓은 용기가 필요하다. 그것은 바로 자기를 낮추는 바보 정치인이 되는 것이다.

바보 정치인, 똑똑하고 잘난 정치인들은 많이 보았지만 실제로 바보같은 정치인은 별로 본 일이 없다. 바보처럼 아낌없이 자기 것을 내려놓는 것은 쉬운 일이 아니다. 그러나 자기 욕심을 채우려 하지 않고 먼저 양보하게 되면 실제로는 자기가 원하는 것을 얻게 된다. 바보처럼 눈 앞에 보이는 이익을 포기하고 보다 큰 대의에 충실하고, 실행에 용감하며, 투명하게 가진 것을 나누어 준다면 그를 통하여 국민이 원하는 새로운 정치가 실현될 수 있다.

그렇다면 새로운 정치를 위하여 무엇을 하여야 하는가? 앞에서 논의한 바와 같이 정치가 제자리를 찾기 위하여 ① 유권자가 주인으로 참여하는 선거와 정치, ② 국민과 소통하며 약속을 실천하는 통합의 대통령, ③ 국민에게 봉사하는 국회와 책임있는 정책정당, ④ 국민을 섬기는 깨끗하고 능력있는 관료제라는 목표를 제시하고, 구체적인 추진과제로서 유권자가 주인으로 참여하는 정치관계 법제 개선, 대통령의 소통과 업무방식의 개선, 대통령 참모기구의 혁신, 민의의 수렴과 숙의의 장으로서 국회운영의 혁신, 당내민주주의의 확립과 정당의 역량강화, 행정의 현대화와 스마트 거버넌스, 청지기 행정과 공직부패의 방지, 정책중심의 선거문화와 시민의식의 개선 등을 제시하였다.

유권자가 주인으로 참여하는 선거 · 정치를 구현하기 위해서는 현행의 규제중심적이고 복잡한 선거규제를 소통을 보다 강화하는 비용

중심 규제로 전환하여야 하고, 비방과 흑색선전 대신에 정책중심의 선거문화가 정착되고 정책과정에 유권자의 참여 확대와 시민교육을 통하여 유권자의 의식이 개선되어야 한다. 국민과 소통하며 약속을 실천하는 대통령이 되기 위해서는 현행의 제왕적 대통령제의 관행을 철폐하고 대통령이 국민 속에서 다양한 의견을 수렴할 수 있는 창구를 만들고, 대통령비서실의 구조와 업무방식을 보다 대통령이 합리적 의사결정에 이를 수 있도록 변화시키며, 기획재정부, 안전행정부, 감사원, 법제처, 국무총리실 등 중앙관리형 상급부처를 개혁하는 것이 필요하다. 국민에게 봉사하는 국회와 책임 있는 정당이 되기 위해서는 국회위원회와 본회의 등의 운영을 공개하고, 의원들이 소신에 따라 활동할 수 있도록 보장함과 동시에 그 활동상황을 공개하며, 국회의 논의과정이 상대방의 입장에서 성찰하고 진정한 합의에 이를 수 있게 하는 숙의과정으로 변화되어야 한다. 국민을 섬기는 깨끗하고 능력있는 관료제를 위해서는 법령에 근거하여 관료제가 최대한의 합리성을 발휘할 수 있도록 정책과정 등에서 공개를 확대하고, 국민이 참여하여 협업을 할 수 있는 지식과 정보 공유의 거버넌스 구조가 마련되어야 한다. 또한 공직을 단순히 금전적 보상의 대가로 보는 것이 아니라 자신의 적성에 따라 업무를 찾고 이를 천직으로 봉사할 수 있게 하며, 부정부패를 차단하기 위한 제도적 장치를 마련하여야 한다.

새로운 정치를 위한 개혁의 실행방법으로 정치개혁의 계기가 되는 상황 하에서 개혁의 주체들이 체계적이고 총체적인 접근방법을 취할 것을 제시하였다. 왜냐하면 하나의 제도가 형성되더라도 다른 제도가 뒷받침되지 않으면 제도가 제대로 기능을 발휘하기 어렵기 때문이다. 또한 기존의 정치개혁이 지지 부진한 이유가 입법부에서 정략적으로 선거제도를 선택하여 정작 필요한 개혁이 이루어지지 못했기 때문이므로 정치에 관심이 있으면서도 중립적인 시민들이 전문가와 함께 학습과 토론을 통하여 정치개혁안을 마련하고 이를 언론을 통하여 사회적 공론장에 제시함으로써 국회가 국민의 뜻에 따라 정치제도를 개혁하게 만드는 방법론을 제시하였다. 이는 기존의 대의제도를 보완하여 참여민주주의의 요소를 추가하고 사회적 공론장에서 토론과 숙의과정을 거치게 함으로써 정치문화를 한 단계 더 발전시키는 정치적 실험이 될 것으로 본다.

이 책은 사법개혁에 대해서는 다루지 않았다. 사법부는 정치적으로 중립을 지키는 것이 그 본질이므로 지나치게 정치적 관점에서 개혁을 하는 것은 바람직하지 못하다. 그러나 사법부도 국민으로부터 권력을 받았기 때문에 국민 위에 존재할 수는 없다. 사법부의 중립성과 독립성을 보장하는 것은 현인적 판단을 통하여 사회변화의 제어장치 역할을 하라는 것이지 이를 특권으로 사용하라는 것은 아니다. 정치·행정에서의 진정성있는 개혁이 먼저 이루어지면 사법부에서도 자율적으로 특권을 내려놓고, 국민을 진정으로 섬기는 변화의 물결이 확산될 것으로 생각된다.

새로운 정치를 위한 열쇠를 쥐고 있는 사람은 유권자 자신이다. 깨어있는 유권자들이 모여 성숙한 정치문화를 만들 수 있다. 선진국이라는 것은 반드시 물질적으로 풍요한 것만으로 이루어지지 않는다. 경제적 풍요 이외에 사회의 모든 구성원들이 자신의 일에 자부심을 가지고 일하고, 서로 협력하고 공존하며 함께 나눌 수 있는 통합의 사회가 바로 우리가 바라는 이상적인 사회다. 개인간의 치열한 경쟁 속에서 물질적으로 풍족하게 산다고 하더라도 사회가 불안하고, 서로간에 불신하고 있다면 그것은 가난하지만 공동체를 형성하면서 서로 도와주는 사회보다 못한 것이다. 권력과 재산이 소수에 편중되거나 법을 다루는 사람이 자신들의 특권을 누리는 공정하지 못한 사회에서는 결코 사회 통합이 이루어질 수 없다. 사회에서 기득권을 가진 사람들의 자기반성과 고백이 필요하다.

> *"아무도 등불을 켜서 그릇으로 덮거나 침상 밑에 놓지 않는다. 등경 위에 놓아 들어오는 이들이 빛을 보게 한다. 숨겨진 것은 드러나고 감추어진 것은 알려져 훤히 나타나기 마련이다(루카 8: 16-17)."*

우리나라는 국가주도의 산업화를 통하여 단기간에 절대적 빈곤을 탈피하였고, 민주화를 통하여 평화적 정권교체를 이룸으로써 절차적 민주주의는 완성되었다. 그러나 1987년 민주화 이후 신자유주의적 개혁이 병행되면서 민주주의를 통한 시민적 자유가 자본주의적 경쟁과 혼동됨으로써 실제로는 압축적인 성장과정에서 기득권을 가진 세력들에게 유리하게 사회변화가 이루어지고 일반 국민들의 삶은 더욱 힘들어졌다. 산업화와 민주화를 넘어 앞으로의 시대적 과제는 풍요로우면서도 함께 따뜻한 공동체를 이룩하는 것이다. 국제적으로 패권을 추구하지 않으면서도 문화와 품격이 있고, 국내적으로는 국민의 기본적인 생활이 보장되면서 각자가 자신의 소질에 따라 꿈을 실현하면서 공동체에 기여하는 자유・공생(共生)사회를 이룩하여야 한다. 가진 자는 자율과 창의에 따라 자신의 경제적 부를 축적하되 탐욕을 부려 가난한 이들의 몫까지 차지하려고 하지 않고, 일반 서민들도 스스로 노력한다면 의식주의 기본적 생활고를 해결할 수 있고 자신의 관심에 따라 공적인 업무에 얼마든지 참여할 수 있는 열린 사회가 되어야 한다.

이것이 바로 새로운 정치를 바라는 우리 민초들이 꿈꾸는 나라이며 함께 살고 싶은 공동체인 것이다.

참고문헌

국내문헌

강경태. 2003. 한국 대통령선거 어떤 유권자들이 참여하나? 한국정치학회보, 37(1): 91-111.

강광하, 이영훈, 최상오. 2008. 한국 고도성장기의 정책결정체계: 경제기획원과 정책추진기구. 한국개발연구원.

강승식. 2012. 정당공천의 입법적 규제에 대한 비교법적 고찰. 미국헌법연구 제23권제1호.

강원택. 2003. 한국의 선거정치: 이념, 지역, 세대와 미디어. 푸른길.

김래영. 2010. 공직선거법 제93조제1항의 위헌성. 공법학연구 제12권 제2호.

______. 2012. "의무투표제는 위헌인가?" 헌법학연구 제18권제1호.

김일영. 2001. 한국에서 발전국가의 기원, 형성과 발전 그리고 전망. 「한국정치외교사논총」, 23(1): 87-126.

______. 2008. 정치적 맥락(1): 발전국가 형성과정. 한국행정연구원 (편) 한국행정 60년: 1948-2008. 법문사.

김정렴. 1997. 아, 박정희: 김정렴 정치회고록. 중앙 M&B.

김종갑 · 이정진. 2012. 당내민주주의와 공직후보자 선출의 민주성 확보방안. 이슈와 논점 제461호. 국회입법조사처.

박동서. 1961. 한국 관료제의 역사적 전개, 서울: 한국연구도서관.

______. 2001. 한국행정론, 법문사.

박중훈. 1996. 대통령비서실의 조직과 기능, 한국행정연구원.

박찬표. 1996. 제헌 국회 선거법과 한국의 국가형성. 한국정치학회보, 29(3): 69-90.

성낙인. 2012. 헌법학. 법문사.

송석윤. 2005. 선거운동 규제입법의 연원: 1925년 일본 보통선거법의 성립과 한국 분단체제에의 유입. 서울대학교 법학. 제46권 제4호.

심지연 · 김민전. 2006. 한국 정치제도의 진화경로: 선거, 정당, 정치자금제도. 백산서당.

안병영 · 정무권. 2007. 민주주의, 평등, 그리고 행정: 한국행정 연구를 위한 이론적 · 경험적 함의를 찾아서. 한국행정학보, 41(3): 1-40.

온만금. 2003. 한국 정당체계의 형성과 변화에 관한 이론(1948-2000): 지역주의, 선거법 그리고 정당체계. 한국사회학 제37집제3호.

유현종. 2007. 주택정책에 관한 사회적 의사결정과 공공선택적 접근: 개인의 선택과 정부규제에 대한 비판적 검토. 행정논총, 제45권제2호.

______. 2008. 선거에서 정보환경이 유권자의 선택에 미치는 영향에 관한 실증연구: 한국 대통령선거(제14대-제16대)를 중심으로. 한국정치학회보, 42(4):155-188.

______. 2010. 대통령의 입법의제로서 정부법안의 국회제출과 통과의 영향요인: 민주화 이후 역대 정부를 중심으로(1988-2007). 행정논총, 제48권 제4호.

______. 2011. 선거운동규제의 제도적 변화와 지속성: 국회의원 선거운동관련 제도를 중심으로. 한국정치학회보 제45집 제1호.

______. 2011. 한국 행정의 국가이론적 재검토: 국가성의 변화와 대안

을 중심으로. 한국행정학보 제45권 제3호.

유현종 · 이윤호. 2010. 제도적 대통령부서의 발전에 관한 역사적 분석. 한국행정학보 제44권제2호.

유현종 · 최연태. 2011. 지방선거 매니페스토 제도 도입의 실효성 평가: 지방정부 예산구조 변화 여부를 중심으로. 지방정부연구, 제14권제4호.

윤영미. 2009. 선거규제의 불명확성에 대한 검토: 공직선거법의 공무원에 대한 중립의무규정들을 중심으로. 안암법학. 제29권.

임도빈. 2007. 관료제, 민주주의, 그리고 시장주의: 정부개혁의 반성과 과제, 「한국행정학보」, 41(3): 41-65.

______. 2010. 관료제 개혁에 적용한 신공공관리론, 무엇이 문제인가. 「한국사회와 행정연구」, 21(1): 1-27.

장영수. 2011. 헌법학. 홍문사.

정용덕. 2001. 현대국가의 행정학. 서울: 법문사.

정용덕 외. 1999. 신제도주의 연구. 서울: 대영문화사.

______. 2011. 공공갈등과 정책조정 리더십. 법문사.

정정길. 1994. 대통령의 경제리더십: 박정희 · 전두환 · 노태우 정부의 경제정책관리, 한국경제신문사.

정정길 외. 2006. 정책학원론. 대명출판사.

정종섭. 2006. 헌법학 원론. 박영사.

조기숙. 1996. 합리적 선택: 한국의 선거와 유권자. 한울아카데미.

중앙선거관리위원회. 1973. 「대한민국 선거사 제1-3집」.

______. 2009. 「대한민국 선거사 제4-6집」.

______. 2012. 제19대 국회의원선거 유권자 의식조사.

______. 2013. 제18대 대통령선거 투표율분석.

______. 2013. 제18대 대통령선거에 관한 유권자 의식조사.

청와대 총무수석실. 1997. <대통령비서실 편람>

최장집. 2002. 민주화 이후의 민주주의: 한국 민주주의의 보수적 기원과 위기. 후마니타스.

하연섭. 2002. 신제도주의의 최근경향: 이론적 자기 혁신과 수렴. 한국행정학보, 36(4): 339-359.

함성득. 1999. 대통령학. 나남.

______. 2000. 한국의 대통령과 권력. 나남.

행정자치부. 1998. <대한민국 정부조직 변천사 상, 하>

국외문헌

Almond, Gabriel A. and Sidney Verba. 1963. The Civic Culture. Princeton, NJ: Princeton University Press.

Arrow, Kenneth J. 1963. Social Choice and Individual Value, New Haven, Conn, :Yale University Press.

Baiocchi. Gianpaolo. 2001. Participation, Activism and Politics: The Porto Alegre Experiment and Deliberative Democratic Thoery. Politics and Society, 29: 43-72.

Barber, Benjamin R. 1992. An Aristocracy of Everyone: The Politics of Education and the Future of America. New York: Oxford University Press.

Bartels, L. M. 1993. Message Received: The Political Impact of Media Exposure, American Political Science Review, 87:267-85.

Berelson, Bernard R., Paul. F. Larzarsfeld, and William N. McPhee. 1954. Voting: A Study of Opinion Formation in a Presidential Election, Chicago: University of Chicago Press.

Bessette, Joseph M. 1980. Deliberative Democracy: The Majoritarian Principle in Republican Government. In Robert Goodin and William Shambra eds, How Democratic is the Constitution?. Washington, DC: American Enterprise Institute, pp. 102-16.

Bogdanor, Vernon. 2005. Joined-Up Government. Oxford University Press.

Buchanan, James M., Tullock, Gordon. 1962. The Calculus of Consent: Logical Foundations of Constitutional Democracy. University of Michigan Press.

Burke, John. 1992. The Institutional Presidency, Baltimore: Johns Hopkins University.

Caiden, G. 1997. The Difference between Neutral and Mindless. PA Times, ASPA: 1-18.

Campbell, Angus, Philip E. Converse, Warren E. Miller, and Donald E. Stokes. 1960. The American Voter, John Wiley & Sons, Inc.

Cigler, Beverly A. 1990. Public Administration and the Paradox of Professionalization. Public Administration Review, 50(6): 637-653.

Clemens, E. S. 1993. "Organizational Repertoires and Institutional Change-Womens Groups and the Transformation of United-

States Politics, 1890-1920." American Journal of Sociology 98(4): 755-798.

Clemens, E. S., and J. M. Cook. 1999. "Politics and Institutionalism: Explaining Durability and Change." *Annual Review of Sociology*, 25: 441-466.

Clifford, Christopher. 2001. Administering the Summit: the British Prime Minister's Office. In B. Guy Peters, R.A.W. Rhodes, and Vincent Wright. (eds.), Administering the Summit: Administration of the Core Executive in Developed Countries. London: Macmillan Press LTD.

Collier, David, and Ruth Collier. 1991. *Shaping the Political Arena.* Princeton, NJ: Princeton University Press.

Dryzek John S. and Dunleavy, P. 2009. Theories of The Democratic State. Palgrave Macmililan.

Dunleavy, Patrick. 1991. Democracy, Bureaucracy and Public Choice: Economic Explanations in Political Science. London: Pearson, direct edition 2001.

Dunleavy P. and C. Hood. 1994. From old public administration to New Public Management. *Public Money Management*, 14: 9-16.

Dunleavy, Patrick, Helen Margetts, Simon Bastow and Jane Tinkle. 2006. New Public Administration is Dead: Long Live Digital Era Governance. Journal of Public Administration Research and Theory, 16: 467-94.

Economist Intelligence Unit. 2011. Democracy index 2011:

Democracy under stress.

Edelman, L. B. 1990. "Legal Environments and Organizational Governance: The Expansion of Due Process in the American orkplace." American Journal of Sociology, 95(6): 1401-1440.

Elgie, Robert. 2001. Staffing the Summit: France. In B. Guy Peters, R.A.W. Rhodes, and Vincent Wright. (eds.), Administering the Summit: Administration of the Core Executive in Developed Countries. London: Macmillan Press LTD.

Etzioni-Halevy. 1985. Bureaucracy and Democracy: A Political Dilemma. 2nd ed. London: Routledge and Kegan Paul.

Friedman, Milton and Rose Friedman. 1984. Tyranny of the Status Quo. New York: Harcourt, Brace, Jovanovich.

Gastil J. and Peter Levine. 2005. Deliberative Democracy and Handbook. Jossey-Bass.

Gelman, Andrew and Gary King. 1993. "Why Are American Presidential Election Campaign Polls So Variable When Votes Are So Predictable?". *British Journal of Political Science*, Vol. 23(4): 409-451.

General Accounting Office. 2003. Campaign Finance Reform: Early Experiences of Two States That Offer Full Public Funding for Political Candidates. GAO-03-453, May 2003.

Gerth, H. H. and C. Wright Mills. 1946. From Max Weber: Essays in Sociology. New York: Oxford University Press.

Grief, A. and D. D. Laitin. 2004. "A Theory of Endogenous

Institutional Change". *The American Political Science Review*, 98(4): 633-652.

Habermas, Jurgen. 1996. Between Facts and Norms: Contributions to a Discourse Theory of Law and Democracy. Cambridge: MA: MIT Press.

Hague, Rod, Martin Harrop, and Shaun Breslin. 1998. Political Science: A Comparative Introduction. Worth Publishers.

Hall, P. A. and R. C. R. Taylor. 1996. "Political Science and the Three New Institutionalisms." Political Studies 44(4): 936-957.

Hall, Peter A. and Rosemary C. R. Taylor. 1996. "Political Science and the Three New Institutionalisms". *Political Studies*, 44: 936-57.

Hazan Reuven Y. and Gideon Rahat. 2006. candidate selection: Methods and consequences. Richard S. Katz and William Crotty, (eds). Handbook of Party Politics. Sage.

Heclo, H. 1975. OMB and Presidency-The problem of neutral competence, Public Interest 38: 80-98.

________. 1977. A Government of Strangers, Washington, DC: Brookings Institution.

Holbrook, Thomas M. 1996. *Do Campaign Matter?: Contemporary American Politics*. Sage Publications.

Hood, Cristopher and Guy Peters. 2004. The Middle Aging of New Public Management: Into the Age of Paradox? Journal of Public Administration Research and Theory, 14(3): 267-282.

IIDEA. 2003. Funding of Political Parties and Election Campaigns.

_____. 2005. Electoral System Design: The New International IDEA Handbook.

_____. 2007. Effective Party Assistance: Stronger Parties for Better Democracy.

_____. 2008. Electoral System Design: The New International IDEA Handbook.

Immergut, Ellen M. 1998. "The Theoretical Core of the New Institutionalism". *Politics & Society*. 26(1): 5-34.

Jackson, John S. 1994. Incumbency in the United States, in Albert Somit, Rudolf Wildermann, Bernhard Boll and Andrea Römmele (eds). The Victorious Incumbent. Aldershot: Dartmouth.

Janis, Iriving. 1972. Victims of Groupthink. Boston: Houghton Mifflin.

John s. Dryzek and Patrick Dunleavy. 2009. Theories of The Democratic State. Palgrave Macmillan.

Karl Heinz Nassmacher. 2006. Regulation of Party Finance. Richard S. Katz and William Crotty (eds.) Handbook of Party Politics. Sage. pp. 446-455.

Katz, Richard S. 2006. Party in democratic theory. Richard S. Katz and William Crotty, (eds). Handbook of Party Politics. Sage.

Kaufman, Herbert. 1956. Emerging Conflicts in the Doctrines of Public Administration, The American Political Science Review,

Vol. 50, No. 4,(Dec.), pp. 1057-1073.

Kaufmann, D. 2003. "rethinking Governance: Empirical Lessons Challenge Orthodoxy" Discussion draft, 11 March, The World Bank, Washington DC.

Kenneth J. Meier. 1997. Bureaucracy and Democracy: The Case for More Bureaucracy and Less Democracy. Public Administration Review, 57(3): 193-199.

Knott, Jack H. and Gary J. Miller. 1987. Reforming Bureaucracy : The Politics of Institutional Choice., Prentice Hall, Inc. Englewood Cliffs, New Jersey.

Knut, Heidar. 2006. party membership and participation. Richard S. Katz and William Crotty, (eds). Handbook of Party Politics. Sage.

Krasner, S. D. 1984. "Approaches to the State, Alternative Conceptions and Historical Dynamics." *Comparative Politics*, 16(2): 223-246.

Lijphart, Arend. 2000. Varieties of Nonmajoritarian Democracy. In Markus M. L. Crepaz, Thomas A. Koelbe, and David Wilsford, eds., Democracy and Institutions: The Life Work of Arend Lijpfart. Ann Arbor: University of Michigan Press, pp. 225-46.

Lipset, Seymour Martin and Rokkan, Stein. 1967. Cleavage structures, party systems, and voter alignments: An introduction, in Seymour Martin Lipset and Stein Rokkan (eds), Party systems and Voter alignments: Cross-National Perspectives,

New York: Free Press.

Lowenstein, Daniel Hays, Richard L. Hasen, and Daniel P. Tokaji. 2011. Election Law. Carolina Academic Press. p. 914-5.

Lupia, Arthur. 1994. Shortcuts Versus Encyclopedias: Information And Voting Behavior in California Insurance Reform Elections, The American Political Science Review, Vol.88, No.1.(Mar.), pp.63-76.

Mahoney, James. 2000. "Path dependence in historical sociology". *Theory and Society*, 29: 507~548. Dalton, Russell J., David M. Farrell and Ian McAllister. 2011. Political Parties and Democratic Linkage: How Parties Organize Democracy, Oxford Unversity Press.

Mayer, Kenneth, Timothy Werner, and Amanda Williams. 2006. Do Public Funding Programs Enhance Electoral Competition? in Michael P. McDonald and John Samples (eds.), The Marketplace of Democracy. 245-67. Brookings Institute Press.

McCombs, Maxwell E. and Donald L. Shaw. 1972. "The Agenda-Setting Function of Mass Media". Public Opinion Quarterly 36 (2): 176.

Meier, Kenneth J. 1997. Bureaucracy and Democracy: The Case for More Bureaucracy and Less Democracy. *Public Administration Review*, 57(3): 193-199.

Meier. Kenneth J. and Laurence J. O'Toole Jr. 2006. Bureaucracy in a Democratic State: A Governance Perspective. The Johns

Hopkins University Press: Baltimore.

Moe, Terry. 1985. The Politicized Presidency, In the New Direction in American Politics, ed. John Chubb and Paul Peterson, Washington, DC: Brookings.

Mueller, Dennis C. 2003. Public Choice Ⅲ. Cambridge University Press.

Niskanen, William A. 1971. Bureaucracy and Representative Government. Chicago: Aldine-Athertone.

North, D. C. 1990. *Institutions. Institutional Change and Economic Performance*. Cambridge University Press.

OECD. 2002. Distributed Public Governance. Agencies, Authorities and Other Government Bodies. Paris: OECD Publ. Serv.

______. 2006. Modernising Government: The Way Forword.

Olsen, Johan P. 2008. The Ups and Downs of Bureaucratic Organization. Annual Review of Political Science, 11: 13-37.

Peters, B. G. 1988. The Machinery of Government: concept and Issues, in Colin Campbell, S. J. and B. Guy Peters (eds.), Organizing Governance and Governing Organizations, University of Pittsburgh Press.

Peters, B. G., R. A. W. Rhodes, and V. Wright. 2001. Staffing the Summit, in Administering the Summit: Administration of the Core Executive in Developed Countries, London: Macmillan.

Pfiffner, James. 1994. The Modern Presidency, New York: St. Martin's Press.

Popkin, Samuel L. 1991. The Reasoning Voter : Communication and Persuasion in Presidential Campaigns, The University of Chicago Press.

Price, Vincent, and John Zaller. 1993. Who Gets the News?, Alternative Measures of News Reception and Their Implications for Research, The Public Opinion Quarterly, Vol. 57, No. 2., pp. 133-164.

Putnam, Robert D. with Robert Leonardi and Raffaella Y. Nanetti. 1994. Making Democracy Work: Civic Traditions in Modern Italy. Princeton: Princeton University Press.

R. Dahl. 1998. On Democracy. Yale University Press.

Ragsdale, Lyn and John J. Theis, Ⅲ, The Institutionalization of the American Presidency. 1924-92. American Journal of Political Science, Vol. 41, No.4.

Rawls, John. 1971. A Theory of Justice. The Belknap Press of Harvard University Press.

Rhodes, R.A.W. 2006. Policy Network Analysis. In Michael Moran, Martin Rein and Robert Goodin, eds, The Oxford Handbook of Public Policy. Oxford: Oxford University Press.

Sanders, Michael J. 2009. Justice: What's The Right Thing To Do? Farrar, Straus and Giroux: New York.

Schleiman, Erza. 2003. *Dismantling Democratic States*. Princeton: Princeton University Press.

Scheufele, D. A., & Tewksbury, D. 2007. Framing, agenda setting, and priming: The evolution of three media effects models. Journal of Communication, 57(1), 9-20.

Schlesinger, Arthur. 1973. The Imperial Presidency. Boston: Houghton Mifflin.

Shepsle, K.A. 1972. The strategy of Ambiguity : Uncertainty and Electoral Competition, American Political Science Review 66: 555-568.

Streeck, W. and K. Thelen. 2005. "Introduction: Institutional Change in Advanced Political Economies", in W. Streeck and K. Thelen (eds.), *Beyond Continuity: Institutional Change in Advanced Political Economies, 1-39*. Oxford: Oxford University Press.

Strøm, Kaare. 1990. A behavioral theory of competitive political parties. American Journal of Political Science, 34(2): 565-98.

Thomson, Ann Marie and James L. Perry. 2006. Collaboration Processes: Inside the Black Box. Public Administration Review. December, special issue: 20-32.

Walcott, Charles and Karen M. Hult. 1987. Organizing the White House: Structure, Environment, and Organizational Governance. American Journal of Political Science, 31(1):109-125.

Waldo, Dwight. 1980. The Enterprise of Public Administration. Chlander and Sharpe Publisher.

Weingast, Barry R. 1996. Political Institutions: Rational Choice Perspective. in Robert E. Goodin and Hans-Dieter

Klingemann(eds.), A New Handbook of Political Science, 167-90. Oxford: Oxford University Press.

Wendy R. Ginsberg. 2011. The Obama Administration's Open Government Initiative: Issues for Congress. Congress Research Service.

White House. 2011. The Obama Administration's Commitment to Open Government: Status Report.

Wilson, James Q. 2008. American Government. Boston New York: Houghton Mifflin Company.

World Bank. 1991. The Reform of Public Management: Lessons from Experience. Washington, DC: World Bank.

World Bank. 2007. Participatory budgeting: Public Sector Governance and Accountability Series. Library of Congress Cataloging-in-Publication Data.

Youg-duck Jung, Yoon-ho Lee, and Hyun-jong Yoo. 2012. The Institutionalization of the Presidential Secretariat in Korea, 1948-2011. Korean Journal of Policy Studies, 27(3): 73-99.

6, Perri, et al. 2002. Towards Holistic Governance: The New Reform Agenda. Bastingstoke, Palgrave.

인터넷 검색

http://en.wikipedia.org/wiki/European_Citizens'_Initiative(검색일: 2010. 10. 30.)

http://en.wikipedia.org/wiki/Citizens'_Assembly_on_Electoral_Refo

rm_(British_Columbia)(검색일: 2012. 10. 30.)

http://en.wikipedia.org/wiki/Citizens%27_Assembly_on_Electoral_Reform_(Ontario)(검색일: 2012. 10. 30.)

찾아보기

[저자약력]

서울대학교 법과대학을 졸업하고, 동 대학교 행정대학원에서 행정학 박사학위를 취득했다. 입법고시(제17회)와 행정고시(제45회)를 합격한 후 국회, 산업자원부, 법제처, 선관위 등에서 근무했으며, 최근에는 중앙선거관리위원장 비서관을 거쳐 대한민국 정부의 평범한 공직자로 봉사하고 있다. 주요 저술활동으로 한국정치학회보, 한국행정학보, 행정논총, 지방정부연구, Korean Journal of Policy Studies 등에 다수의 논문들이 실렸다(e-mail: active90@nate.com).

선택 2012의 분석 – 정치·행정개혁의 비전과 과제

2013년 3월 20일 초판 인쇄
2013년 3월 25일 초판 1쇄발행

저 자 유 현 종
발행인 배 효 선
발행처 도서출판 法 文 社

주 소 413-756 경기도 파주시 문발동 526-3
등 록 1957년 12월 12일/제2-76호(윤)
전 화 (031)955-6500~6 FAX (031)955-6525
E-mail (영업) bms@bobmunsa.co.kr
(편집) edit66@bobmunsa.co.kr
홈페이지 http://www.bobmunsa.co.kr
조 판 (주) 성 지 이 디 피

정가 19,000원 ISBN 978-89-18-03185-9